KB200878

대통령의
성공조건

나남
nanam

박성원 朴成遠

서울신문 기자를 거쳐 1996년부터 동아일보에서 27년간 기자와 정치부장, 출판
국장, 논설위원, 콘텐츠기획본부장 등으로 일했다.
동아일보에 〈정치인 참회록〉 시리즈와 정치자금 실태를 기획보도해 선거법·정치
자금법 개정에 반영됐고, 칼럼 〈오늘과 내일〉, 〈박성원의 정치해부학〉을 연재했
다. 채널A 정치부장으로 파견근무를 했고, 채널A 〈뉴스톱텐〉 고정 패널과 〈주말
쾌도난마〉 진행을 맡기도 했다.
미국 스탠퍼드대 후버연구소 객원연구원으로 미국 선거의 이슈 캠페인과 후보자
이미지 전략을 연구했다. 2023년 문화체육관광부 차관보를 지냈고, 현재 서울신
문 논설위원으로 재직 중이다.

나남신서 2203

대통령의 성공조건
대한민국 국정리더십

2025년 5월 25일 발행
2025년 5월 25일 1쇄

지은이   박성원
발행자   趙相浩
발행처   ㈜나남
주소   10881 경기도 파주시 회동길 193
전화   (031) 955-4601(代)
FAX   (031) 955-4555
등록   제 1-71호(1979.5.12)
홈페이지 http://www.nanam.net
전자우편 post@nanam.net

ISBN   978-89-300-4203-1
         978-89-300-8655-4 (세트)

책값은 뒤표지에 있습니다.

이 책은 관훈클럽정신영기금의 지원을 받아 저술, 출판되었습니다.

나남신서 2203

대통령의
성공조건

대한민국 국정리더십

박성원 지음

나남
nanam

필자는 30여 년의 언론인 생활 중 대부분을 정치담당 기자 또는 논설위원으로 활동하며 역대 정부의 성공과 실패를 지켜봤다. 특히 산업화와 민주화라는 숙제를 안고 있던 권위주의 정부와 김영삼·김대중·김종필 3김金시대를 지나 '포스트 3김 시대'의 국정운영 현장을 여야를 넘나들며 관찰했다.

포스트 3김 시대는 우리 사회에 자율·개방·융합이 지배적 가치로 자리잡아가는 탈권위주의 시대다. 2018년 '평창 겨울올림픽 남북단일팀'이나 2020년 '인천공항 보안요원 정규직화'처럼 정부가 일방적으로 밀어붙이려던 정책들은 공정과 상식을 내세운 젊은 세대의 반발에 부딪히게 되었다. 최장집 고려대 명예교수의 표현을 빌리자면 '민주화 이후의 민주주의' 시대에 우리 정치는 더 복잡하고 다양해진 문제해결을 위해 새로운 리더십을 요구하고 있다.

탈권위주의 시대의 대한민국에서는 한 사람이 모든 걸 판단하고 결정하는 방식이 더 이상 통용되기 어렵다. 국정을 이끄는 리더십에도 끊임없는 변화와 유연성, 개방성, 포용성이 요구되고 있다. 노무현, 이명박, 박근혜, 문재인 대통령이 국정과제 또는 현안들과 씨름하면서 성공과 실패에 이르게 된 요인들을 따라가 보면 이 같은 점이 보다 분명해진다. 대통령들의 다양한 경험은 격변기의 대한민국이 성공하는 나라가 되기 위해 우리들이 공유해야 할 소중한 자산이다. 필자가 책의 주제를 '대통령의 성공조건'으로 정하고 '대한민국 국정리더십'을 구체적 탐구대상으로 정한 이유도 여기에 있다.

이 책은 필자가 4차례 논설위원으로 일하면서 정부 주요정책의 추진과정과 쟁점들을 정리하던 메모 파일에서 출발했다. 파일들은 정책추진 주체와 전문가, 대립되는 이해관계자 등을 만나면서 틈틈이 메모한 취재수첩과 언론보도, 세미나 등을 통해 크로스체크한 사실관계와 관점들을 나름의 시각을 곁들여 재정리한 것이다.

재정리 과정에서는 해당 정부가 발행했거나 임기 후 대통령과 당시 정부 핵심인사들이 펴낸 회고록, 자서전 등의 내용을 최대한 충실히 반영하려 애썼다. 해당 정책의 수립·시행에 깊숙이 관여했던 핵심인사들을 추가로 만나 당시 상황과 엇갈리는 평가에 대한 입장을 들어보는 보충취재도 병행했다.

이 책에서 다루는 대통령들의 국정과제와 주요 정책은 해당 정권의 성패에 심대한 영향을 미쳤거나 복기의 대상으로 의미가 적지 않다고 생각되는 것들로 대상을 한정했다. 또한, 성공이냐 실패

냐의 평가보다는 성패에 영향을 미친 주요 변수와 역사적 맥락을 조명하는 데 초점을 맞추고자 했다. 비상계엄 선포와 탄핵으로 인해 재임 중 주요 정책 및 현안 추진의 결과가 아직 충분히 나타나지 않은 윤석열 정부에 대해서는 다루지 않았다.

　포스트 3김 혹은 탈권위주의 시대에 접어든 노무현 정부 이래 역대 정권들이 역점을 두었던 국정과제나 해결해야 했던 주요 현안은 저마다 차이가 있었다. 가령 대북정책은 보수정권의 '원칙론'을 내세운 강경정책과 진보정권의 '포용론'을 내세운 유화정책이 뒤집고 뒤집히기를 반복했다. 이명박 대통령의 아랍에미리트연합 UAE 원전 진출을 비롯한 적극적 원전 진흥정책은 문재인 정부에서 탈원전 정책에 짓눌려 배척되다가 윤석열 정부 들어 가까스로 부활했다. 같은 당에서 정권 재창출이 이뤄진 정부 사이에도 전임 정부 지우기는 종종 벌어진다. 박근혜 정부 들어서는 같은 보수의 이명박 정부에서 적극 추진됐던 자원외교와 4대강 사업이 수사와 감사 대상으로 격하되고 녹색성장도 홀대를 받았다.

　이 같은 정책의 단절과 불안정성은 1987년 대통령 5년 단임제 개헌 이후 반복된 '제왕적 대통령제'의 속성과도 무관치 않은 것 같다. 대통령은 5년간 무엇이든 다 할 수 있을 것 같은 착각에 빠지기 쉽다. 하지만 막상 대통령이 임기 내에 자신의 의지대로 밀어붙여 성과를 입증해 보일 수 있는 일은 생각보다 많지 않다. 노무현 정부에서 대통령정책실장을 지낸 김병준 사회복지공동모금회장은 "여전히 대통령은 뭐든 할 수 있다고 믿는 국민들의 '제왕적 대통령제'에 대한 환상이 쉽게 대통령에 대한 실망으로 이어진다"고 지적한다.(김병준, 2012)

특히 국회와의 조합이 여대야소일 때 대통령은 주요정책의 리스크를 꼼꼼히 따져 위험을 회피하지 못하고 무리하게 정책을 밀어붙이다가 참담한 실패로 끝나는 경우가 적지 않았다. 노무현·문재인 정부에서 부동산 폭등을 불러온 규제위주의 부동산 정책과 문재인 정부의 소득주도성장이 대표적이다. 이명박 정부가 임기 첫해 미국과의 쇠고기협상 타결을 밀어붙이다 야당, 시민단체, 촛불시위 등의 강력한 저항으로 국정운영에 타격을 입은 것도 마찬가지다. 반대로 여소야대일 때는 다수파 야당의 거센 견제·반대로 대통령의 역점 정책이 제대로 추진되지도 못한 채 좌절·실종되는 경우가 많다. 노무현 대통령의 2005년 선거구제 개편과 대연정 제안이 대표적이다.

이 같은 정책추진의 장벽 또는 위험요소들을 극복하여 성공을 이끌어내느냐, 아니면 좌절로 끝날 것이냐를 좌우하는 요소는 크게 보면 과제설정의 적실성, 추진방법의 효과성, 대통령의 리더십으로 대별해볼 수 있다. 이 가운데서도 핵심요소 하나만 꼽으라면 리더십이 아닐까 싶다. 대통령이 정책추진에 얼마나 자원을 효과적으로 동원하고mobilize, 이해집단 나아가 국민의 저항을 최소화하고 동의를 최대화할 수 있느냐 하는 리더십 여부가 성공과 실패의 결정변수가 된 경우가 많았던 것이다.

윈스턴 처칠은 지도자의 덕목으로 역사적 통찰력, 정직함, 설득의 노력을 들었다. 이를 원용해 국정과제 달성에 필요한 대통령의 성공 요소를 결단력(의제설정 능력), 추진력(실행 능력), 소통 능력(설득 능력) 세 가지로 꼽아볼 수 있을 것이다.

노무현 대통령이 지지층 반발에도 한미 자유무역협정FTA을 추진한 것이나, 이명박 대통령이 비상경제체제를 진두지휘하며 글로벌 금융위기를 극복한 것은 이 세 가지 요소를 모두 충족한 모델로 꼽힐 만하다. 반면 박근혜 대통령의 '배신의 정치' 심판과 문재인 정부의 소득주도성장은 의제설정이나, 실행 과정, 소통과 설득 측면에서 모두 실패함으로써 정치적 위기를 자초한 사례들이라 할 수 있을 것이다.

2024년 노벨경제학상 수상자 다론 아제모을루 매사추세츠공대 MIT 교수는 저서 《권력과 진보》에서 현대사회의 권력은 강압이 아니라 설득이라고 강조한다. 그는 "대통령이라 해도 강제로 군인을 전쟁터로 보낼 만큼 강압적 권력을 갖기 힘들다"고 주장한다. 설득력이 없다면 국민이 그 명령을 따를 수도 없고 따르지도 않을 것이라는 뜻이다. 앞서 1960년 미국의 정치학자 리처드 뉴스타트도 《대통령의 권력》이라는 책에서 "실질적 권력은 헌법과 법률에서 나오는 게 아니라 설득력이라는 개인의 능력에 달려 있다"고 했다. 대통령이 최고 명령자가 아니라 최고 설득자가 돼야 진정한 리더 역할을 할 수 있다는 것이다. 진영논리나 통치권을 앞세운 권위보다는 설득과 소통, 그리고 이를 바탕으로 합리적 해결책을 제시하는 조율 능력이야말로 국정 성패를 좌우하는 핵심 요소임을 이 책의 많은 사례를 통해 확인할 수 있을 것이다.

국가든, 기업이든 리더십의 성공과 실패 사례를 복기해보는 것은 공동체와 조직의 미래를 위해 꼭 필요한 일이다. 이념과 노선을 둘러싼 갈등이 사실상 내전의 상시화로 이어지고, 갈등의 일상화가 탄핵 또는 극단적 분열로 폭발하는 비극을 막기 위해서도 그러하다.

부족하지만, 이 책에서 주마간산 격으로나마 짚어보는 국정의 성공과 좌절 이야기들이 오늘의 대한민국이 당면한 과제들을 해결하기 위해 고민하는 분들께 작은 보탬이라도 되었으면 하는 바람이다.

2025년 5월
박성원

차 례

2 불도저 리더십의 성과주의와 중도 실용
이명박 정부

3 원칙·신뢰의 리더십과 불통·분열 사이
박근혜 정부

4 진영의 정치·팬덤 리더십과 양극화
문재인 정부

제1장

진보정치 이상과
사람사는 세상 리더십

노무현 정부

퇴임 후 검찰 수사를 받던 노무현 전 대통령은 극단적 선택을 앞두고 남긴 유서에 "운명이다"라고 했다 그는 "너무 많은 사람에게 신세를 졌다. 나로 말미암아 여러 사람이 받은 고통이 너무 크다. 여생도 남에게 짐이 될 수밖에 없다"고 적었다.

사후에 출간된 자서전 《운명이다》에서는 "이제 노무현은 정의나 진보와 같은 아름다운 이상과는 어울리지 않는 이름이 되어 버렸다"면서 "정의와 진보를 추구하는 분들은 노무현을 버려야 한다. 나의 실패가 모두의 실패가 돼서는 안 되기 때문이다"라고 했다. '특권과 반칙 없는 나라'라는 정치의 목적에 도달하는 데 실패했다는 좌절감과 무력감을 토로한 듯하다.

노무현은 힘없는 보통 사람도 살기 좋은 '사람사는 세상'을 정치의 목표로 하면서도 개방적 통상국가를 지향했다. 이를 실현하기 위해 정치연합과 타협의 정치를 추구했다. 하지만 이를 구현할 정치기반은 갖지 못했다. 평등과 평화, 여성과 청년, 환경과 노동 같은 진보적 주제를 지향하면서도 시장과도 타협하는 합리적 진보정치를 꿈꿨다. 그러나 현실적 제약으로 인해 절반의 성공, 절반의 실패라는 결과를 남기고 임기를 마쳤다는 평가를 받고 있다.

부동산 정책에서는 2%에게 세금을 물려 98%가 덕을 보게 할 수 있다는 논리로 종합부동산세를 도입했다. 그러면서도 경제 전반은 진보 이념에 치우친 세력이 좌지우지 못하게끔 김진표, 이헌재, 한덕수, 권오규 같은 역량 있는 경제관료들에게 운용을 맡겼다. 엘리트 관료들이 이념 과잉에 제동을 거는 역할을 하도록 했다. 경제·안보에서 나라에 도움이 되는 정책은 관념이 아니라 현실주의와 실용을 택했다. 흔히 알려져 있는 반미좌파적 이미지와 달리 한미 자유무역협정과 이라크 파병, 제주 해군기지 건설 등 이념을 떠나 국가적 과제를 적극 수용하고 추진했다.

참여민주주의와 정치개혁

2001년 10·25 재보선에서 새천년민주당이 패배한 뒤 당내 쇄신운동이 본격화됐다. 천정배, 신기남, 정동영 의원 등 '천신정 3인방'을 비롯한 민주당 내 개혁 성향 소장파가 동교동계를 공격하는 정풍운동을 일으켰다. 김대중 대통령이 1997년 첫 수평적 정권교체를 통해 집권한 뒤, 민주당은 호남 중심의 전통적 당원들이 당내에 공고한 기득권을 구축하고 있다는 비판을 받아 왔다. 이에 3김 시대 기득권정치 체제의 핵심인 제왕적 총재 제도를 개혁하자는 움직임이 나타난 것이다. 개혁그룹들은 '비공식·비선 라인의 국정 당무 개입 금지, 당내민주주의 확대, 인적 쇄신, 공식기구를 통한 쇄신방안 협의 등 5개항에 걸친 전면적 쇄신을 요구했다.

구체적으로는 당권과 대권을 분리해서 대통령이나 대통령 후보는 당대표를 겸하지 못하게 하자는 것이었다. 김대중 대통령은 11월 8일 이들의 요구사항을 받아들여 당 총재직에서 사퇴했다. 당내에는 '당 쇄신과 발전을 위한 특별위원회'가 구성됐다. 여기서 만들어진 쇄신안은 2002년 1월 7일 당무위원회에서 확정되었다. 쇄신안의 주요 내용은 당 총재직 폐지 및 최고위원회 형태의 집단지도체제 도입, 대선후보와 당대표를 분리하는 당정분리, 원내총무(현 원내대표) 권한강화 및 의원총회 정책의결권 부여 등 원내정당화, 상향식 공천제도 도입, 대선후보 선출 시 국민참여 경선제 도입 등 파격적인 것들이었다.

논의 방향은 3김 시대의 사당화를 극복하고 정당민주주의를 정착하자는 것이었다. 당 총재직 폐지는 이제 김대중 대통령이 더는 당내에 영향력을 발휘하지 말라는 뜻이었고, 원내총무의 위상강화는 의원들의 자율성을 강화하자는 취지였다. 상향식 공천제도도 당대표의 공천권을 당원들에게 돌려주는 방식이었으니, 김대중 총재 시대의 정당으로선 혁신적인 안이었다.(우상호, 2024)

노무현은 정풍운동에 관여하지 않았다. 민주당은 혁신할 필요가 있었지만 당의 주류를 공격하는 것은 좋은 방법이 아니라고 보았다. 대통령 후보를 선출해 새로운 리더십을 형성하면서 자연스럽게 당을 혁신하는 것이 좋다고 판단했다. 더욱이 영남 출신인 자신이 함부로 동교동계 비판에 가담했다가는 민주당 안에서 지역갈등을 야기할 위험이 있었다.(노무현재단, 2019)

상향식 민주주의 모델 된 국민참여 경선

2002년 초 새천년민주당의 정치개혁안이 채택될 때만 해도 당내 민주주의를 위해 싸웠던 의원들도 대선후보 선출 시 국민참여 경선제가 얼마나 큰 변화를 만들어낼 것인지는 예상하지 못했다. 민주당은 2002년 대선후보를 뽑기 위해 우리 정당사상 처음으로 국민참여 경선을 도입했다. 대통령 후보 경선 일정은 2002년 4월로 결정됐다. 참여 신청을 받고, 당원과 국민을 같은 비율로 섞어 선거인단을 구성하기로 했다.

우리 정치사에서 처음 도입된 국민참여 경선은 큰 관심을 불러일으켰다. 7명의 예비후보 지지자들이 최선을 다해 가입신청서를 모았다. 인터넷을 통해 자발적으로 참여한 시민도 많았다. 35,000명을 추첨으로 뽑는 국민선거인단 모집에 190여만 명이 참여 신청을 했다.

여기서 기존의 하향식 권위주의 정당체제를 대체할 새로운 상향식 정치의 주체로 떠오른 것이 '깨어 있는 시민(깨시민)'들이고, 이들의 능동적 역할을 중시하는 것이 참여정치였다. 구체적으로 대선후보 선출부터가 진정한 민주정치의 주체인 당원, 나아가 일반 국민의 참여에 의해 이뤄져야 한다는 것이었다. 일반 국민이 정당의 공직선거 후보 선출에 처음으로 참여한 것도 이때부터다. 김대중 정부가 임기 말 위기에 빠지고 정권교체 분위기가 고조되는 상황이었지만, 새천년민주당은 국민경선제 도입으로 반전의 계기를 마련했다. 정당의 대선후보를 뽑는 과정에 일반 시민이 참여하도록 문을 연 것이다. 정당사상 최초로 진행된 국민참여 전국순회 경선에 일반 국민의 참여열기가 후끈 달아올랐다. 국민참여 경선제는 대의원과 일반당원 투표 50%, 일반 국민 선거인단 투표 50%를 반영하는 방식이었다.

당초 3%의 지지율에 불과했던 부산 출신 비주류 노무현 후보는 국민참여 경선에서 '노무현을 사랑하는 사람들'(이하 노사모)의 열렬한 지지를 배경으로 '노풍'을 일으켰다. 노사모는 1999년 서울 종로 보궐선거에서 당선됐던 노무현이 2000년 4·13 총선에서 지역주의 타파를 내걸고 사지死地나 다름없는 부산 북강서을에 출마했다가 낙선한 것을 계기로 결성됐다. 이런 '바보 노무현'을 좋아하게 된 네티즌들이 그해 6월 6일 대전의 한 PC방에서 노사모를 창립했다.

경선 후보는 이인제, 김근태, 정동영, 한화갑, 김중권, 유종근, 노무현 등 7명으로 출발했다. 노무현 후보의 캠프가 제일 초라했다. 국회의원은 한 사람도 없었고, 후보인 노무현도 국회의원이 아니었다. 당원조직도 취약했고 돈도 없었다. 노사모와 부산상고 동문회가 있었지만 모두 비정치적 조직이었다.

그러나 노사모는 일당백의 활약을 했다. 노사모는 수십만 명의 선거인단 참여 신청서를 모았고, 선거인단으로 뽑힌 사람들을 찾아가 투표 참여를 부탁했다. 영남의 노사모는 호남 선거인단에게, 호남 노사모는 영남 선거인단에게 눈물겨운 호소를 담은 편지를 직접 손으로 써서 보냈다. 문성근, 명계남 씨와 같은 유명 인사들이 쏟아지는 비를 맞으면서 선거인단을 한 사람씩 방문해 무릎을 땅에 대고 노무현을 도와 달라며 눈물로 호소했다.(노무현재단, 2019)

제주도에서 한화갑 후보가 1등을 차지하고, 울산에서 노무현 후보가 1등을 차지하더니, 호남의 중심인 광주에서 예상을 깨고 노무현 후보가 1등을 차지했다. 노 후보가 전남지역 경선에서 62%라는 압도적 득표율로 승리하자, 이인제 후보는 더 이상 역전 가능성이 없다고 보고 4월 17일 후보 사퇴를 선언했다. 이인제 후보는

당이 자신을 탈락시키고 노무현을 당선시키려고 공작했다는 음모론을 펼치며 탈당한 뒤 한나라당 이회창 후보 지지를 선언했다.(우상호, 2024)

노무현은 국민참여 경선에서 전통적 당원들의 지지를 받던 이인제와 한화갑을 누르고 그해 4월 27일 새천년민주당의 대선후보로 확정됐다. 노무현은 후보수락 연설에서 "불신과 분열의 정치를 극복하고 개혁과 통합의 정치를 하겠다"고 말했다. 김대중 대통령의 대북포용 정책을 계승하고 경제성장과 분배의 정의를 조화시키겠다는 약속도 했다. 이전까지 정치권 안팎에서 당연시되다시피 했던 '이회창 대세론'은 자취를 감추었고, 노무현 지지율이 50%를 넘나들었다.

2002년 대선 당시 노무현 캠프 선대위원장을 맡았던 정대철 대한민국헌정회 회장은 "깨어 있는 시민에 의한, 깨어 있는 시민을 위한, 깨어 있는 시민의 참여정부, 즉 민주정부를 한다는 것이 노무현의 정신"이라고 술회했다. 참여정치가 노무현 정치철학의 기본을 이루었다는 것이다.

노사모는 노무현을 지도자(대통령)로 만들기 위해, 성공한 대통령을 만들기 위해 희생을 아끼지 않았다. 참여민주주의의 효능감을 맛본 노사모는 우리 정치에서 팬덤 정치의 본격 태동으로 꼽히기도 한다. 하지만 팬덤이 특정인에 대한 무조건적 지지를 뜻한다고 할 경우 노사모는 그런 팬덤에 해당하는지 의문이라는 게 정대철 헌정회장의 회고다.

노사모는 노 대통령 당선 이후엔 주류 당원 세력으로 자리잡고 열린우리당 창당의 원천이 됐다. 그럼에도 2003년 노무현 정부가 한미동맹의 중요성을 감안해 미국을 돕기로 하고 이라크 파병을 결정했을 땐 반대 입장을 분명히 했다. 실제 노사모 회원들은 온라인 게시판에 "노 대통령 아들부터 이라크에 보내라"는 등의 글을 올려 비판했다. 2006년 노무현 정부가 한미동맹 강화를 위해 한미 FTA를 추진할 때도 노사모는 노 대통령을 '친미주의자', '신자유주의자'로 비난했다.

노사모는 노무현이라는 정치인의 팬에 머물지 않고 사안에 따라 노무현과 다른 목소리를 내는 소신파가 모인 집단이었다. 서로 다른 의견이 공존하고 토론이 가능한 모임이었던 것이다. 노 대통령의 노사모를 대하는 태도도 요즘의 팬덤 추수적인 정치인들과는 달랐다. 노 대통령은 노사모들에게 자기를 버리라고 말했다. "노무현을 버리고 역사 속으로 들어가라"는 당부를 했다. 노사모는 한마디로 노무현만을 위하는 조직이 아니었다. 건강한 팬덤이었던 것이다.

노무현·정몽준 후보단일화 드라마도 국민참여 경선에서 시작된 민의 반영이라는 시대적 흐름을 여론조사 경선이라는 극단적 형태로 적용시킨 것이라고 할 수 있다. 국민이 직접 참여하는 1차 예선(민주당 당내 경선), 2차 예선(후보단일화 경선)을 거친 노무현 후보와 대조적으로 이회창 후보의 독주로 예선을 치른 한나라당은 결국 본선에서 패배의 쓴잔을 마셨다.

국민참여 경선 바람은 야당이 된 한나라당의 당대표 경선에도 변화를 몰고 왔다. 2003년 6월 최병렬, 서청원 의원이 격돌하는 한나라당 전당대회에서 당의 다양성을 확대하고 체질 개선을 위해 컴퓨터가 무작위 추출한 국민 11만여 명을 선거인단에 포함시켰다. 결국에는 선거인단 규모가 정당사상 최대인 23만 명에 이르렀다.

대선자금 수사와 측근비리 특검

노무현 대통령은 2003년 2월 25일 취임사를 통해 "반칙과 특권이 용납되는 시대는 이제 끝나야 한다. 정정당당하게 노력하는 사람이 성공하는 시대로 나아가자"고 했다. 노 대통령이 대선 과정에서 강조했던 핵심 약속도 '상식이 통하고 원칙이 지켜지고 법이 공정하게 집행되는 나라', '정경유착·반칙·특혜·특권이 없는 사회'로 요약될 수 있다. 이 약속을 지키기 위해 내건 네 가지 국정원칙이 •원칙과 신뢰, •투명과 공정, •분권과 자율, •대화와 타협이었다. 노 대통령은 마지막 '대화와 타협'을 빼고는 나름 성과가 많았다고 자평했다.

노 대통령은 실제 '공정한 법치주의'를 세우기 위해 노력했다. 1987년 6월 민주항쟁 이후 민주화가 이뤄지면서 공포정치는 사라졌다. 김영삼 대통령이 하나회를 정리한 것을 계기로 군부 쿠데타의 위협은 완전히 종식됐다. 공직자 재산 등록과 금융실명제를 전격 실시함으로써 부패와 유착의 고리를 끊어낼 수 있는 제도적 기반을 만들었다. 노 대통령도 후보 시절에는 부당한 특권과 부정부패, 정치권력과 시장권력의 유착이 큰 틀에서는 해소되었다고 생각했다. 그래서 서로 다른 정치적 지향과 가치관을 가진 사람들이 서로 존중하고 대화하고 타협하는 성숙한 민주주의 시대를 열고 싶어 했다.

하지만 막상 대통령이 되고 보니 마음먹은 대로 되지 않았다. 나름대로 노력했지만 대화의 문을 열기가 어려웠다. 집권당인 민주당 안에서도 선거기간 중 발생한 '후보단일화협의회'와의 갈등이 해소되지 않았다. 그러는 사이 여야의 불법 대선자금 문제가 터져버렸다. 대화와 타협은 고사하고 대선자금과 관련해 노 대통령 자신이 자유롭지 않은 상황에 직면했다. 새 집에 들어왔다고 생각했는데 그게 아니었다는 것이다.(노무현재단, 2019)

그는 퇴임 후 미완의 회고록《성공과 좌절》에 이렇게 썼다.

"새 집에 들어와 새 살림을 꾸리겠다고 생각했는데 그게 아니었다. 제 딴에는 새 집에 들어왔다고 생각했는데 쓰레기들이 많이 있었던 것이다. 그래서 쓰레기 대청소를 해나가는 과정이 결국 저도 상대방도 자유로울 수 없었던 대선자금의 청산 과정이었다. 그러면서 저도 대통령으로서 정통성에 상처를 많이 입다 보니 다시 수준을 낮추어 구시대의 막내 노릇, 마지막 청소부일 수밖에 없다는 쪽으로 제가 할 몫을 생각하게 되었고, 그 착잡했던 심정을 그렇게 표현했던 것이다."

취임 첫해부터 노무현 대통령이 도덕성과 정통성에 상처를 입게 된 것이 바로 검찰의 대선자금 수사 때문이었다. 대검찰청 중앙수사부는 2003년부터 이듬해까지, 2002년 대선에서 오간 불법 정치자금 의혹을 대대적으로 수사했다. 그 결과 당시 한나라당(이회창 후보)과 민주당(노무현 후보)이 주요 대기업 등에서 각각 823억 원과 113억 원의 불법 자금을 모금한 것으로 드러났다. 특히 한나라당은 현대차그룹으로부터 고속도로 휴게소에서 두 차례 50억 원이 담긴 스타렉스 승용차를 통째로 넘겨받는 수법으로 100억 원을 챙겨 '차떼기 정당'이라는 오명을 썼다. 수사 과정에서 노무현 당시 대통령이 "내가 한나라당 불법 대선자금의 '10분의 1'을 더 썼다면 그만두겠다"고 발언해 정치권에서 논란이 되기도 했다.

당시 검찰 수사로 한나라당 이회창 전 총재 측 최돈웅·신경식·김영일 의원과 이홍주·서정우 씨 등이 사법부 심판을 받았다. 노 전 대통령 선거 캠프에서 일했던 이상수 의원과 이재정 의원, 오랜 동지였던 안희정·이광재, 오랜 측근이었던 여택수·최도술 씨 등도 잇따라 구속되거나 재판에 넘겨졌다.

이 점에서 노무현의 운명은 그가 되고 싶었던 새 시대의 첫차가 아니라 구시대의 막차가 되었다는 것이다.

2002년 대선자금 사건을 계기로 정치자금법이 개정돼 정당후원회 제도가 폐지되는 등 정치권의 자정 노력이 이어졌다. 여야를 막론한 검찰의 초대형 수사에 국민적 지지가 이어졌다. 수사를 이끈 당시 안대희 중수부장은 '국민 검사'라는 별칭을 얻기도 했다. 다만 측근이 줄줄이 구속되는 가운데서도 정작 대통령 후보였던 당사자들은 입건되지 않은 채 사건이 마무리됐다.

노 대통령은 대선자금 수사와 관련해 측근들이 구속된 데 대해 다음과 같이 사과했다. "제가 감독·관리해야 하는 범위 안에 있는 사람들이기 때문에 그들의 잘못에 대해서는 제가 책임져야 합니다. 이 사람들이 조달하고 사용한 대선자금은 저의 손발로서 한 것입니다. 법적인 처벌은 그들이 받되 정치적 비난은 저에게 해주시기 바랍니다."

대선자금 수사 과정에서 포착된 노 대통령 측근들의 비리는 야당인 한나라당의 집중적 공세 대상이 됐다. 노 대통령이 취임하고 8개월쯤 지난 2003년 10월 31일 김용균 의원을 비롯해 한나라당 의원 147명이 '노무현 대통령의 측근 최도술·이광재·양길승 관련 권력형 비리 사건 등의 진상규명을 위한 특별검사의 임명 등에 관한 법률안'을 발의했다. 검찰의 한나라당 대선자금 수사에 맞불을 놓기 위해 노 대통령 측근들의 '권력형 비리'를 수사해야 한다는 취지였다. 당시(16대 국회)에는 의원 정수가 273명이었다. 한나라당이 과반 의석을 차지하고 있는 여소야대 상황이었다. 국회의장도 한나라당 출신 박관용 의원이었다. 뿐만 아니라 여당이었던 새천년민주당에서 노 대통령과 가까운 의원들이 집단 탈당해 새로운 여당인 열린우리당을 창당하던 와중이었다. 여당 의원은 50여 명에 불과했다.

압도적 다수였던 야당은 2003년 11월 10일 국회 본회의에서 특검법안을 의결했다. 재석 192명 중 찬성 183명, 반대 2명, 기권 7명으로 가결됐다. 한나라당과 민주당 의원들은 찬성했고, 열린우리당 의원들은 퇴장했다. 노무현 대통령은 거부권을 행사했다. 박관용 국회의장은 12월 4일 본회의에 특검법 재의(재표결) 안건을 상정했다. 무기명 투표 결과는 총 투표수 266표 중 찬성 209표, 반대 54표, 기권 1표, 무효 2표였다. 재의결된 것이다. 노 대통령이 법안을 공포하지 않으면 박관용 국회의장이 공포하게 되어 있었다.

노무현 대통령은 12월 6일 임시 국무회의를 열어 특검법을 공포했다. 특검법에 따라 대한변호사협회는 2명의 특검 후보를 추천했고, 노 대통령은 그 가운데 김진흥 변호사를 특별검사로 임명했다. 김진흥 특검은 3개월 가까이 수사를 한 뒤 2004년 3월 31일 결과를 발표했다.

특검팀은 최도술 전 청와대 비서관이 지난 대선 이후 부산지역 업체 등으로부터 4억 9천여만 원을 받은 사실을 밝혀내고 최 씨를 추가기소했다. 또 노 대통령의 고교 선배인 이영로 씨가 7억 4천여만 원의 불법자금을 받은 사실도 확인했다. 특검팀은 최도술 씨가 1억 2천만 원, 양길승 씨가 1천만 원의 불법 경선자금을 받은 부분은 관련 수사 기록을 대검에 넘겼다. 특검팀은 그러나 썬앤문그룹의 95억 원 제공설과 청주 K나이트클럽 소유주 이원호 씨의 50억 원 정치권 로비설, 그리고 노무현 후보의 썬앤문그룹 감세청탁 의혹 등은 모두 사실무근이라고 발표했다. 특검은 수사 결과를 발표하면서 "정치권이 특검법을 만들 때 수사 대상과 규정을 분명하게 해야 한다"면서 그동안 수사의 어려움을 간접적으로 토로했다.

열린우리당 창당과 탄핵파동

노무현 대통령이 처음부터 새천년민주당의 해체를 원했던 것은 아니었다. 2002년 대선 당선 직후인 12월 22일 정동영, 신기남, 천정배, 추미애, 송영길, 이강래 등 23명의 민주당 국회의원들이 민주당 해체를 요구하는 성명을 발표했다. 원로격인 조순형 상임고문도 포함돼 있었다. 이들은 또한 민주당 지도부의 사퇴와 동교동계, 후보단일화협의회에 대한 심판을 주장했다.

노무현 당선인은 제주도로 휴가를 가 있을 때였다. 성명을 낸 몇몇 의원들이 제주도로 전화를 했다. 노 당선인은 민주당 해체에 반대한다는 의견을 폈다. 민주당을 혁신해 국민의 지지를 받으려고 노력해야지 불쑥 당을 해체하라는 게 말이 되느냐는 것이었다. 이에 따라, 당 해체론은 수면 아래로 가라앉고 민주당은 이른바 '리모델링' 또는 '당 혁신'을 둘러싼 길고 지루한 내부분쟁이 이어졌다. 특별위원회를 만들어 논의를 시작했지만 민주당 개혁은 쉽게 이뤄지지 않았다.

노무현은 대통령이 됐지만 총재가 아니었다. 노 대통령의 말을 따르는 국회의원들은 몇 명 되지 않았다. 그는 경선후보 시절 제왕적 대통령이라는 문제를 극복하기 위한 대안으로 시대적 흐름을 탔던 '당정 분권론'을 적극 받아들였다. 지난 시기 대통령들은 총재로서 여당의 재정권과 인사권, 공천권을 모두 장악했다. 그것을 무기로 소속 의원들의 투표행위까지 철저히 통제했다.

대통령제의 모범이라는 미국에서는 대통령과 의회가 분리돼 있다. 대통령이 여당을 지배하는 것은 권위주의 시대의 낡은 유산이었다. 미국식 대통령제로 갈 수 없다면 당정분리라도 해서 정당과 의회에 자율권을 주는 것이 옳다는 게 노 대통령의 생각이었다.(노무현재단, 2019)

노무현은 1997년 국민회의에 입당해 김대중 총재를 모시고 정치를 하는 동안은 정당운영의 민주화에 대한 자신의 생각을 제시하지 않았다. 그러나 대통령이 되는 과정에서는 이 문제를 제기했고, 마침내 대통령이 되었으니 평소 생각을 실천하겠다고 마음먹었다. 하지만 민주당 안에서 그 같은 개혁을 하는 데는 한계가 있었다. 당 개혁안을 놓고 대립을 거듭하다가 2003년 9월 4일 당무회의장에서 폭력사태가 벌어졌다. 이날 회의 주요 의제는 다름 아닌 신당 창당이었다. 신당 창당파와 리모델링 창당파는 일단 당무회의에서 신당 창당을 의결하고 준비기구를 만들자고 합의했다.

정대철 대표가 회의시작을 선언하며 의사봉을 두드리고 안건심의를 시작하려는데 갑자기 구주류 세력의 행동대원들이 회의장 안으로 "와!"하고 몰려들었다. 천정배, 신기남, 정동영 세 사람의 이름을 부르며 욕설이 쏟아지고 정대철 대표의 의사봉을 빼앗으려는 사람과 저지하려는 사람이 뒤엉켰다. 웃통을 벗어젖힌 사람도 있었고, 그 와중에 이미경 의원의 머리채를 잡아채는 사람도 있었으니, 회의 시작 전부터 잔뜩 벼르고 있던 문팔깨 여사였다.

이를 계기로 40명의 신당창당 개혁파 국회의원들이 민주당을 탈당하면서 민주당이 분당됐다. 개혁당 소속이었던 2명과 한나라당에서 건너온 '독수리 5형제'[1]를 포함해 열린우리당 창당 시 현역 의원은 총 47명이었다. 리모델링 의견에 가까웠던 노무현 대통령도 9월 29일 탈당했다.

10월에 열린우리당으로 당명을 정했고, 창당은 11월 11일에 이뤄졌다. 창당준비위원장과 초대 당대표는 김원기 의장이 맡았다. 2004년 1월에 열린 임시전당대회에서 정동영이 당의장으로 선출됐다.

노 대통령은 민주당을 분당시키고 열린우리당을 만들었다는 비난에 대해 수긍하지 않았다. 민주당 개혁이 불가능하다는 판단을 내린 정치인들이 민주당을 나와서 신당을 만들겠다고 했을 때 자신은 이것을 수용했을 뿐이라는 것이다. 지역주의 타파, 깨끗한 정치, 정당민주주의 실현을 내건 그런 정당을 원한 것은 분명하지만, 열린우리당 창당 주역들이 대통령의 지시나 배후 조종을 받았던 것은 아니라는 얘기다.

분당 때의 앙금은 탄핵의 불씨가 됐다. 열린우리당 창당 직후에는 분당을 잘못했다는 의견이 훨씬 많았다. 특히 호남에서는 대부분 열린우리당보다는 새천년민주당을 지지했다. 분당 이후 새천년민주당에서는 조순형 의원이 새 대표가 됐다. 애초 신당 창당론자였다가 잔류한 추미애 의원은 대표가 되지 못했다.

1　김부겸, 김영춘, 안영근, 이부영, 이우재.

이후 새천년민주당은 한나라당과 연합해 노무현 대통령과 각을 세웠다. 대통령 측근비리 특검법을 비롯해 노무현 대통령을 괴롭게 하는 법안들을 발의했다. 그러다 마침내 노 대통령이 "총선에서 국민이 열린우리당을 지지해줄 것으로 믿는다"라고 말한 것을 두고 선거법 위반이라고 문제를 제기, 탄핵소추안까지 발의하기에 이른다.

노무현 대통령은 2004년 17대 (4·15) 총선을 앞두고 각종 기자회견에서 특정 정당(열린우리당)을 지지하는 발언을 했다. 특히 방송기자클럽 초청 기자회견에서 나온 "대통령이 뭘 잘해서 열린우리당에 표 줄 수 있는 일이 있으면 정말 합법적인 모든 것을 다하고 싶다"라는 발언은 큰 논란이 됐다. 민주당이 선관위에 이를 고발한 데 대해 선관위는 '공무원의 선거중립의무 위반'이라고 통보했다. 야당은 "대통령이 특정 정당을 위한 불법적 사전 선거운동을 계속해 왔다"며 탄핵을 추진했다.

대통령은 대선 출마 과정에서는 정치인 신분이지만 취임 후엔 공무원의 신분도 갖게 된다. 대통령은 각종 선거기간 동안 공개적 행보를 조심해야 한다. 발언도 공정과 중립을 지켜야 한다. 하지만 노 대통령은 자신을 지지해줄 정치세력을 지원함으로써 야당의 정치적 공격에 대항할 수 있으며, 이것이 대의제 민주주의의 기본 원리에 해당한다고 생각했다. 여당 후보가 공무원을 동원해 돈봉투를 뿌리거나 군인들이 여당 후보를 찍도록 병영에서 공개투표를 지시해서는 안 되는 것이지만, 정치인인 대통령이 선거와 정치에 대한 의사표현을 하지 못하게 막는 것은 헌법과 법률을 잘못 해석한 것이라고 생각했던 것이다.(노무현재단, 2019)

추미애 의원 등 열린우리당 창당을 끝까지 반대한 인사들이 잔류했던 새천년민주당과 한나라당이 함께 그해 3월 10일 노무현 대통령에 대한 탄핵소추안을 발의했다. 최병렬 한나라당 대표와 조순형 민주당 대표, 박관용 국회의장이 이 과정을 주도했다. 당시 남경필, 원희룡, 정병국 등 한나라당 소장파 의원들과 추미애, 조성준 등 민주당 의원들이 대통령의 대국민사과 또는 사과로 간주될 수 있는 발언을 하면 표결에 참여하지 않겠다고 했다는 보고가 노 대통령에게 들어왔다. 열린우리당 정동영 의장과 김근태 원내대표, 김원기 고문 등도 그렇게 하는 것이 좋겠다는 뜻을 전해왔다. 하지만 노 대통령은 그렇게 하지 않았다. 박관용 의장이 4당 대표 회담을 할 것을 제안했지만 노 대통령은 그것도 거절했다.

열린우리당 의원 40여 명이 국회 본회의장을 점거 농성하고 있던 3월 11일 노 대통령은 기자회견을 했다. 형님 건평 씨나 측근들과 관련된 비리의혹에 대해서는 해명하고 사과했다. 하지만 선거법 위반이라는 비판은 받아들이지 않았다. 잘못한 일에 대해서는 얼마든지 사과할 뜻이 있지만 "뭐가 잘못인지도 모르면서 그저 탄핵을 모면하기 위한 사과라면 그런 것은 할 수 없다"고 했다.

결국 선거 개입 발언을 명분으로 발의된 대통령 탄핵소추안은 3월 12일 국회에서 찬성 193명으로 가결됐다. 국회 경위들과 야당 의원들이 농성하던 열린우리당 의원들을 모두 끌어낸 다음 탄핵안을 처리했다. 직무가 정지된 노무현은 5월 14일 헌법재판소가 탄핵안을 기각할 때까지 63일간 청와대 관저에서 유폐 생활을 해야 했다.

노 대통령은 63일간 고건 대통령 권한대행으로부터 모두 3차례 전화 보고를 받았다. 첫 번째는 앞으로 보고자료를 자주 올리겠다는 것, 두 번째는 사면법 개정안 등에 대한 거부권을 행사하기 전에, 세 번째는 북한 용천역 폭발사고로 인도적 지원을 결정할 때였다. 탄핵소추 기간에 따로 만나지 않은 것은 헌법에 따라 권한이 정지된 대통령에게 공식적으로 보고하게 되면 법을 어기는 일이 되고 노 대통령이 권한대행에게 업무지시를 했다는 오해를 받을 수 있기 때문이었다.(고건, 2013)

하지만 야당의 노 대통령에 대한 탄핵소추 의결은 거센 역풍을 맞았다. 탄핵소추안이 가결된 그날부터 서울시청 앞에서 촛불집회가 열렸다. 탄핵안이 가결되는 상황을 지켜보면서 분노를 쏟아낸 시민들은 자신들의 손으로 뽑은 대통령을 말도 안 되는 이유를 붙여 탄핵하려는 시도를 용서할 수 없다며 분노를 표출하기 시작했다. 당시 상황에 대한 기억을 노 대통령은 사후 출간된 자서전《운명이다》에서 다음과 같이 남겼다.

관저 앞마당에 어스름이 깔리기 시작하면 멀리서 소리가 들렸다. 관저 마당 왼쪽 나무 계단을 밟고 뒷산으로 올라가면 등산로 초입에 조그만 탁자를 놓은 작은 쉼터가 있다. 우리는 이것을 '데크'라고 불렀다. 이 쉼터에 올라가면 광화문과 세종문화회관 부근까지 불빛이 보인다. 그

너머는 보이지 않는다. 사람이 얼마나 많은지, 무어라고 소리치는지는 알 수 없다. 멀리서 사람들이 외치는 함성이 아련히 들릴 뿐이다. 관저 안에서는 유리가 두꺼워 소리가 들리지 않았다. 용암처럼 일렁거리던 촛불 바다는 텔레비전 뉴스로만 보았다. 쉼터에서 그 소리를 들으며, 아내는 우리 편이 저렇게 많이 왔다고 좋아했지만 나는 겁이 났다. 저 사람들이 저렇게 밤마다 촛불을 들고 와서 나를 탄핵에서 구해줄 것이다. 그리고 그다음에는 내게 무엇을 요구할까? 저 사람들이 원하는 것을 내가 과연 해낼 수 있을까? 그런 두려움이 촛불 시민들의 함성에 실려 왔다.

전국에서 대대적인 탄핵 반대 집회가 벌어졌다. 박근혜 한나라 당 대표는 총선 참패를 막기 위해 종아리를 걷고 회초리를 맞는 광고를 내보내야 했다. 탄핵 당일 실시된 〈중앙일보〉 여론조사에서 정당지지율은 열린우리당이 34%, 한나라당이 10%였다. 4·15 총선은 해볼 것도 없이 여당이 200석 넘게 싹쓸이하리라는 전망이 많았다. 실제 총선 결과는 열린우리당이 과반수를 넘는 152석을 차지하는 압승이었다. 이 같은 탄핵 후폭풍과 그로 인한 열린우리당의 선거 승리는 이후 노무현 정권이 이른바 4대 개혁 입법을 밀어붙이는 동력이 되었다.

헌법재판소는 2004년 5월 14일 노 대통령 탄핵심판을 기각했다. 위법행위가 전혀 없지는 않지만 대통령 탄핵을 정당화할 만큼 중대한 범법행위는 없었다는 논리였다. 헌재는 그러면서 결정문에서 대통령의 선거중립의무에 대해 다음과 같은 헌법적 기준을 제시했다.

"선거에 임박한 시기이기 때문에 공무원의 정치적 중립성이 어느 때보다도 요청되는 때에, (대통령이) 특정 정당을 지지하는 발언을 한 것은 대통령의 지위를 이용하여 선거에 대한 부당한 영향력을 행사하고 이로써 선거의 결과에 영향을 미치는 행위를 한 것이므로, 선거에서의 중립 의무를 위반하였다."

결과적으로 헌재는 탄핵소추안을 기각했지만, 노 전 대통령의 선거법 위반은 인정했다. 탄핵에 이를 정도의 '중대한 위반'은 아니었지만 '앞으로 대통령은 선거 과정에서 중립을 지켜야 한다'는 게 헌재가 내린 결론이었다.

한편 탄핵 사태로 인한 '야당 폭망' 분위기는 역설적으로 한나라당이 국민들에게 피부로 느껴질 만큼 거듭나는 모습을 보여주며 야당 회생의 발판이 마련되는 계기가 되었다.

탄핵으로 분노한 민심 속에서 열린 한나라당 임시전당대회에서 박근혜 의원이 당대표로 선출됐다. 이때 처음 도입된 제도가 바로 국민 여론조사였다. 대표 선출 시 대의원대회 투표결과와 여론조사 결과를 각각 50%씩 반영하는 방식이 도입된 것이다. 대의원대회에서는 홍사덕 의원의 선전이 예상됐지만 여론에서 압도적이던 박 대표가 1차 투표에서 승부를 결정지었다. 절벽 끝에 몰린 보수진영 한나라당이 회생의 몸부림으로 선택한 게 당대표 선거에서의 여론조사 도입이었던 것이다.

박 대표는 선출 직후 "천막당사로 출근하겠다"며 이른바 천막당사 시대 개막을 알렸다. 풍찬노숙하다시피 당을 이끈 끝에 총선에서 100석도 못 건질 것이라던 예상을 깨고 121석을 건졌다. 2004년 4·15 총선 뒤 박 대표는 재신임을 건 7월 전당대회에서 온라인 투표 20%까지 가미한 투표 끝에 다시 대표로 선출됐다. 이 같은 변신이 보수회생의 발판이 됐고, 3년 뒤 2007년 정권 탈환의 기반을 마련했다는 평가도 있다.

대연정과 개헌, 선거제 개혁 무산

노무현 대통령은 취임 석 달 만인 2003년 5월 "대통령 못해 먹겠다"고 말해 세상을 발칵 뒤집어 놓았다. 그만큼 국정 운영이 힘들다는 토로였다. 특히 한나라당이 과반수를 장악하고 있던 국회에서 소수파로 집권한 노 대통령은 비주류로서의 어려움을 자주 실감했다. 그는 여소야대 체제에서 고건 첫 총리 인준을 위해 한나라당이 요구했던 대북송금 특검까지 수용해 김대중 정부를 곤경에 빠뜨리기도 했다. 한나라당은 김두관 장관 해임안을 통과시키고 윤성식 감사원장 인준을 부결시켰다. 총선에서 지고 나면 어떻게 국정을 운영해야 할지 앞이 잘 보이지 않았다.

5년 임기 대통령제와 4년 임기 국회의원 선거 사이에서 나타날 수 있는 여소야대에 대한 노 대통령의 고민은 개헌과 선거제 개편, 그리고 대연정 제안으로 나타났다.

"취임하고 보니 국회는 한나라당이 과반수를 장악한 여소야대 국회였다. 그래도 대화하고 타협하면서 국정을 운영할 수 있을 것이라 생각하고 야당 지도자들을 부지런히 만났지만 쉽지 않았다. 한나라당은 처음부터 나를 대통령으로 인정하지 않으려는 기색이 완연했다. … 해가 바뀌어 2004년이 왔지만, 총선 전망은 지극히 어두웠다. 열린우리당이 과반수는 고사하고 제1당이 될 가능성도 전혀 없었다. 커다란 위기였다. 나는 이 위기를 기회로 반전시킬 수 있는 방안을 탐색했다. 그것이 프랑스식 동거정부 또는 책임총리제였다. 다시 여소야대 국회가 만들어지면 총리를 국회의 다수 연합이 추천하게 하고 내각을 지휘할 실질적 권한을 주는 것이다."(노무현재단, 2019)

대연정을 하면 우리 정치를 지역구도가 아닌 정책구도로 재편하는 제도적 환경을 만들 수 있다고 본 것이다. 대화와 타협의 정치문화도 덤으로 따라올 수 있다는 기대도 있었다. 선거제도 개편은 노 대통령이 정치를 하는 이유이기도 했던 지역구도 타파와도 관련이 있는 사안이었다. 노 대통령은 2003년 4월 2일 첫 국회 시정연설에서 다음과 같이 말했다.

"내년 총선부터 특정 정당이 특정 지역에서 3분의 2 이상의 의석을 독차지할 수 없도록 여야가 합의해 선거법을 개정해 주시기 바랍니다. 이런 저의 제안이 총선에서 현실화하면 저는 17대 국회에서 과반 의석을 차지한 정당 또는 정치연합에게 내각의 구성 권한을 이양하겠습니다."

2004년 총선에서 정치권이 선거법을 고쳐 지역 독점 구도를 허물면 과반 정당에 내각을 넘기겠다는 것이었다. 중대선거구제 등을 통해 소선거구제의 폐해를 극복하고 연합정치를 통해 제왕적 대통령제의 한계를 넘어서겠다는 취지였다. 1노 3김의 1987년 체제 이후 지역 구도, 승자 독식, 대결 정치의 쳇바퀴 속에 갇혀 있는 정치를 바꾸기 위해선 선거제도 개혁이 필요하다는 것이었다.

정치권과 국민 반응은 싸늘했다. 야당에서는 무슨 꼼수가 있는 건 아닌지 의심했다. 여당에서도 "어떻게 지킨 정권인데 내각을 내놓겠다는 건지 모르겠다"고 수군거렸다.

그런데 총선을 앞두고 국회의 탄핵소추로 대통령 직무가 정지됐다. 탄핵 역풍으로 열린우리당은 2004년 17대 총선에서 과반 의석을 차지했다. 프랑스식 동거정부를 할 이유가 없어진 것이다. 하지만 그것도 잠시, 2005년 4월 30일 재보궐선거에서 열린우리당이 참패해 다시 여소야대가 됐다. 이에 노 대통령은 그해 8월 26일 KBS '국민과의 대화'에서 대연정을 공식 제안했다.

> 책임정치를 하는 나라에서 29% 지지도를 갖고 국정을 계속 운영하는 게 과연 옳은지 국민적 토론이 필요하다고 생각합니다.(KBS, 2005)

노 대통령은 참모들에게 대연정 구상을 얘기했지만 대부분 뜨악해하는 분위기였고, 제대로 토론하거나 대놓고 비판하는 사람도 없었다고 한다. 김병준 당시 정책실장은 당시 분위기를 다음과 같이 전하고 있다.

대통령과 정부가 일을 해야 하는데 여소야대 정국은 한 발자국도 움직이지 못하게 하고, 게다가 여당의 일부는 벌써 등을 돌리고 있고… 꼼짝할 수가 없는 상황이었죠. 유일한 돌파구가 무엇이었겠습니까. 우리가 원하는 중요한 개혁과제 몇 가지 풀어주는 대신 나머지는 당신들이 원하는 대로 해라, 이 구상을 총리 이하 주요 인사들이 모인 자리에서 이야기했습니다. 하나같이 반대했습니다.(김병준, 2012)

노 대통령은 지역구도를 해소하고 대화와 타협의 정치문화를 만드는 데 필요하다면 권력을 반이 아니라 통째로 내놓겠다고 했다. 지역주의를 타파하기 위해 중대선거구제 전환을 받아들이면 국무총리를 비롯한 내각의 일부 구성권을 야당에 넘길 수 있다고 한나라당에 제안한 것이다. 특히 한나라당과 언론 등에 사사건건 발목이 잡힌 상황에서 내놓은 연정카드는 한나라당이 주도하고 열린우리당이 참여하는, 사실상 정권을 내주겠다는 것으로 비쳐졌다.

막상 한나라당은 정권교체를 통해 단독으로 집권할 가능성이 높은 상황에서 "우리가 왜 노무현 정부와 손을 잡느냐"며 거부했다. 임기 전반에 개혁입법을 놓고 야당과 한참 몸싸움을 벌이더니 후반 들어 갑자기 화합하자면서 대연정을 제시하니까 받아들이기 어려웠던 것이다. 대연정 제안에 충격을 받은 여당과 노 대통령 지지자들도 "한나라당의 집권을 막기 위해 노 대통령을 지지했는데 웬 말이냐"며 거세게 반대했다. "당신 혼자 잡은 정권인가? 당신 혼자 넘겨줄 것인가"라는 차가운 반응뿐이었다. 노 대통령 본인도 "폭탄은 저쪽을 향해 던졌는데 오히려 우리 편 등 뒤에서 터져 버렸다"는 말로 대연정 파동의 후폭풍을 인정했을 정도다.

노 대통령은 그해 9월 한나라당 박근혜 대표와 영수회담을 갖고 대연정을 다시 한번 제안했으나 퇴짜를 맞았다. 결국 대연정 구상은 무위로 돌아가고 말았다. 여당에서도 "탄핵 주도세력이자 개혁대상인 한나라당과 대연정을 한다면 더는 열린우리당을 지지할 이유가 없다"며 탈당하는 대열이 시작됐다. 결국 2007년 5월, 노무현 대통령의 지지율은 12%, 열린우리당 지지율은 8%까지 하락했다.

물론 열린우리당의 좌절과 몰락에는 대연정만이 아니라 몇 가지 요인이 복합돼 있었다. 우상호 전 민주당 원내대표는 대략 다음의 세 가지를 꼽고 있다.

첫째, 4대 개혁입법의 좌절과 오만 프레임이다. 열린우리당 천정배 원내대표는 17대 국회의 첫 정기국회에서 다룰 주요 입법과제로 국가보안법, 사립학교법, 과거사진상규명법, 언론관계법 등 이른바 '4대 개혁입법'을 제시했다. 하지만 결과적으로 이 가운데 언론관계법에 해당하는 신문법 하나만 빼고는 모두 통과되지 못했다. 국가보안법은 전면폐지냐, 부분개정이냐를 놓고 당 내외에서 큰 논란이 일었다. 사립학교법은 종교계의 거센 반발에 직면하자 개혁동력이 현저히 약화됐다. 과거사진상규명법은 야당이 사활을 걸고 막겠다고 선언한 바 있었다. 오직 언론관계법만 여야가 의견을 절충해 본회의를 통과할 수 있었다.

둘째, 리더십 붕괴와 계파정치가 불러온 분열 프레임이다. 3김 체제의 권위주의를 극복하기 위해 집단지도체제를 도입하고, 정당 민주주의를 강화시키자는 취지는 좋았지만, 잦은 지도부 교체가 리더십 약화를 불러왔고 당의 위기대응력을 약화시킨 것이다.

셋째, 부동산 정책실패에 따른 무능 프레임의 확산이다. 강력한 서민정책을 표방하면서 출범한 정부 초기 지지율이 높고 리더십이 강할 때는 시장이 안정적 모습을 보였다. 그러나 노무현 정부 말기 에 부동산 가격은 30%가 뛰었다. 임기 중반 대출규제 등을 하려니 시장지표가 안정적인데 과도한 규제라고 정부 관료들이 반대했고, 이 때문에 부동산 가격이 급등한 임기 말 대출총량 규제를 시작했 지만 이미 늦은 시점이었다는 것이다.(우상호, 2024)

하지만 여소야대 구도에서 사사건건 반대를 위한 반대만 일삼는 야당의 정치공세로 국정운영에 어려움을 겪는 여당으로서는 연정 이 돌파구의 하나로 여겨질 수도 있었을 것이다. 여야가 진영으로 갈려 극한대결을 하는 한국의 정치풍토에서 입법권과 예산통제권 을 갖고 있는 국회의 주도권을 잡지 않으면 국정운영을 제대로 할 수 없기 때문이다.

노 대통령은 2006년에도 "대통령 직분을 제대로 수행하기 어렵 다. 여소야대라는 최악의 정치구도 때문"이라고 하소연했다. 특히 1등만 살아남는 소선거구제는 1987년 6월 항쟁 이후 '1노 3김'의 합의에 의해 만들어진 틀이다. 소선거구제가 지역대결구도와 결합해 있는 한 호남에선 민주당, 영남에선 한나라당 이외의 정당을 통해 국회에 진출한다는 것이 사실상 어렵다. 때문에 정책개발보다는 다른 지역의 정당과 지도자에 대한 증오를 선동하는 것이 훨씬 효율적인 선거운동이 되고 모든 정당에서 강경파가 발언권을 장악하기 때문에 대화와 타협의 정치가 발붙이기 어려운 현실이다.

노 대통령의 이 같은 문제의식은 개헌 구상과도 맞물려 있다. 사실 노무현은 집권 전반기엔 대통령의 힘을 바탕으로 주요 개혁을 추진하고, 임기 후반에는 개헌을 통해 권력구도를 분산형으로 고치겠다는 구상을 오래전부터 갖고 있었다. 대선 직후 그는 당선자 신분으로 당 연수원에서 "2006년께부터 개헌 논의를 시작해서 2007년에 들어가기 전까지 매듭지어야 한다"는 구체적 추진일정까지 밝힌 일이 있었다. 그러다가 2005년 재보선 패배로 다시 여소야대로 돌아간 이후인 그해 6월 초 측근인 이호철 국정상황실장을 불러 개헌안 제안 준비를 지시했다. 1년 넘게 준비해 2006년 후반기 청와대 내부에서 공론화된 개헌안은 '4년 연임 대선제'와 '총선 동시 실시'였다. 필요하면 임기 1년 단축도 불사하고, 국회에서 부결시킬 경우 중도사임까지 각오한다는 뜻도 참모들에게 밝혔다고 한다.

2007년 1월 9일 아침 노무현은 청와대 춘추관에서 담화문을 낭독하기 시작했다.

"대통령 임기를 4년으로 줄이되, 1회에 한해 연임할 수 있게 허용하는 원포인트 개헌이 필요합니다. 대통령 임기 4년과 국회의원 임기를 맞출 것을 제안합니다. 너무 늦기 전에 개헌발의권을 행사하겠습니다.”

하지만 한나라당은 한마디로 “대통령이 워낙 농담을 잘 하니(안상수 법사위원장)”라는 썰렁한 반응이었다. ‘노무현식 정치실험’이라는 건 점잖은 축에 속하는 폄하였다. 대선주자인 박근혜 전 대표의 입에서 나온 “참 나쁜 대통령!”이라는 한마디가 당시 유행어가 됐을 정도다. 강재섭 대표는 “여당 의석도 줄었고, 대선이 임박한데 갑자기 개헌이라니 ‘판 흔들기’ 의도가 분명하다”고 비난했다.

당시 열린우리당도 이미 노무현의 편이 아니었다. 노 대통령 스스로가 대통령이 되면서 당 장악력을 포기했고, 부동산 정책 실패와 세금폭탄 등으로 민심이 돌아섰고, 지지율은 10%대로 추락한 상황이었다. 개헌론이 국면전환용에 불과하다는 정치권의 냉담한 반응은 결국 특별담화 90여 일 만에 “대통령의 임기 중 개헌발의를 유보해 달라”는 각 정당 원내대표들의 합의문 발표로 귀결됐다. 노 대통령의 강한 의지에도 불구하고 “안 되는 것을 뻔히 알면서 자꾸만 왜 문제제기를 하느냐”는 게 당시 가장 많이 들은 말이었다고 그는 회고했다.

검찰개혁, 언론개혁

노무현 정부는 취임 전부터 검찰개혁을 포함한 사법개혁을 주요 공약으로 내걸었다. 검찰개혁의 첫 번째 과제는 검찰의 정치적 독립 또는 중립이었다. 노무현 정부는 취임 전부터 검찰인사 개혁안을 내걸었는데, 인사개혁을 둘러싸고 검찰 수뇌부와 불편한 관계가 되었고 검사들의 불만도 적지 않았다.

이에 노 대통령은 검찰의 정치적 중립화를 공개적으로 추진하기 위해 취임 직후인 2023년 3월 9일 세종로 정부청사에서 텔레비전 방송이 생중계되는 가운데 직접 검사들과 토론하는 '검사와의 대화'를 벌이기도 했다. 이 토론은 결국 인사 이야기에서 뱅뱅 돌다가 끝나고 말았지만, 토론의 후폭풍으로 김각영 검찰총장이 물러났다. 노 대통령은 적어도 자신이 검찰을 정치적으로 악용할지 모른다는 우려를 해소하는 효과 정도는 있었다고 자평했다.(노무현재단, 2019)

검찰개혁의 두 번째 과제는 검찰권 행사에 대한 민주적 통제였다. 이는 검찰이 기소독점권을 갖고 있어서 기소권을 부당하게 행사하거나 하지 않을 위험성에 대해 아무런 견제를 받지 않는 권력이라는 전제에서 출발한다. 검찰조직에 대한 민주적 통제를 위해 노무현 정부가 추진한 두 가지 제도개혁 중 하나는 검찰과 경찰의 수사권 조정이고, 또 하나는 고위공직자비리수사처(이하 공수처)를 만들어 수사권을 주는 것이었다. 고위공직자의 불법행위에 대해서는 공수처가 수사를 하여 검찰에 이첩해 기소하게 하고, 만약 검찰이 부당하게 기소하지 않으면 법원이 기소를 강제하도록 재정신청을 하게 하는 제도이다. 공수처가 수사대상으로 삼는 고위공직자에는 검사들도 포함된다.

하지만 여야 정당과 행정자치위원회와 법제사법위원회의 여야 의원들은 법안 처리에 협조해주지 않았다. 여당 의원들도 큰 노력을 기울이지 않았다. 국회의원이 공수처의 수사대상이 된다는 것이 부정적 영향을 미쳤을 가능성이 크다. 당시 국회의원을 공수처 대상에서 뺐다면 결과는 달라졌을지 모른다.

검찰의 저항도 만만치 않았다. 검찰은 2002년 대선자금 수사를 계기로 정치권을 초토화시키면서 여론의 호응을 얻었고, 임기 내내 청와대 참모들과 대통령의 친인척들, 후원자와 측근들을 집요하게 공격했다. 2003년 2월 시작된 SK 비자금 사건 수사로 최도술 총무비서관이 11억 원을 받은 혐의로 구속됐다. 검찰의 SK 비자금 수사는 노무현 정부의 도덕성에 심대한 타격을 안겨줬다. 검찰개혁의 동력도 함께 떨어졌다. 하지만 수사중립을 보장하겠다는 노 대통령의 검찰개혁은 상당한 성과를 거둔 셈이다.

노 대통령은 검찰의 정치적 독립을 추진한 대가로 측근비리 수사들을 감수했지만, 임기가 끝나고 정권이 바뀐 후에는 재임 시절 검경수사권 조정과 공수처 설치를 밀어붙이지 못한 것을 후회했다. 노 대통령의 검찰에 대한 회한은《운명이다》에 다음과 같이 기술돼 있다.

검경 수사권 조정과 공수처 설치를 밀어붙이지 못한 것이 정말 후회스러웠다. 이러한 제도개혁을 하지 않고 검찰의 정치적 중립성을 보장하려 한 것은 미련한 짓이었다. 퇴임한 후 나와 동지들이 검찰에서 당한 모욕과 박해는 그런 미련한 짓을 한 대가라고 생각한다.

노 대통령은 당초 청와대가 간섭하지만 않으면 검찰의 정치적 중립이 이뤄진다고 믿었다. 청와대에서 살아나가기 위해서도 검찰개혁을 해야 한다고 생각했다. 하지만 결과는 그렇게 되지 않았으며, 그 원인으로 검경수사권 조정과 공수처 설치 같은 것들이 함께 이뤄지지 못한 점을 들고 있는 것이다.

6공화국에서 권력의 주도권이 군 출신에서 검찰 출신으로 바뀐 이후 검찰은 정권이 여러 번 바뀌면서 과거청산을 위해 검찰을 동원하는 동안 기소권을 갖고 막강한 권력으로 군림해왔다는 게 민주당 사람들의 지배적 견해다. 노무현 대통령의 비서실장 출신으로 2016년 박근혜 대통령 규탄 촛불집회와 탄핵추진으로 2017년 대통령직에 오른 문재인 대통령이 검찰개혁을 지상명제로 삼다시피한 것도 그런 이유에서다.

하지만 문재인 정부에서는 적폐청산을 국정의 최우선 순위에 두고 검찰에 그 임무를 맡기는 등 검찰 권력을 정치적으로 활용함으로써 검찰의 정치화는 계속됐다. 더욱이 조국 법무부 장관 비리와 원전비리 수사 등 검찰 수사의 칼끝이 권력내부를 향하자 검찰 수사권을 빼앗기 위한 검찰 무력화를 '검찰개혁'이라는 이름으로 밀어붙였다. 이 때문에 검찰개혁이 결국 자신에게 불리한 수사를 막으려는 '방탄용'임에 지나지 않는다는 비판을 자초했다.

노무현 대통령은 언론과의 관계에서 두 가지를 감당하려 했다. 첫째는 정치권력과 언론의 유착관계를 단절하는 일이었고, 둘째는 언론이 누리는 부당한 특권을 인정하지 않겠다는 것이었다.

인수위 시절 기자가 사무실에 들어와 몰래 서류를 집어간 사건이 있었다. 정부 기능을 보호하는 차원에서 취재관행을 개선해야 한다는 게 노 대통령의 생각이었다. 먼저 그릇된 기자실 풍토를 바꾸고 가판 구독 문제를 정리하려 했다. 기자들의 정부 사무실 무단 출입을 막고 공무원이 언론의 취재에 응하는 데도 원칙과 절차를 만들었다.

하지만 국민의 알권리와 이를 위한 취재활동의 자유 제한이라는 면에서 비단 '조중동'만이 아니라 모든 언론과 갈등이 빚어졌다. 특히 〈조선일보〉, 〈동아일보〉, 〈중앙일보〉는 김대중 정부 내내 김 대통령과 갈등을 겪은 데 이어 노무현 정부가 들어서자 '잃어버린 10년'이라는 프레임을 덧씌워 노무현 정권을 공격하고 보수 세력의 정권재탈환을 추구했다는 게 노 대통령 측 인식이었다.

따라서 언론의 부당한 특권, 정치권력과 언론권력의 유착을 해체해야 한다는 게 노무현 정부의 언론개혁 논리였다. 언론은 선출되지도 않고, 책임지지도 않으며 교체될 수도 없으면서, 국민의 생각을 지배하고 여론을 만들어낸다는 식의 부정적 인식이 깔려 있었다. 노 대통령은 언론권력의 부당한 특권에 굴하지 않고 언론과의 유착관계를 단절하려 했을 뿐 언론자유를 탄압한 적이 없다고 주장했다. 언론중재위를 통해 정정보도 청구를 하거나 법원에 민사소송을 낸 것을 갖고 언론탄압이라 하는 건 엄살에 불과하다는 것이다.

노무현 정부에서 부총리 겸 재정경제부 장관을 지낸 김진표 전 국회의장은 참여정부의 일원으로서 후회되는 두 가지로 언론 정책과 부동산 정책을 들었다. 노무현 대통령이 〈조선일보〉와 10년 넘게 피 터지는 싸움을 해온 인물이었지만, 국가를 경영하는 위치에선 반대편도 끌어안을 수 있어야 했는데 그러지 못했다는 것이다. 언론을 계속해서 적으로 만들 필요가 없는데, '기자실 대못 사건' 등으로 나중에는 지지기반이었던 〈한겨레〉, 〈경향신문〉과도 척을 졌다는 것이다.

김 전 의장은 "언론개혁은 5년 내에 하기가 쉽지 않다. 일단 발행부수 공시제도라든가, 공정보도를 위한 장치라든가 하는 큰 틀만 짜놓고 타협하는 게 어떻겠느냐"고 간언했지만, 노 대통령은 "앞으로 그런 얘기 하지 말라"고 선을 그었다.(김진표, 2024)

성장과 복지

노무현 정부는 김대중 정부를 계승하면서도 경제적으로는 진보적 색채가 짙어졌다. 김대중 정부는 외환위기 수습을 위해 국제통화기금International Monetary Fund, 이하 IMF의 구제금융을 받으며 출발한 까닭에 IMF와의 협의에 의해 거시경제와 구조조정의 큰 틀이 정해졌다. 이규성, 강봉균, 이헌재, 진념, 전윤철 같이 유능한 경제관료들이 사령탑을 맡아 경제를 정상화했다.

반면 노무현 정부에서는 "상위 20%에게서 세금을 더 거두면 80%가 혜택을 본다"는 편가르기 사고가 경제운용에 도입됐다. 재정지출도 선진국보다 적은 편이라며 '큰 정부'로 나아갔다.

노무현 정부의 거시경제 통계는 나쁘지 않았다. 한국은행 자료에 따르면 김대중 정부 마지막 해인 2002년 1인당 국민총소득(GNI)은 12,100달러였는데, 노무현 정부 마지막 해인 2007년에는 21,695달러가 됐다. 외환보유고는 김대중 정부 말 1,234억 달러에서 노무현 정부 말 2,620억 달러로 늘어났다. 연평균 경제성장률은 4% 안팎이었고, 물가상승률은 2~3% 선에서 관리됐다. 국가재정에서 복지 지출이 차지하는 점유비가 2002년에는 20% 정도였는데, 2007년에는 28%까지 높아졌다.

그럼에도 참여정부의 경제정책에 대한 국민의 평가는 좋지 않았다. 서민의 삶이 불안해지고 경제의 불균형이 심화되는 양극화 때문이었다. 양극화는 동서 냉전이 무너진 후 본격화된 세계적 흐름이지만 한국은 외환위기로 벼랑 끝에 몰리면서 더 어려웠다. 더욱이 복지제도가 취약한 나라이기 때문에 중산층이 경제적 위기를 맞을 때 소득과 사회적 지위를 지켜주는 제도가 없었다.

대선후보 시절 약속했던 매년 7% 경제성장은 이루지 못했다. 혁신과 남북관계 개선으로 경선 당시 약속했던 5%보다 2%는 더 높일 수 있다고 생각했지만, 남북 경제협력도 마음먹은 대로 되지 않았다. 미국 부시 행정부와의 갈등 속에 북한이 미사일 발사와 핵실험을 하는 등 한반도 정세도 불안정했다. 국제유가도 참여정부 출범 당시 배럴당 28달러 정도였던 것이 다음 해엔 50달러로 올랐고, 결국 70달러 선을 돌파했다

이 때문에 노무현 대통령은 재임 시절 야당인 한나라당으로부터 '경포대(경제를 포기한 대통령)'라는 비판에 시달렸다. 김대중 정부 시절부터 노 대통령 집권기간까지 10년간을 '잃어버린 10년'이라고 하는 비판도 있었다. 노 대통령은 이에 대해 앞에 기술한 것처럼 경제지표상 성과는 나쁘지 않았다고 《운명이다》에서 자평했다. 다만 시민들의 소비생활이 위축되고 중산층이 많이 주저앉는 등 아래위 격차가 많이 벌어지고 가운데가 비는 양극화가 나타났다는 점을 부인하진 않았다.

양극화와 증세 추진

노무현 정부의 복지정책은 김대중 정부의 틀을 따랐다. 복지를 좌우하는 분배는 외환위기가 터지고 IMF의 압박을 받는 과정에서 악화되었다는 것이 노무현 대통령의 시각이다. IMF체제하에서 경제단체와 보수세력이 노동시장 유연성, 즉 정리해고제의 도입을 요구하는 목소리가 커졌고, 김대중 정부도 어쩔 수 없이 이를 수용했다. 노무현 정부도 이를 그대로 이어나가면서 시장분배가 악화됐다는 것이다. 비정규직이 양산되고 비정규직 제도를 악용해 실질임금이 깎였다는 것이다. 대규모 정리해고가 이어지면서 자영업이 팽창했고, 공급과잉으로 인해 자영업이 어려움에 처했다. 정리해고 제도가 시장분배를 악화시켰다는 게 노무현 정부의 시각이다. 시장분배가 지나치게 불균형할 때 국가는 정책을 통해 이것을 교정할 수 있다. 조세와 복지가 그 수단이다. 노무현 정부의 복지정책에 따라 국가재정에서 복지지출이 차지하는 점유비는 2002년 20%에서 2007년 28%까지 늘어났다.

노 전 대통령은 취임 첫해인 2003년 불거진 법인세 인하 문제에 꼭 부정적인 것은 아니었다. 당시 한나라당 등 야권은 물론 재정경제부에서도 법인세 인하 주장이 나왔다. 김진표 당시 부총리 겸 재정경제부 장관은 그해 3월 "앞으로 5년 이내에 적어도 동남아시아 경쟁국보다 법인세 부담을 조금이라도 낮거나 같은 수준으로 만들 방침"이라고 공언했다.

그러자 노 대통령은 다음 날 "재경부의 진의가 잘못 전달된 것 같다. 법인세 인하는 전체적인 재정구조와 경제에 미치는 영향을 종합적으로 고려해 검토해야 할 것"이라고 진화에 나섰다. 이후 노 대통령은 점차 법인세 인하에 긍정적인 쪽으로 바뀌었다. 같은 해 6월 취임 100일 기자회견에서 "법인세 문제는 '이건 지켜야 하는 성역'이라고 생각하지 않는다"고 말했다. 7월 제1회 대통령 과학 장학생 장학증서 수여식에서 "다른 국가·지역과 치열하게 경쟁하는 마당이라면 (법인세를) 1%포인트라도 유리하게 해줄 수밖에 없다. 세계에서 기업하는 사람들이 활동무대를 어디로 할 것인지 결정할 때 법인세를 고려한다면 정부는 승복하지 않을 수 없다"고 했다. 그럼에도 노무현 정부는 세제개편안에서 재정여건을 이유로 법인세 인하를 제외했다. 이후 국회는 여야 협의를 거쳐 전 구간 법인세율을 2%포인트 낮추는 방안을 통과시켰다.

2006년 8월에 내놓은 '비전 2030'은 노무현 정부가 어떻게 돈을 써서, 나라를 어떤 모습으로 바꾸겠다고 설명한 장기 계획서다. 향후 25년을 내다본 최초의 중장기 정책방향으로, 과거 난무했던 5개년 계획보다 훨씬 긴 호흡으로 정책목표 달성을 위한 재정전략까지 함께 제시해 호평을 받았다. 반면 정권교체로 묻혀버린 '비운의 보고서'라는 평가도 있다.

여기에는 2030년까지 1,100조 원(물가상승을 반영한 경상가격)을 투입한다는 내용이 있었다. 이를 위해서는 증세가 불가피했다. 변양균 기획예산처장관은 당시 10%였던 부가가치세를 5%포인트 인상하는 방안을 노 대통령에게 건의했다고 한다. 하지만 "정치적으로 너무 부담이 크다"는 신중론에 밀려 없던 얘기가 되었다.

이에 따라 '비전 2030'에선 재원조달 방안 세 가지를 나열하는 것으로 그쳤다. 첫째는 국가채무로 충당, 즉 국채를 찍는다. 둘째는 조세로 충당, 즉 세금을 올린다. 셋째는 국가채무와 조세로 나눠서 충당한다. 무엇을 선택할지는 국민의 몫으로 남겼다.(변양균, 2022)

비전 2030 이후 정권마다 국가중장기계획을 새로 만드는 작업이 되풀이됐다. 이명박 정부는 중장기전략위원회 주도로 '대한민국 중장기 정책과제'를, 박근혜 정부는 '대한민국 중장기 경제발전 전략'을 각각 만들었다. 큰 틀에서 전략은 비슷했다. 모든 장기계획에서 인구구조 변화와 잠재성장률 하락, 양극화 등 공통된 문제 인식을 갖고 있었고 추진 과제도 저출산·고령화 대비, 기후변화 대응 등으로 큰 차이가 없다. 하지만 매 정권마다 '리셋'을 거듭하면서 활용도가 떨어졌다. 매번 '제로 베이스'에서 작업반 구성부터 시작하다 보니, 실제 중장기 과제가 발표되는 것은 이미 정권이 반환점을 돈 뒤였다. 사실상 '다음 정부 과제'로 인식되면서 힘을 받기도 어려운 상황이었다.

비전 2030도 노무현 정권 당시부터 지지를 받지 못했다. 실현 가능성에 대한 의구심이 컸기 때문이다. 정권을 1년 6개월 남긴, '레임덕' 상태에서 향후 25년간의 지속가능성을 담보하기 어려웠던 것이다. 재정투입과 관련해서도 '2010년까지 추가적 증세 없이 세출 구조조정 등을 통해 소요재원 충당, 2011년 이후 국민적 논의 필요'라는 모호한 입장을 취했다.

당시 작업을 진두지휘했던 변양균 전 청와대 정책실장은 회고록에 "야당도 찾고 시민단체도 설득해야 했다"면서 "정치지형에 대한 고려도 해야 했다. 노무현 정부 들어 여야 대치가 치열해진 그 변화를 잘 살폈어야 했다"고 썼다.

어느 정권이든 증세 얘기를 꺼내는 건 결코 쉬운 일이 아니다. 1977년 부가세를 도입했던 박정희 대통령은 그것 때문에 정치적 위기를 맞았다는 분석도 있다. 그렇다 해도 한국은 부가세 덕분에 안정적 세입을 확보하고 재정 건전성을 유지할 수 있었다는 점에서 부가세는 박 대통령의 중요한 업적이라고 볼 수 있다는 게 변 전 정책실장의 시각이다.

시장혼란만 부추긴 종합부동산세

부동산 정책은 노무현 정부가 호된 비판을 받은 대표적 정책실패 분야였다. 부동산 가격 상승은 국민의 삶을 고단하게 만들고 국민경제의 경쟁력을 해친다. 또한 경제의 양극화를 심화시키는 요인이다. 노무현 정부는 "부동산 가격 안정을 도모하겠다"며 종합부동산세(이하 종부세)라는 이름의 보유세를 만들었다. 하지만 시행 결과 집값 안정보다는 시장 혼란만 부추겼다는 비판을 받게 됐다.

2005년 시행된 종부세는 "부동산 보유에 대한 조세 부담의 형평성을 제고하고 부동산 가격안정을 도모한다"[2]는 목적 아래 공시가격 9억 원 초과 주택 보유자 중 다주택자에게 부과됐다. 주택 보유는 세대별이 아니라 개인별로 매겨졌다. 여기서 거둔 세금은 지역별 불균형 해소를 위한 명목으로 지방자치단체로 배분됐다.

종부세 도입 후에도 강남 집값이 폭등하자 노무현 정부는 대대적 부동산 규제 정책을 발표했다. 2005년 8월 이른바 8·31 대책을 통해 종부세 과세대상을 6억 원 초과로 낮추고, 개인이 아닌 가구별 합산으로 부과 기준을 바꿨다. 세금 부과 대상을 대폭 늘림으로써 부동산 매매를 억제하고자 했다.

하지만 이듬해인 2006년 서울 아파트값은 24%, 전국 아파트값은 14% 급등했다. 종부세가 부동산 가격 상승을 억제하는 효과를 내지 못했다는 비판이 쏟아졌다. 지방세인 재산세가 사실상 부동산 보유세 역할을 하는 상황에서 이중과세라는 논란도 이어졌다.[3]

이렇게 하면 장기적으로 투기를 잡을 수 있다는 취지였다. 분양가상한제나 공공주택 공급확대와 같은 보조수단도 이런 정책의 토대가 있어야 비로소 효과를 낼 수 있다는 생각이었다. 노무현 정부는 보유세 제도를 강화했다. 부동산 거래 신고를 실거래가로 하게 해서 과표가 계속 올라갔다. 세율을 올리지 않아도 과표가 올라가

---

2 종합부동산세법 1조.
3 2008년 이명박 정부 들어서서 종부세의 세대별 합산이 위헌이라는 헌법재판소 결정이 나와 과세방식을 인별 합산 방식으로 조정했고, 1주택자 대상 공시가격 기준을 다시 9억 원으로 완화했다.

면 세액도 올라간다. 이것이 주택보유자들의 강한 반발을 불러일
으켰다.

노무현 정부에서 경제부총리를 지낸 김진표 전 국회의장은 회고
록에서 노무현 정부의 부동산 정책을 이렇게 비판했다.

"부동산 문제는 근본적으로 수급을 통해 해결해야 한다. 한데 참
여정부는 세금으로 단박에 풀려다 보니 실패를 거듭했다. … 20년
이 지난 지금도 부동산 정책을 막지 못한 일은 사무치게 후회된다.
(내가) 욕을 먹더라도 그때 강하게 주장하고 시정시켰어야 했다.
그랬더라면 참여정부는 최소한 경제 영역에서는 훌륭하게 성공한
정부로 마무리할 수 있었을 것이다."

노무현 정부가 종합부동산세 같은 세금 폭탄으로 집값을 잡으려
했지만 부작용을 낳으며 오히려 집값을 급등시킨 데 대한 자기반
성이다. 지역균형발전을 위해 분산정책을 쓴 것은 필요한 일이었
지만, 수십 년 동안 형성된 수도권 집중현상을 5년 새 확 줄이는 건
무리였다. 당시 상황을 고려하면 수도권에 30만 가구는 지었어야
대체수요를 만족시킬 수 있었다. 그런데 참여정부는 공급을 계속
줄여서 13만 가구에 그쳤다.

집값이 폭등하니 이번에는 부동산 과세를 강화해서 잡으려 했
다. 당시 청와대 정책실장은 "세금 폭탄을 때려서라도 부동산 가격
은 잡겠다"는 폭력적 발언으로 정권에 대한 저항과 정책에 대한 반
감을 키웠다는 게 김 전 의장의 분석이다.

김 전 의장은 문재인 정부가 세금을 강화해 주택수요를 억제하

려 한 것에 대해서도 "부동산에 이념적으로 접근해 노무현 정권과 똑같은 실수를 저질렀다"고 지적했다. 그러면서 "집값을 잡으려는 노력이 집값을 폭등시키는 결과를 낳았다. 부동산으로 정권을 두 번 뺏긴 것"이라고 했다. 노무현·문재인 정부가 정권재창출을 못한 이유가 부동산 정책 실패 때문이었다고 본 것이다.

노무현 정부는 또한 부동산 정책과 관련한 유동성을 제대로 관리하지 못했다. 2005년과 2006년에 유동성이 폭발적으로 증가하는 바람에 부동산 가격이 폭등했다. 강력한 유동성 규제는 다른 부작용이 있을 수 있기 때문에 일단은 다른 정책수단으로 관리하려 했다. 그러다가 낭패를 본 것이다. 노무현 대통령은 자서전 《운명이다》에서 유동성 규제를 하지 않고도 부동산 가격 폭등을 막을 수 있는지, 부동산 시장에 이상 동향이 없는지, 걱정이 되어서 몇 차례나 경제보좌관과 관계부처 장관들에게 묻고 확인했다고 했다. 그때마다 문제가 없다는 대답을 들었는데, 그걸 믿은 게 잘못이었다는 것이다.

이는 마치 김영삼 전 대통령이 외환위기가 터지기 전 거시경제를 나타내는 수치들, 즉 펀더멘털(기초)은 양호하기 때문에 별 문제가 없다는 경제 참모들 얘기만 믿은 게 잘못이었다고 회고한 것을 연상케 한다.

김영삼 전 대통령은 2009년 4월 16일 SBS 라디오 특별기획 '한국현대사 증언'에 출연해 다음과 같이 말했다. "처음 경제가 나빠지기 시작할 때 나는 상당히 걱정했는데, 경제부총리나 경제특보 같은 사람들이 '걱정할 필요가 없다', '문제가 없다'고 했다. 나는 상당히 걱정했었다."

노무현 정부는 부동산으로 쏠리는 유동성을 규제하기 위해 담보대상 부동산 가치의 절반 이하로 대출상한을 적용하는 주택담보인정비율Loan To Value, 이하 LTV 규제와 개인의 소득에 비례해서 대출총액을 통제하는 총부채상환비율Debt To Income, 이하 DTI 규제를 도입했다. 부동산 가격을 잡는 데는 성공했지만 효과적 정책수단을 너무 늦게 투입함으로써 부동산 가격 폭등을 조기에 막지 못한 것은 뼈아픈 실책이었다고 노 전 대통령은 회고했다.

미국의 서브프라임 모기지론 부실로 세계 금융위기가 발생한 것도 미국 정부가 이러한 규제를 거의 하지 않은 데서 비롯됐다는 의견이 많다. 강력한 LTV와 DTI 규제를 도입한 시점은 부동산 투기 열풍이 전국을 휩쓸던 2006년 11월 15일이었다. 당시 언론보도는 온통 부동산뉴스로 뒤덮였다. 아파트 분양사무소 앞에 사람들이 밤새 장사진을 쳤고, 불안해진 서민들은 금리가 높은 제2금융권 대출을 받아 그 대열에 합류했다. 서울 강북의 소형 아파트와 지방의 아파트 값까지 덩달아 뛰어올랐다.

전체적으로 노무현 정부 시절에 부동산 가격은 많이 올랐다. 특히 2003년과 2005년도에 주택과 아파트 가격이 많이 올랐다. 여기에다 부동산 과표를 단계적으로 현실화하고 종부세를 도입하면서 보유세액이 부동산 가격보다 훨씬 큰 폭으로 상승했다.

국민연금 개혁

국민연금 정책의 핵심은 소득의 몇 퍼센트를 보험료로 내느냐는 보험료율과, 나중에 받는 연금지급액을 생애 평균소득의 몇 퍼센트로 하느냐는 소득대체율이다. 국민연금제도가 도입된 1988년 보험료율은 6%, 소득대체율은 70%로 '저부담 고급여' 구조였다. 근로자 입장에선 매달 월급의 3%만(나머지 3%는 회사가) 부담하면 가입기간 평균소득의 70%를 은퇴 후 받게 되는 것이니 노후보장 수단으로 이만한 게 없었다. 하지만 이런 구조로는 연금재정이 금세 바닥날 수밖에 없는 일이었다. 이에 따라 여러 번 개편이 시도됐지만 실제 개편이 이뤄진 건 딱 두 차례였다.

첫 번째는 김대중 정부 시절인 1998년 12월 보험료율을 6%에서 9%로 올리고, 소득대체율은 70%에서 60%로 낮추고, 수급연령을 60세에서 65세로 상향조정했다. 외환위기의 충격을 받은 상황에서 여야 합의로 법안이 국회를 통과했다. 70%라는 높은 소득대체율로 연금을 지급하다가는 연금재정이 파탄나게 생겼다는 우려에서다. 수급연령은 2013년부터 2033년까지 매 5년마다 연금수급 시기를 1세씩 늦춰 최종적으로 65세부터 받도록 하는 내용이었다. 이 같은 개혁 이후에도 연금을 둘러싼 상황은 계속 어려워졌다. 세계 1위 저출생 국가가 됐고, 노인의 수명은 크게 늘어 미래세대의 부담이 커졌다. 연금 내는 사람은 줄어들고 받을 사람만 늘어나는 상황이 된 것이다.

노무현 정부는 이런 상황에서 2003년 보험료율을 15.9%까지 높이는 개혁을 시도했지만, 국회 반대로 추진하지 못하고 접었다. 그러다가 2006년 보험료율을 12.9%로 높이고, 소득대체율은 50%로 낮추는 법안을 국회에 제출했다. 이런 과정에서 성사된 2007년 2월 9일 당시 노 대통령과 강재섭 한나라당 대표의 여야 영수회담의 공동발표문에는 "국민연금 재정의 건전성을 높이고 사각지대를 줄이는 방향의 국민연금 제도 개혁"이라는 내용이 들어갔다. 그해 4월 국회 본회의에 국민연금법 개정안이 올라갔는데, 국회는 보완입법인 기초노령연금만 통과시키고 국민연금 개혁안은 야당 의원들의 주도로 부결됐다. 국회에서 연금개혁법안이 좌절되자 유시민 보건복지부 장관은 "약사발은 엎고 사탕만 먹은 꼴"이라며 사의를 표명했다.

이번엔 한덕수 국무총리가 야당과의 협상에 나섰다. 우여곡절 끝에 결국 보험료율은 건드리지 못하고 소득대체율을 60%에서 2028년까지 40%로 낮추는 '반쪽 개혁안'에 여야 합의를 이뤘다. 국민연금 2차 개편이다. 2007년 제출된 법안은 그해 국회를 통과했다. 지지층의 반발을 무릅쓰고 복지부 장관의 사퇴까지 겪으면서 국민연금 개혁을 실행에 옮긴 것이다.

노 전 대통령의 개혁 의지와 추진력이 아니었다면 절대 쉽지 않은 일이었다. 유시민 전 장관은 이렇게 회고했다. "법안을 만들어 여당(열린우리당)에 주기 전에 먼저 야당(한나라당)하고 협상한 걸 대통령이 일일이 다 보고 받았다. 그래서 백지 위임장을 받고 협상해 나갔다"고 말했다. 물밑 협상에서 법안 통과의 대가로 야당이 요구하는 것에 대해선 "(노 대통령이) 뭐든지 다 해주겠다고 했다. (협상이) 막힐 때마다 전 과정에 대통령이 개입했다."(연세대 국가관리연구원, 2014)

세종시 이전과 국가균형발전

노무현 대통령은 취임 직후 중요한 국가 과제를 점검했다. 꼭 해결해야 하지만 오랫동안 해결되지 않고 묵혀온 과제들로 •원자력 발전소에서 나오는 방사성 폐기물을 저장하는 시설을 만드는 사업, •행정수도 이전, •전시작전통제권 환수, •용산기지 이전 문제 등이 대표적 사례로 꼽혔다. 이전 정부들이 이 같은 문제들을 해결하지 못한 것은 이해관계자들의 반발 때문이었다.

국정의 책임을 맡은 사람은 때로 여론이 마다하는 일, 시끄러운 일도 감당해야 한다. 하지만 반대하는 사람이 소수라 해도 극단적으로 저항하면 나라가 시끄러워지고, 시끄러우면 국민들은 일단 정부를 비판하고 대통령 지지도가 뚝 떨어진다. 국민 여론을 중시하는 대통령이라면 이런 일을 추진하기 어렵다. 권력의 힘만 갖고는 할 수 없는 일이다. 국민의 이해와 지지를 이끌어내야 할 수 있다.(노무현재단, 2019)

방사성 폐기물 처리장(이하 방폐장)은, 전력의 40%를 원자력에 의존하는 나라이면서 그 부산물을 처리하지 않고 언제까지나 원전에 딸린 임시저장소에 넣어둘 수만은 없다는 문제의식에서 출발했다. 임기 초 산업자원부와 한국수력원자력이 나서서 전라북도 부안에 방폐장을 만드는 방안을 추진했으나 고준위 방사성 폐기물 영구처리 시설을 만든다는 오해가 널리 퍼져 지역 주민들과 전국의 환경단체가 모두 들고 일어나는 큰 시위가 벌어졌다. 부안 방폐장 반대투쟁을 하다가 구속되고 유죄 선고를 받은 사람도 여럿 나왔다. 이 문제를 해결한 사람은 이해찬 총리였다. 주민투표를 통해 찬성률이 높은 지역에 방폐장을 만들기로 한 것이다. 경북 경주시가 방폐장을 유치하는 데 성공했다. 경주시는 원자력의 평화적 이용에 필요한 과학연구 시설과 지역발전을 위한 대규모 지원금을 받았다.

행정수도 이전 공약과 행복도시

노무현 대통령이 행정수도 이전에 관심을 가진 것은 원외 정치인 시절 지방자치실무연구소를 하면서부터였다. 서울과 수도권이 돈과 자원, 인재를 블랙홀처럼 빨아들이는 상황이 계속되면 헌법이 명한 국토의 균형 있는 발전을 기대하기 어렵다고 생각하게 됐다는 것이다. 서울은 서울대로 인구과밀화, 환경 악화, 혼잡비용 증가, 부동산 가격 폭등 때문에 경쟁력을 갖기 어렵게 되고, 지방은 지방대로 발전의 동력을 상실하고 말라죽을 것이라는 우려를 한 것이다. 때문에 국가의 균형발전을 이루고 서울의 도시경쟁력을 끌어올리기 위해서는 수도의 행정기능을 분리해 국토의 중심지역으로 옮겨야 한다는 결론을 내린 것이다.

노무현 대선후보는 2002년 대선 국면이 본격화된 9월 30일 행정수도의 충청권 이전, 즉 신행정수도 건설을 공약으로 제시했다. 명분은 지역균형발전이었다. 하루 전날 대선 캠프에선 논쟁이 벌어졌다. 신행정수도 공약을 넣느냐, 마느냐가 관건이었다. 반대하는 사람이 훨씬 많았다고 한다.

변양균 당시 기획예산처 기획관리실장이 당시 노 후보의 연설문 담당으로 민주당 국가경영전략연구소 부소장을 맡고 있던 이병완 전 대통령비서실장으로부터 들은 설명에 따르면, 처음엔 노 후보도 신행정수도 공약을 넣는 데 주저했다고 한다. 이병완 부소장이 신행정수도를 포함한 연설문 초안을 보여줬더니 노 후보는 표정이 약간 일그러지며 이렇게 되물었다고 한다. "독재정권도 못해낸 일을 하겠다면 국민이 믿겠습니까. 지금 형편에서 이걸 내놓으면 웃음거리가 되는 게 아니에요."(변양균, 2022)

국가적 견지에서 신행정수도가 필요하다는 것 자체를 부정하는 참모는 없었지만, 서울과 수도권 표를 잃을 위험이 많아서 선거에 불리하다는 이유로 반대하는 의견이 많았다. 임채정 민주당 정책위의장은 반대였고, 정동채 후보 비서실장은 말이 없었는데, 적극적으로 찬성하고 나선 건 이해찬 대선기획단장이었다고 한다. 민주당은 그해 3~4월 국민참여 경선을 도입해 지역별로 돌아가며 대선후보 선출 투표를 진행했는데, 노 후보는 대전지역 경선에서 신행정수도 건설을 공개적으로 제시했다. 그러니 충청권 유권자를 실망시키지 않으려면 정식으로 대선 공약에 포함해야 한다는 얘기였다.

노 후보는, 대통령 선거는 승패도 중요하지만 국가발전에 꼭 필요한 의제를 국민에게 제출하는 기회이기도 하다는 점을 들어 채택 쪽으로 반대론자들을 설득했다. 2002년 대선 막바지 가장 뜨거운 논쟁거리가 된 행정수도 이전 공약은 이렇게 채택됐다. 한나라당에서 신행정수도는 '수도권 공동화'를 초래할 것이라고 공격하면서 실제 수도권에서 역풍 조짐이 일기도 했다.

노 후보 측은 신행정수도 건설 공약이 정치적 손익계산에 의한 것이 아니라 국가적으로 절실하게 필요한 정책이라고 판단했다고 주장했다. 내심의 의사가 무엇이든 신행정수도 건설 공약은 특히 충청권의 기대심리에 따른 높은 지지율로 노 후보에게 2002 대선의 엄청난 득표 요인으로 작용했다. 노 후보는 대전 55.1%, 충남 52.2%, 충북 50.4%의 득표율로 충청권에서 과반수가 넘는 지지를 받고 당선됐다. 노 전 대통령은 대선 직후 이를 두고 "행정수도로 재미 좀 봤다"고 발언해 논란을 빚기도 했다. 비판론자들이 선거 표심을 겨냥한 선심성 공약, 포퓰리즘 공약의 대표 사례 중 하나로 행정수도 이전을 꼽는 것도 이런 이유에서다.

행정수도 이전을 추진한 건 노무현 대통령이 처음은 아니었다. 박정희 대통령이 임시행정수도 구상을 공개적으로 밝힌 건 1977년 2월이었다. 그해 7월에는 특별법까지 공포했다. 박 대통령은 북한의 남침 가능성에 대비하는 안보적 목적도 중요하게 고려했다. 1970년대 중반은 베트남·캄보디아·라오스 등이 잇따라 공산화하며 국제적으로 긴장이 높아지던 때였다. 하지만 1979년 10·26사태로 박 대통령이 세상을 떠나면서 임시행정수도는 없던 일이 됐다. 행정수도 이전은 그러다가 노무현 정부의 공약으로 다시 살아

난 것이다.

노 후보의 공약에서 행정수도 이전은 국민투표를 거쳐 행정부를 충청권으로 이전하겠다는 것이었다. 그러나 2003년 노무현 정부가 출범하면서 행정수도 이전은 국민투표도 없이 본격 추진되기 시작했다. 이에 대해 보수 쪽에서 강한 반발이 일어났다. 이명박 서울시장은 2003년 10월 서울시 산하에 수도발전자문위원회와 수도발전기획단을 발족시켜 수도 이전 저지에 총력전을 폈다. 같은 해 11월에는 서울대 환경대학원 최상철 교수를 상임대표로 학계, 언론계, 원로 정치인 등이 주축이 되어 '신행정수도 재고를 촉구하는 국민포럼이 발족됐다.

그러나 그로부터 얼마 지나지 않은 2003년 12월, 여야 합의로 행정수도를 이전하는 '신행정수도 특별법'이 국회를 통과했다. 다수당이면서 수도 이전을 반대했던 한나라당이 갑자기 입장을 바꾸었기에 가능했던 일이다. 한나라당이 몇 달 남지 않은 2004년 총선에서 충청권 의석을 겨냥한 표계산에 신행정수도 특별법 찬성으로 선회한 것이다. 역대 선거에서 캐스팅보트 역할을 해온 충청권 표심을 얻는 것은 대권을 얻는 데서도 중요한 관건으로 여겨졌던 것이다. 노무현 정부는 2004년 5월 신행정수도건설추진위원회를 결성해 본격적으로 수도 이전 작업에 착수했다.

이에 서울대 최상철, 류우익, 김형국 교수와 숭실대 류동길 교수 등이 반대운동을 주도하며 100여 명의 전문가들이 참여하는 '수도 이전반대 국민연합'이 창설됐다. 여기에 이재오, 김문수, 박찬숙

의원 등이 가세하여 '수도이전반대 국민운동본부'로 조직이 확대됐다. 이명박 서울시장도 적극 힘을 합쳤다. 수도이전반대 국민연합은 2004년 7월 12일 공동대표인 최상철 교수가 이석연 변호사 등을 대리인으로 신행정수도 특별법의 위헌소원과 신행정수도건설추진위 활동정지 가처분 신청을 헌법재판소에 냈다.

헌재는 2004년 10월 21일 신행정수도 특별법에 대해 위헌결정을 내렸다. 서울이 아닌 곳에 행정수도를 만드는 것은 위헌이라는 것이다. 헌재는 '대한민국 수도가 서울'이라는 사실을 '관습헌법 사항'으로 규정했다. 따라서 수도 이전을 위해서는 국민투표 등 헌법 개정 절차가 선행돼야 함에도 신행정수도 특별법이 이를 이행하지 않아 헌법에 위배된다고 판시했다.

행정수도 이전은 헌재의 위헌 결정으로 일단 좌절됐다. 이후 정부와 여당 안에선 의견이 갈렸다. 완전히 포기하느냐, 일반 행정부처라도 옮기느냐, 둘 중 하나를 선택해야 했다. 이 가운데 지역균형발전을 위해 중앙행정부처를 대규모로 옮김으로써 서울은 미국 뉴욕처럼 경제중심 도시로 놔두고 사실상 행정수도를 따로 만들자는 의견이 채택됐다. 대통령실과 국회를 제외한 행정부처 이전은 헌재 결정에 어긋나는 게 아니라는 논지였다.

2005년 3월 2일 국회에서는 위헌결정이 난 신행정수도 특별법을 대체하는 행정중심복합도시 특별법이 통과됐다. 청와대와 국방부를 비롯해 행정기능의 일부를 서울에 남기고 나머지를 연기군 일대로 옮겨 행정중심복합도시를 만드는 내용이었다. 이날 본회의장은 난장판이 됐다. 행정중심복합도시 특별법의 통과에 반대하던 야당과 여당 의원들 사이에 치열한 몸싸움이 벌어졌기 때문이다. 여야 합의를 거쳤다곤 하지만 한나라당 소속 의원의 6%에 불과한 8명만 본회의에서 찬성했다. 12명은 반대, 2명은 기권했고, 대다수 한나라당 의원들은 본회의에 참석하지 않았다.

하지만, 한나라당은 2003년 12월 신행정수도 특별법을 합의 통과시켜준 데 이어 박근혜 대표가 이끌던 2005년 3월의 행정중심복합도시 특별법(이하 행복도시법) 처리에도 합의해주었다. 정치적 판단에 따라 갈지자 행보를 한 것이다. 행복도시법에 끝까지 반대했던 한나라당 박세일 정책위의장은 "국민적 고통과 국가적 재앙이 될 수도 분할법을 막지 못했다"며 국회의원직을 사퇴했다.

행복도시법은 청와대와 외교안보 관련 6개 부처만 서울에 남기고 국무총리를 비롯한 12부·4처·2청 등 49개 중앙행정기관을 공주·연기 지역으로 옮기고자 한 것이었다. 헌재의 위헌 결정에 반발한 노무현 정부가 2004년 11월 신행정수도후속대책위원회를 발족하고 2005년 2월 내놓은 우회법안이었다.

행정부를 쪼개 일부만 서울에 남기겠다는 일종의 '수도 분할안'은 적잖은 부작용이 예상됐다. 대통령과 일부 장관들은 서울에 있고, 국무총리를 비롯한 장관 대부분이 충청권에서 근무하는 형태에서 막대한 비효율이 있을 거라는 우려가 제기됐다. 국회 출석, 청와대 보고와 협의, 당정협의 등을 위해 고위공직자는 1년 중 절반 가까이 서울에 머물러야 하는 등 심각한 자원낭비와 행정공백이 예상됐다. 고위공직자에게 보고하고 결재받기 위해 부처 실무자들도 덩달아 길에서 시간을 허비하고, 민원인들은 민원인들대로 수많은 불편을 감수할 수밖에 없을 것이라는 예상이었다.

행복도시법이 통과된 직후 각계각층의 수도 분할 반대 기류가 확산됐다. 2005년 6월 15일 범국민운동본부 공동대표 최상철 교수 등이 다시 한번 헌법소원을 제기했으나, 헌재는 이번에는 헌법소원을 각하했다. 그해 노무현 정부는 예정지역 보상에 착수했고, 2006년 12월엔 국민공모를 거쳐 행정중심복합도시의 이름을 세 가지로 압축했다. 한울·금강·세종시였다. 두 차례에 걸쳐 국민선호도를 조사했는데 한울시가 두 번 다 1위를 했다. 금강시는 2위였고, 세종시는 3위에 그쳤다. 이 가운데 노 대통령은 세종시를 선호했고, 한명숙 총리가 위원장을 맡은 행정중심복합도시 추진위원회가 최종 결정 권한을 행사해 2006년 12월 21일 '세종시'로 도시명을 확정, 발표했다.

미군기지 이전과 용산공원 구상

용산에는 1882년 임오군란 이후 청나라 군대가 처음 주둔했다. 노무현 대통령은 참모들에게 "세계 어느 나라 수도 한복판에 외국군이 있느냐. 용산 기지는 간섭과 침략과 의존의 상징"이라고 말하곤 했다고 변양균 전 대통령정책실장은 회고했다.(변양균, 2022)

구한말에는 청나라 군대, 일제강점기에는 일본 군대, 해방 후에는 미군이 주둔한 걸 이렇게 표현한 것이다. 이런 '굴욕의 역사'를 빨리 청산해야 한다고 강조한 것이다. 이곳을 공원으로 조성하기 위해 임기 안에 미군 기지를 경기도 평택기지(캠프 험프리스)로 이전한다는 목표를 세운 것도 이 때문이다. 이를 위해 2008년 말까지는 미군이 용산에서 완전히 나간다는 협정을 맺었다. 세부 조건을 놓고 서로 밀고 당기는 협상도 벌였다.

노 대통령은 어지간하면 미군이 원하는 대로 들어주라는 쪽이었다고 한다. 평택기지의 면적(1,467만㎡, 약 444만 평)은 용산기지의 5배 정도 된다. 미군이 해외에 주둔하는 기지 중에서 가장 큰 규모다. 원활한 이전을 위해 미군의 요구를 최대한 수용한 것이다. 미군은 용산기지 영내에 많이 있던 미군 간부 숙소를 대체할 주택을 한국 측 비용 부담으로 평택에 지어 달라는 요구를 하기도 했다. 정부 안에선 미군 간부와 가족이 생활할 숙소를 우리가 지어주는 게 맞느냐는 말도 나왔지만, 결국 우리가 양보해 대체주택 333채를 지어주고 대신 주택 소유권은 한국군이 갖는 것으로 정리했다.

이전 비용 때문에 실질적 국방예산이 줄어들지 않을까 걱정하는 국방부의 우려를 덜어주기 위해 2006년 예산안부터 기획예산처는 '주한미군기지 이전 특별회계'를 편성해 일반 국방예산과 기지 이전 예산을 별도로 관리할 수 있도록 했다.

사실 용산공원 구상은 노무현 대통령이 처음은 아니었다. 노태우 대통령 때도 본격 추진한 적이 있다. 노무현 대통령 회고록《성공과 좌절》에는 "작통권(작전통제권) 환수, 주한미군 재배치, 용산기지 이전 등은 다 노태우 대통령 시절에 시작한 것"이라는 말이 나온다.

다음은 노태우 전 대통령의 회고다.

나는 용산지역이 100여 년간 외국 군대에 의해 점유되어 왔다는 사실에 주목하게 되었다. … 이는 내가 강조하는 민족자존의 정신에 비추어 볼 때 바람직하지 않다고 생각했다. 나는 이제 100만 평의 광대한 용산 미군기지를 푸르른 공원으로 만들어 서울 시민들에게 돌려줄 때가 왔다고 생각하기에 이르렀다.(김학준, 2024)

실제 노태우 정부는 1990년 6월 미군과 용산기지 이전 합의서를 체결했다. 1996년 말까지 기지 이전을 완료한다는 내용이었다. 미군이 떠난 용산기지에는 대규모 공원을 조성할 계획이었다. 1차로 골프장 부지를 돌려받아 용산가족공원으로 문을 열었다. 그런데 그 이상 진척이 없었다.

노무현 정부는 용산공원의 사업 주체를 서울시로 했던 노태우 정부 때와 달리 중앙정부(건설교통부)로 바꿨다. 서울 시민만이 아닌 전 국민을 위한 공원을 만들기 위해서였다. 미국 뉴욕의 센트럴 파크보다 더 좋게 만들어 세계적 관광지로 키우려 했다는 게 변양균 전 청와대 정책실장의 회고다.

노무현 대통령은 용산공원 지상에 단 하나의 건물도 짓지 말자고 했다. 용산공원 일부에 건물을 세우려고 했던 노태우 정부와는 기본 개념이 달랐던 것이다. 노무현 정부 때도 투자비용을 회수하기 위해 공원에 건물을 넣자는 의견이 없지 않았지만, 노 대통령은 그래선 안 된다는 생각이 확고했다고 한다. 방문객을 위한 매점이나 공원 관리시설 등은 필요하지만, 이런 시설은 전부 공원 지하에 두라는 지시가 있었다는 것이다.

고건 전 총리에 따르면 노태우 정부 시절 서울시는 시청사를 용산공원 한쪽에 지으려고 구상하기도 했다. 당시 관선官選 서울시장이던 고 전 총리는 자신의 회고록에서 "지하철 6호선 계획을 수립하면서 장차 시청사가 들어갈 위치 가까이에 녹사평역을 건설하도록 했다"고 소개하기도 했다.(고건, 2017)

노무현 정부의 용산기지 이전과 용산공원 조성을 위한 방안이 담긴 용산공원 특별법이 국회 본회의를 통과한 건 2007년 6월이었다. 원래 정부가 제출한 법안 명칭은 '용산민족역사공원 특별법'이었다. 하지만 실제 한미연합군사령부(이하 한미연합사)가 용산에서 평택으로 이전을 마무리한 것은 2022년 11월이었다. 같은 해 5월 출범한 윤석열 정부가 대통령실을 청와대에서 용산으로 이전하면서 미군기지 이전도 조속히 마무리되고 용산공원 조성에도 속도가 붙을 수 있는 전기가 마련된 것이다.

한미관계와 한미 FTA

첫 진보정권이었던 김대중 정부는 대북유화정책을 펴기는 했지만 대일 외교노선을 비롯해 실용주의적 면모가 있었다. 반면 노무현 정부는 386 운동권과 좌파 시민단체 의존도가 더 깊어지면서 상대적으로 보다 '좌클릭'했다고 볼 수 있다. 특히 역사를 바라보는 관점이 '대한민국은 정의가 패배한 불의의 역사였다'는 시각에 입각해 있었다. "우리 근현대사는 정의가 패배하고 기회주의가 득세하는 굴절을 겪었다"는 노 대통령의 언급이 이를 상징한다. 한국 역사를 노론, 친일파, 친미파의 특권과 반칙이 지배한 실패의 역사로 규정했다. 미국, 일본을 동맹과 우방으로 중시하는 보수 우파를 거악이요, 기득권으로 규정하는 운동권 논리가 정권 내부를 관통했다. 이로 인해 국민통합보다는 증오와 갈등이 여과 없이 분출되는 경우가 적지 않았다.

그럼에도 노 대통령 자신의 미국에 대한 관점은 임기 중반을 거치면서 보다 현실화·실용화되고 관념적 반미를 탈피하여 국익 위주의 한미동맹을 중시하는 쪽으로 진화하였다. 이에 반발하는 진보좌파 진영 내부의 반대에 부딪혀 심한 내부 갈등을 겪기도 했다. 노무현의 미국에 대한 입장은 반미도, 친미도 아닌 '용미론用美論'에 가까웠다는 게 참모들의 견해다.

북한이 핵확산금지조약NPT을 탈퇴하며 미국을 위협하자 매파인 도널드 럼즈펠드 국방장관이 이른바 '외과수술적 공격sugical strike'으로 영변 핵시설을 도려낼 수 있다고 언급하는 등 뒤숭숭한 분위기였던 2003년 1월에는 외국 자본이 떠나며 경제상황이 악화일로를 걷고 있었다. 이때 미국에는 미선이·효순이 사건으로 촉발된 반미운동을 이용해 대통령이 된 '반미주의자'로 알려져 있던 노무현 당선인은 "왜 우리가 저자세 외교를 해야 하느냐"며 펄펄 뛰었다.

한국 경제가 당면한 여러 가지 어려움을 들어 미국과의 전통적 우호 관계 회복을 강조하는 김진표 당시 인수위 부위원장과 논쟁 끝에 노무현 당선인은 "미국이 이른바 반미정권들을 어떤 식으로 파멸시켰는지 실증자료를 만들어 오라"고 지시했다. 김 부위원장이 재경부 권태신 대외경제국장 등과 함께 2차 세계대전 이후 미국과 맞서다가 실각한 사례를 추적해 일목요연한 보고서 및 요약서를 전달하자 그는 마침내 한미우호관계를 중시해야 한다는 사실을 납득했다고 한다.(김진표, 2024)

이 같은 노력으로 노무현 대통령의 취임사에는 다음과 같은 내용이 담길 수 있었다.

올해는 한미동맹 50주년입니다. 한미동맹은 우리의 안전보장과 경제발전에 크게 기여해 왔습니다. 우리 국민은 이에 대해 깊이 감사하고 있습니다. 우리는 한미동맹을 소중하게 발전시켜 나갈 것입니다. 호혜와 평등의 관계로 더욱 성숙시켜 나갈 것입니다.

이라크 파병

2002년 대선에서 노무현이 당선되자 주한 미상공회의소나 주한 유럽상공회의소 등 외국인 투자자들의 주된 관심사가 된 것은 한미동맹의 장래 문제였다. '좌파 대통령', '반미주의자'라고 들은 바 있는 노무현의 당선으로 한미동맹이 흔들리고 한반도 안보가 불안해질지 모른다는 걱정들을 하게 된 것이다. 노무현 대통령이 일찌감치 주한미군사령부를 방문하고 미국 방문을 서두른 것도 이런 분위기와 무관치 않았다. 노 대통령은 대한민국이 미국의 요구를 모두 들어줘야 한다는 고정관념을 받아들이지 않았지만, 한미 우호관계와 한미동맹에 대한 신뢰를 잘 관리하고 유지해 나가야 한다는 생각은 갖고 있었다.(노무현재단, 2019)

이라크 파병 문제도 그런 관점에서 살펴야 할 문제였다. 대북송금특검법이 한나라당이 보낸 '고약하지만 수령을 거절할 수도 있었을 취임축하 선물'이었다면, 이라크 파병요청은 미국이 보낸 '고약하지만 수령을 거절하기 어려운 취임축하 선물'이었다. 취임 직후 부시 대통령이 전화를 걸어 이라크 파병을 요청했다. 미국의 북한 폭격론이 떠돌던 시점이라 딱 잘라 거절하기 어려웠다. 비전투병력인 공병부대와 의료부대를 소규모로 보내는 방안을 만들었다. 서희부대와 제마부대는 쿠웨이트의 이라크 접경 지역 미군기지 안에 주둔하기로 했다.

시민단체의 파병반대 운동이 시작되었다. 여당인 민주당 안에서도 반대 목소리가 만만치 않았다. 국가인권위원회도 반대 입장을 공식 천명했다. 2003년 4월 2일 국회가 파병동의안을 가결했다. 반대운동이 만만치 않았지만 매우 소극적인 비전투 병력 파견이었기에 국민여론도 대체로 양해하는 분위기였다.

그러나 오래지 않아 심각한 사태가 발생했다. 2003년 6월 16일 반한反韓 성향으로 알려져 있는 미국 국방부 차관보가 반기문 외교안보 보좌관을 통해 사단 규모의 전투병력 파병을 요청해왔다. 노 대통령은 외부에 공개하지 않고 청와대 안보팀과 대책을 숙의했지만 결론을 내리기 어려웠다. 8월이 되면서 언론이 파병문제를 본격 보도하기 시작했고, 예상대로 격렬한 정치적·사회적 논쟁이 벌어졌다. 수백 개 시민단체들이 '파병반대 국민행동'을 결성해 맹렬히 반대운동을 벌였다. 청와대 안보팀과 국방부는 찬성했지만, 다른 참모와 부처 장관들은 반대했다.

이라크 파병은 한미관계 전체를 뒤흔드는 군사외교 정책의 쟁점이었다. 노무현을 대통령으로 만들어줬던 지지층의 여론 향배가 걸린 민감한 국내정치 쟁점이기도 했다. 부시 대통령과의 관계를 잘 관리하지 못할 경우 북한 핵 문제와 남북관계에 큰 악영향을 초래할 위험이 있었다. 결국 파병안을 국회에 내기로 했다. 지지층의 소망과 주장을 거역한 데 따른 정치적 손실과 배신자라는 비난을 각오한 것이다. 국가를 운영하는 사람도 감정을 가진 사람이다. 부시 대통령이 우리 정부에 대해 정서적 반감을 가지게 만들면 다른 모든 문제가 어려워지게 돼 있었다.(노무현재단, 2019)

노무현 대통령, 이라크전 파병 동의안 관련 국정연설 앞서 3당 대표와 환담(2003. 4. 2.)

그보다 중요한 것은 양국 국민들의 정서이다. 이라크 파병을 거절했다면 미국 국민들이 큰 배신감을 느꼈을 것이다. 이라크 전쟁의 옳고 그름과는 상관이 없다. 미국 국민들에게 한국은 수많은 미국인이 피 흘리고 목숨을 바치면서 지켜주었던 우방국이다. 노무현은 이라크 전쟁이 옳다고 믿어서가 아니라 대통령을 맡은 사람으로서는 피할 수 없는 선택이라서 파병한 것이다. 애초 미국의 요구는 1만 명 이상의 전투병력 파견이었다. 청와대 안보팀과 국방부는 최소 7,000명을 보내야 한다고 주장했다. 그러나 다른 참모들은 파병 자체를 강력히 반대했다. 결론은 전투병 3,000명을 보내되 비전투 임무를 주는 것이었다.

당시 결정과정에 깊숙이 관여했던 핵심 참모는 "당초 미국과 협의한 숫자는 7,000명이었는데 노 대통령이 어느 날 회의에서 들릴

듯 말 듯한 소리로 '3,000명으로 하자'고 했다. 386 운동권들 입김이 센 참모 라인의 강한 건의가 있었던 것 같다"고 술회했다.

이렇게 절충적 해법을 찾고 미국의 양해를 구했다. 시민사회의 강력한 반대운동과 비판적 국민 여론이 있었기에 부시 대통령도 이런 수준의 파병을 이해하고 받아들였던 것으로 보인다. 당시 청와대 안보팀의 국가안전보장회의NSC 업무를 이종석 차장이 맡고 있었다. 그 자리에 있지 않았다면 대놓고 파병반대론 쪽에 섰을 사람이다. 그런 사람이 반대하지 않고 미국과 끈질기게 협상해 그 정도로 마무리된 측면도 있을 것이다. 미국 정부와 부시 대통령은 대단히 고맙다는 인사를 보내왔다.

한미동맹 차원에서 전투 능력을 갖춘 자이툰부대를 이라크에 처음 보낸 건 2004년 8월이었다. 이후 매년 국회 동의를 받아 파병 기간을 1년씩 연장했다. 2006년 11월, 국회에 파병연장 동의안을 제출해야 하는 시기가 다가왔다.

만일 연말까지 국회에서 파병연장 동의안을 통과시켜 주지 않으면 부대를 철수할 수밖에 없는 상황이었다. 노 대통령 지지자들이 앞장서 파병연장에 반대했다. 당시 여당인 열린우리당 안에서도 반대 목소리가 컸다. 일부 여당 의원은 철군 촉구 결의안까지 제출하며 노 대통령을 압박했다. 노 대통령도 최종 결정을 내리지 못하고 계속 고민했다.

결국 2006년 12월 1일 노무현 정부는 파병연장 동의안을 국회에 제출했고, 같은 달 22일 국회 본회의를 통과했다. 자이툰부대가 이라크 현지에서 최종 임무를 마치고 귀국한 건 2008년 12월이었다.

자이툰부대의 존재는 이후 한미관계의 여러 현안들을 처리할 때마다 미국에 우리의 입장을 이해시키는 데서 중요한 정서적 버팀목이 되었다. 그런 고마움을 전하고 싶어서 노 대통령은 자이툰부대를 한 번 방문했다. 그때 예고도 없이 노 대통령을 덥석 껴안고 번쩍 들어 한 바퀴 돌렸던 젊은 병사를 노 대통령은 잊지 못한다고 회고했다.

이라크 파병과 관련한 노 대통령의 고뇌는 자신의 생각이나 기질 혹은 개인의 이익이 국익과 배치되는 것이라는 데 있었다. 그럼에도 그의 결단은 자신을 버리고 국익을 선택하는 쪽이었다. 2003년 9월 노 대통령은 토머스 허버드 주한 미국대사와의 대화에서 이라크 추가 파병이 자신에게 미치는 영향에 대해 솔직하게 말했다.

나를 지지하는 대부분 사람은 파병에 반대하고 있습니다. 내가 만약 파병하기로 하면, 이 중 절반 정도가 나에 대한 지지를 이 이유만으로 철회할 것입니다. 나머지 절반가량은 나를 위해 '파병 반대'를 철회할 것입니다. 또 지금 파병에 찬성하는 사람들은 하나같이 정치적으로 나의 반대자들입니다.

이처럼 노 대통령은 지지자의 절반을 잃을 줄 알면서도 추가 파병을 결정하였던 것이다. 노무현에게 대통령이라는 자리가 어떤 것이었기에 이런 '고뇌에 찬 결단'을 했을까? 노 대통령이 2003년

어버이날에 쓴 '국민에게 드리는 편지'를 보면 이 같은 궁금증이
풀릴 듯하다.

> 저는 개인적으로는 힘 있는 국민의 목소리보다 힘 없는 국민의 목소리
> 가 더 크게 들리는 체질입니다. 그러나 대통령으로서 국정을 할 때는
> 그 누구에게 혹은 어느 한쪽으로 기울 수 없습니다. 중심을 잡고 오직
> 국익에 의해 판단할 수밖에 없습니다. 왜냐하면, 중심을 잃는 순간 이
> 나라는 집단과 집단의 힘겨루기 양상으로 갈 것이기 때문입니다. 정치
> 와 통치는 다릅니다. … 저는 인기에 연연하지 않고 국익이라는 중심
> 을 잡고 흔들림 없이 가겠습니다.

한미 FTA

한미 FTA는 대북송금특검법 수용, 이라크 파병, 대연정 제안에 이
어 정치적 지지층이 등을 돌리게 만든 네 번째 선택이었다. 일각에
서는 노 대통령의 한미 FTA 추진이 취임 후 어느 기업의 보고서에
감동을 받은 것이 계기가 됐다고 주장한다. 하지만 개방에 대한 그
의 입장은 후보 시절부터 비교적 명확했다.(김병준, 2012)

실제 노 대통령은 대선후보 토론회에서도 "개방이 나쁜 것만은
아니다. 신자유주의를 말하는데 그런 주의나 이론 갖고 말하지 말
라. 개방하지 않으면 더 나쁜 결과가 초래될 수 있다"고 말했다.

노 대통령이 FTA를 적극 추진하기로 기본 방침을 정한 것은 취

노무현 대통령이 청와대에서 열린 대외경제위원회에서 한미 FTA 협상에 관한 보고를 듣고 있다.(2006. 2. 16.)

임하고 반년이 채 지나지 않아서였다. 처음에는 조금 만만한 상대와 FTA를 추진했다. 일본과는 서로 요구하는 것이 너무 달라 협상을 중단할 수밖에 없었다. 그다음 캐나다와 협상했다. 김현종 통상교섭 본부장이 한·캐나다 FTA를 통해 미국을 끌고 오겠다고 했다. 이를 계기로 한미 FTA를 본격 연구하기 시작했는데, 해볼 만하다는 결론이 났다. 경제·정책적 판단 외에 다른 이유가 더 있었다. 국민들에게 새로운 도전을 권하고 싶었다. 우리나라가 세계사의 흐름을 타고 과감한 도전을 할 필요가 있다고 생각한 것이다.(노무현재단, 2019)

사실 개방전략에는 위험과 불확실성이 따른다. 여론도 최악이었다. 쌀 수입 개방을 반대하는 농민대회에서 경찰과 충돌하는 과정에서 농민 2명이 사망했다. 그럼에도 노 대통령은 국민의 역량을 믿었다. 산업화와 민주화를 다 이뤄낸 우리의 현대사를 볼 때 국민들이 FTA에 내포된 위험과 불확실성을 감당해나갈 수 있다고 믿은 것이다. 노 대통령은 미완의 회고록《성공과 좌절》에서 "감당해갈 수 있다는 믿음, 우리 국민들의 역량에 대한 믿음이 FTA를 결정하게 된 중요한 이유"라고 술회했다(209쪽).

개방과 관련해 진보주의자들의 주장은 사실로 증명되지 않은 게 많았다. 예컨대 1980년대 초반 외채外債망국론 같은 것은 사실을 제대로 살피지 않고 주장한 것이라는 게 노 대통령의 생각이었다. 노 대통령 자신도 세계무역기구WTO와 경제협력개발기구OECD 가입에 반대하고 비판했던 사람이지만, WTO에 가입하지 않았더라면 한국이 어떻게 되었겠느냐는 것이다. OECD 가입이 잘못됐다고 얘기하는 것은 맞지 않다는 것이다. 그 후에도 우리나라 서비스업, 특히 유통업 등의 개방이 많이 있었고, 한·칠레 FTA까지 개방이 있었지만 다 무사히 넘어왔다는 것이다. 금융개방을 해서 외환위기를 당하지 않았느냐는 주장이 있을 수도 있지만, 그것은 개방 자체의 문제가 아니라 개방의 준비 부실 탓이었다고 생각했다.

한미 FTA가 발효된 2012년 이후 양국 간 동맹은 경제관계는 물론 외교안보에까지 확장됐다. 필요하다면 정치적 리스크도 감당하겠다는 리더의 용기와 결단이 얼마나 중요한 것인지 새삼 느끼게 되는 대목이다. 미·중의 경제패권 갈등과 글로벌 경제블록화로 무역·수출 환경이 급변하는 상황에서 한미 FTA가 없었다면 우리 경제는 지금 훨씬 어려운 상황에 처했을 것이다.

2002년 대우자동차 부평공장에서 GM 인수를 반대하는 공장 근로자들이 결사투쟁을 했다. 이때 노 대통령은 'GM의 자본이라도 들어와서 세계시장을 상대로 이 공장을 돌리면 여러분의 일자리는 복원되지 않겠느냐'라고 호소했다. 그때 일부 조합원에게 계란을 맞기도 했지만, 실제 그때 해고된 노동자들은 GM이 인수한 이후 모두 복직됐다.

노 대통령은 "정치하는 사람들이야말로 정말 과학적 자세를 가져야 한다. 객관적 사실을 사실로 인정할 줄 알아야 오늘을 바로 해석하고 내일을 예측할 수 있는 것이다"며 다음과 같이 강조했다.

특히 정치에 참여하는 진보주의 사람들에게 꼭 부탁하고 싶은 것이, 정책은 과학적 검증을 통해서 반드시 확인해야 한다는 것이다. 공허하게 교조적인 이론에 매몰돼서 흘러간 노래만 계속 부르면 안 된다. 일부 고달프고 불평하는 사람들을 선동해서 끌고 갈 수 있고, 이른바 강단사회주의라고 불리는 급진적 지식인들은 뭉쳐 갈 수 있겠지만 그것이 책임 있는 정답은 아니다.(노무현, 2019)

노무현 정부는 2006년 초 한미 FTA 협상 개시를 선언했다. 협상 기간 중 경제수석비서관으로 대통령을 보좌했던 윤대희 전 수석은 무엇보다 한미 FTA는 노 대통령의 확고한 소신의 산물이었다고 회고했다.

한미 FTA 협상을 벌이는 중에 당시 보수 진영에선 '음모설'이 돌았어요. 진보 지지층이 쌍수 들고 반대하는 협상을 추진하는 건 다른 속셈이 있어서란 거죠. 막판에 미국이 못 받아들일 조건을 내걸어 판을 깨고, 지지층을 단번에 결집해 차기 대선에 이용하려 한다는 겁니다. '이런 말도 있다'고 대통령에게 보고했더니 '국가 차원의 문제를 정략으로 이용하는 그런 수준의 대통령으로 나를 보는 거냐'며 섭섭해 합디다. 그래도 경제성장, 일자리 창출에 개방이 꼭 필요하다는 노 대통령의 소신이 확고해 결국 한미 FTA를 타결할 수 있었습니다.(박중현, 2024)

세계 최대시장인 미국과의 FTA 협상은 좌우 문제가 아니라 먹고사는 문제다. 한미 FTA는 노 대통령이 그런 생각을 바탕으로 충분한 검토와 사전준비, 정확한 정보전달과 설명으로 국민의 동의를 구해나가는 노력의 산물이었다. 노 대통령은 보수는 물론 진보로부터도 공격받는 자신을 가리켜 '좌파 신자유주의자'라고 자조적으로 표현하기도 했다. 그는 진보정치인으로서의 정체성은 분명히 하면서도 국정에서는 이념보다 국익을 우선시했다. 지지층인 노조와 진보시민단체가 반대한 한미 FTA와 이라크 파병, 제주 해군기지 건설을 밀어붙였다.

하지만 한미 FTA와 제주 해군기지 건설 등 노 대통령의 핵심 정책들에 대해 민주당은 2012년 총선을 앞두고 이들을 줄줄이 뒤집었다. 통합진보당(이하 통진당)에 후보 단일화에 응해준 대가로 지역구 공천 16곳을 양보하면서 통진당이 요구하는 정책연대에 합의하기 위해서였다. 통진당과의 선거연대를 위해 노무현 대통령의 고뇌에 찬 결단이었던 한미 FTA와 제주 해군기지 건설을 자기부정하는 입장을 취한 것이다. 노무현 정신의 계승을 표방하는 민주당의 이런 모습을 지하에서 노 대통령이 지켜봤다면 어떤 말을 했겠는가.

남북정상회담과 평화협력의 대북관계

노무현 대통령은 북한 핵문제가 본질적으로 북미관계에서 발생한 것이라는 시각을 갖고 있었다. 체제 위협을 느끼는 북한이 핵무기를 지렛대로 삼아 그 위협을 항구적으로 해소하려 한다는 것이다. 김대중 대통령과 마찬가지로 노 대통령도 이런 인식하에 대화를 통한 평화적 해결이라는 원칙을 일관되게 견지하면서 환경이 호전되기를 기다렸다. 당선자 시절이던 2003년 초 '북폭설'이 나왔을 때 그는 "북에 대한 폭격은 있을 수 없는 일"이라고 했다.

이는 미국이 한국 정부의 동의 없이 북한을 폭격하려고 할 경우 미군 비행기가 한국 땅 어디에도 착륙할 수 없다는 것으로, 미군이 한국군의 지원을 받으면서 작전을 펼 수 없다는 입장을 의미했다. (노무현재단, 2019)

노 대통령이 2003년 5월 처음으로 미국을 방문해 정상회담을 할 때 우여곡절을 겪어가면서 부시 대통령에게 '대화를 통해 해결'이라는 표현을 얻어낸 것도 같은 맥락이다. '평화적 해결'과 '대화를 통한 해결'은 엄청난 차이가 있다. 2004년 11월 미국을 방문한 노무현 대통령은 미국 LA의 국제문제협의회WAC 초청 오찬 연설에서 이렇게 말했다.

"북한은 핵과 미사일을 외부의 위협으로부터 자신들을 지키기 위한 억제수단이라 주장하고 있습니다. 일반적으로 북한의 말을 믿기 어렵지만, 이 문제에 관해서는 북한의 주장에 일리 있는 측면이 있다고 봅니다."

미국을 비롯한 한반도 주변 강국이 북한을 위협하기 때문에 자위적 수단으로 핵을 개발했다는 북한의 주장을 남한 대통령이 일정 부분 인정한 셈이다. 이 발언은 결과적으로 북한의 핵무기 보유 논리를 옹호하는 것이라는 점에서 국내의 거센 논란을 야기했다. 특히 2006년 10월 9일 북한이 1차 핵실험을 감행하면서 햇볕정책과 노 대통령의 순진한 대북정책이 실패로 드러난 것이라는 비판까지 제기됐다.

2005년 2월 10일 북한의 핵보유 선언과 6자회담 무기한 불참선언이 나왔다. 그럼에도 노 대통령은 다시 부시 대통령을 만나 평화적 해결 원칙을 재확인했다. 6월 17일 정동영 통일부 장관이 김정일 위원장을 만났다. 김정일 위원장은 "한반도 비핵화는 김일성 주석의 유훈"이라고 말했다. 이후 북한 핵 폐기와 안전보장, 한반도의 항구적 평화체제 구축 등 중요한 내용을 담은 6자회담 참가국들의 9·19 공동성명이 나왔다.

그러나 미국이 마카오 소재 방코델타아시아^{BDA, Banco Delta Aisa} 은행의 북한 계좌를 동결하는 사건이 터졌다. 그러자 북한은 장거리 미사일 발사시험에 이어 2006년 10월 초 지하 핵실험을 했다. 미국 행정부는 강력한 제재를 해야 한다고 주장했다. 노무현 대통령은 현실성 없는 제재와 압박보다는 대화를 통한 해결이 효과적이니 채찍보다는 당근을 사용하자고 미 행정부를 설득했다.

남북 정상 차원에서 핵문제를 포함한 현안을 직접 논의할 수 있는 정상회담은 2006년 11월 김만복 국정원장을 임명한 이후 본격 협의가 시작됐다. 김 원장은 남북정상회담을 추진하겠다면서 핵 문제도 의제로 삼을 수 있다고 보고했다. 노 대통령은 일단 추진해 보라고는 했지만 큰 기대를 하지는 않았다고 한다. 그러던 2007년 7월 9일 김 원장은 북한 노동당 김양건 통일전선부장이 북으로 오라고 연락해왔다는 급보를 했고, 김 부장을 만나고 온 김 원장은 남북정상회담을 평양에서 하자는 북측의 제안을 갖고 돌아왔다. 노 대통령이 이에 응했고 8월 27일로 날을 잡았으나, 북한에 대홍수가 나는 바람에 10월 2일로 바뀌었다.

정상회담 첫날 노 대통령과 면담한 김영남 최고인민회의 상임위원장은 한국 정부를 질책하듯 장황한 이론을 펼쳐놓았다. "왜 우리 민족끼리 하자고 해놓고 계속 외세의 영향을 받느냐. 그렇게 하니까 남북 경제협력이 지체되고 합의도 지켜지지 않는 것이다."

김영남 위원장은 남에서 온 방문자들이 이른바 '성지聖地'라고 하는 곳을 참배할 수 있도록 규제를 풀라든가, 국가보안법을 없애라든가 하는 문제를 갖고 시종일관 훈계조로 연설했다고 한다. 꾹꾹 눌러가며 참았던 노 대통령은 "잘 들었다. 북측 입장이 그렇다는 것을 잘 알겠다"면서 "항상 우리 민족끼리 하자면서 평화협정 문제는 왜 자꾸 우리를 빼려 하느냐"고 가벼운 농담처럼 받아쳤다. 노 대통령은 그러면서 "내일 김정일 (국방)위원장께서 하실 말씀을 미리 하신 것으로 알겠다. 내일도 이런 식이라면 보따리를 싸야 할지도 모르겠다"고 한마디 못을 박아두었다.

다음 날 오전 김정일 위원장을 만났을 때 김 위원장은 노 대통령에게 먼저 이야기할 것을 제안해 30분가량 노 대통령의 기조발언이 있었다. 이어 김 위원장은 김영남 위원장이 한 말들을 반복하지는 않고 몇 가지 현실적 문제를 제기했다. "무슨 선언을 하자고 하는데 7·4 공동성명부터 여러 선언들이 지금 보면 그냥 종잇장에 불과한 것 아닙니까?" 등등. 김 위원장은 또 특구 신설에 대해서도 "정치적으로 이용만 당하고 실질적으로 이득을 본 것이 없었으니 기왕에 시작한 개성공단이나 잘해서 마무리한 다음에 생각을 해보자"며 부정적 입장을 보였다.

오전 회담에서는 경제협력을 포함해서 어느 것 하나 매듭지은 게 없었고, 개혁·개방이라는 말에 북측이 거부감을 갖고 있다는 사실만 확인됐을 뿐이다. 오후 회담은 사뭇 다른 분위기로 노 대통령 쪽에서 꺼내는 의제마다 좋다고 했다. 핵문제에서부터 평화선언, 각종 경제협력, 이후 회담에 관한 문제까지 일사천리로 합의가 이뤄졌다. 배석했던 이재정 통일부 장관이 제기한 베이징올림픽 공동응원단 구성과 백두산 관광문제까지 김정일 위원장이 수용했다.

그런 김 위원장이 갑자기 체류연장을 제안했다. 예상하지 못했던 제안에 노 대통령이 머뭇거리자 김 위원장은 "그거 결정 못 합니까?"라고 물었다. 이에 노 대통령은 "큰 것은 내가 결정해도 작은 것은 내가 결정 못 합니다"고 답했다. 나중에 언론에선 전략적 대답이었다고 평가했으나 노 대통령은 전략에 따른 게 아니라 평소 습관 그대로 이야기한 것이라고 회고했다. 결과적으론 나쁘지 않은 대답이 된 것이다.

회담에서 노 대통령이 공을 가장 많이 들인 것이 '서해평화협력
특별지대'였다. 진보좌파 정부의 시각에서는 서해북방한계선
Northern Limit Line, 이하 NLL 문제는 경제협력과 군사적 보장 문제의 최대
걸림돌이었다. NLL은 그 지위에 대한 남북의 주장이 서로 달라 충
돌위험이 상존하는 곳이고, 실제 충돌과 희생이 있었다. NLL 문제
를 근본적으로 해결하지는 못하더라도 최소한 분쟁 발생을 막는
대책은 세워야 한다는 것, 그래서 이곳을 평화지대로 만들면 분쟁
을 예방하고 양측 모두 이익을 얻을 수 있다는 관점에서 나온 것이
노무현 정부의 서해평화협력특별지대 구상이었다. 오전에 이 문제
가 풀리지 않자 남측에서 오후 회담을 강력히 요청했고, 결국 합의
에 이르렀다는 것이다. 노 대통령은 나중에 이를 2차 남북정상회
담의 가장 중요한 성과였다고 자평했다.

'서해평화협력특별지대' 안案은 서해에서의 우발적 충돌 방지를
위해 공동어로구역과 평화수역을 설정하고, 해주 지역과 주변 해
역을 포괄하는 내용을 담고 있었다. 하지만 이는 이후 북한의 NLL
무력화 기도에 이용되는 빌미를 제공하기도 했다. 우리 안보를 되
레 취약하게 만들기 위한 북한 측 노림수에 말려든 것이라는 비판
을 받게 된 이유다.

북한은 그해 11월 2차 남북 국방장관 회담차 평양을 방문한 당
시 김장수 장관이 "북측이 NLL을 인정하지 않으면 협상에 응할 수
없다"는 입장을 견지하자 "NLL을 고집하는 건 북남 수뇌회담(정상

회담)의 정신과 결과를 모르고 하는 얘기"라고 압박했다. "노무현 대통령에게 전화해 보라"는 얘기까지 했다. 이것이 불씨가 되어 노무현 정부의 'NLL 양보 의혹'을 둘러싸고 정치공방이 벌어지는 등 남남갈등이 심화되는 부작용을 낳았다.

2차 남북정상회담에서 북에 준 선물은 대규모 사회간접자본SOC 투자 약속이었다. 개성-신의주 철도와 개성-평양 고속도로 개보수, 조선협력단지 건설, 개성공단 2단계 추진, 서해 경제특구 건설 등에 합의했다. 이행하려면 우리 돈 최소 수조 원이 필요한 것들이다. 이 때문에 결국 대규모 '퍼주기'만을 약속해준 셈이라는 보수 진영의 비판이 끊이지 않았다.

햇볕정책은 북한 정권을 따뜻하게 대하여 외투를 벗기자는 취지였다. 경제협력과 사회적·문화적 교류 등을 통해 북한을 변화시키는 것을 목적으로 한 전략이었다. 그러한 변화를 토대로 북핵 및 안보문제 등 한반도 평화를 이루는 군사·정치적 논의까지 나아갈 수 있다는 의도였다. 두 정권에 걸쳐 남북정상회담이 두 차례 열렸고, 대북지원을 통해 남북 간 많은 교류가 이뤄진 것도 이런 인식에 바탕을 두고 있다. 개성공단은 그런 햇볕정책의 성과 중 하나로 볼 수 있다. 개성공단의 우리 기업에서 근무하는 북한 주민만 해도 5만 명을 넘었고, 가족들까지 포함한다면 북한 사회에 미치는 긍정적 효과도 작지 않았을 것이다.

그럼에도 햇볕정책의 일환으로 이뤄진 대북 지원이 북한의 핵개발과 미사일 발사에 악용되고, 대규모 지원을 하면서도 남북관계

주도권을 북한에 넘겨주는 등 햇볕정책이 남긴 그늘은 깊고도 넓었다. 북한은 경제·사회·문화와 같은 분야에 국한해 남한과 대화했으며, 정치·군사·외교 등의 문제는 미국과 협상하려 했다. 이 때문에 김대중·노무현 정부의 대북 포용정책 10년 동안 대북 경제협력이나 문화·스포츠 등의 교류는 활성화됐지만, 군사 관련 실질적 조치는 상호비방 금지나 서해안 해군 당국자들의 긴급연락 체계 구축 등 초보적 수준에 머물렀다. 핵 폐기나 군비 감축 같은 비중 있는 정책은 논의 자체가 힘들었고, 한반도 평화를 위한 본질적 문제에서는 남한이 배제되는 결과를 초래했다는 비판을 피하기 어려울 것이다.

국정리더십 대담 1: 정세균(노무현재단 이사장)
"부동산 급등 사이클 대응 못해 … 균형발전 계속돼야"

ⓒ 서울신문

정세균 노무현재단 이사장은 노무현 정부 당시 산업자원부 장관, 열린우리당 의
장(대표) 등 당정의 중책을 맡았고, 훗날 국회의장, 국무총리 등을 지냈다. 정 이
사장은 노무현 정부의 언론정책과 부동산 정책의 오류 내지 한계를 인정하면서
지역균형발전 정책의 지속 필요성과 한미 FTA 같은 국익 중심의 유연한 정책믹스
를 강조했다.

노무현 대통령은 '반칙과 특권 없는 나라'를 정치목표로 내세웠는데, 박연차 게이트 사건에 가족이 연루됐다.

노 대통령도 허물이 없었다고 할 수는 없다. 그러나 역대 대통령들과 비교하면 권력형 비리에서나 규모 면에서 비교할 수 없는 차이가 있다. 그럼에도 검찰이 지나치게 몰아붙인 건 부정할 수 없다. 검찰 권력이 경중완급을 따지지 않고 노 대통령을 무리하게 죽음으로 몰아간 것이다.

노 대통령은 정치권력과 언론의 유착관계를 단절해야 한다며 이른바 언론개혁을 밀어붙였다. 하지만 기자실 폐쇄, 비판봉쇄용 소송 등으로 언론 전체를 적으로 돌리고 말았는데.

노 대통령은 언론개혁이 필요하다는 확고한 신념을 갖고 있었다. 그런데 언론개혁이라는 게 정치권력에 의해 그렇게 쉽게 될 수 있는 게 아니다. 언론개혁은 스스로 해야 되는 것이지, 외부의 힘으로는 잘 안 된다. 그렇게 해보려다가 결국 손해만 본 것이다.

노무현 정부의 거시경제 통계는 나쁘지 않았는데, 부동산 정책 실패와 양극화 등으로 서민의 삶이 불안해졌다는 평가에 대해.

거시경제 지표는 괜찮았는데 양극화가 심화되는 게 그때 세계적 현상이었다. 우리도 예외는 아니었다. 더구나 부동산이 급등 사이클을 맞았는데, 선제적으로 막지 못해 민심을 잃은 게 많다.

국토균형발전을 내세워 행정수도 이전을 추진했는데, 행정 비효율화로 국가생산성만 떨어뜨렸다는 비판이 적지 않다.

세종시 설치나 공기업 지방이전은 기대보다는 성과가 적었을 수 있지만, 안 한 것보다는 나았다. 공공기관 이전도 1단계만 하고 2단계는 못 하고 있는데, 지방소멸이 기정사실화되다시피 하는 현 상황에서 균형발전 철학은 계속돼야 한다. 국회 이전도 해야 한다.

한미 FTA, 이라크 파병, 제주 해군기지 건설 같은 정책은 이념적 반대가 있었지만, 꿋꿋이 추진했다. 이게 가능했던 이유는?

국익 차원의 결단들이었다. 대한민국 발전에 도움이 되는 일은 자기 노선과 좀 어긋나고 지지자들로부터 불만이 있어도 해야 하는 것이다. 교조적인 건 좋지 않다. 꼭 필요한 건 이념적으로 좀 달라도, 남의 정책이라도 수용하는 아량과 정책 믹스가 필요하다.

소결

'사람사는 세상'을 정치의 목표로 세웠던 노무현 대통령은 지역주의 타파와 특권·차별 없는 사회를 위한 정치개혁을 꿈꿨다. 비주류의 위치에서 진보정치 이념과 이상을 추구하는 과정에서 과격하다는 평을 들을 때도 적지 않았다. 집권 이후에도 대한민국 현대사에 대한 부정적 시각과 북한 핵미사일 개발에 대한 유화적 태도 등으로 설화와 논란을 빚을 때가 종종 있었다.

하지만 필자는 그가 정치적 삶의 뚜렷한 방향성에도 불구하고 삶의 태도에서는 목표를 달성하기 위해 구체적 실천을 멈추지 않는 노력가형이었다는 사실에 주목할 필요가 있다고 생각한다.

노 전 대통령은 유일한 특허 보유 대통령이다. 그것도 2개나 된다. '개량 독서대'와 'e-지원 시스템'이다. 독서대는 누워서 책을 볼 수 있고 각도 조절 기능이 있다. 사법시험을 준비할 때 만들었다. 실제 제작해 판매도 했다. 무릎에 단추 달린 등산바지, 감 따는 기구, 옷걸이가 달린 식탁의자도 고안했다. 14대 총선 낙선 뒤 인물 종합관리프로그램인 '한라 1.0'을 발명했다. 몇 차례 업그레이드를 거쳐 '노하우 2000'으로 발전시켰고, 일정·명함관리·메신저·회계 등의 기능까지 갖추게 되었다. 이 같은 IT마인드는 청와대 통합업무 온라인관리시스템인 'e지원' 개발의 바탕이 되었다.

그는 사물을 관찰하며 이를 생활로 연결하는 실사구시 정신이 몸에 배어 있었다. 노무현 정부에서 초대 부총리 겸 재정경제부 장관을 지낸 김진표 전 국회의장은 회고록에서 노무현 대통령 당선인과의 첫 저녁식사 자리를 소개했다. 김 전 의장은 "어떻게 하면 성공한 대통령이 될 수 있느냐"는 노 당선인의 질문에 "다른 것을 다 성공해도 경제를 실패하면 성공한 대통령으로 평가받기 어렵지만 경제 하나만 잘해도 성공한 대통령 소릴 듣는 것 같다"고 답했다고 한다. 이에 노 대통령은 "맨날 경제, 경제 얘기냐. 나라가 이만큼 먹고 살면 됐죠. 자주성도, 외교도, 국가의 품격도 있는 거고, 남북통일도, 사회보장도, 복지도 중요하고 이런 것을 갖춰야 하는 것 아니냐"고 하더라는 것이다. 그러나 김 전 의장이 걸프전의 승리를 거두고 1년도 안 돼서 치른 선거에서 패한 아버지 부시, 르윈스키 스캔들을 일으켰어도 경제가 좋아서 퇴임할 때 '성공한 대통령' 소리를 들었던 빌 클린턴 대통령 사례를 들었더니 "그럼 내가 생각을 바꾸지요"라고 했다는 것이다.

노무현 정부 대통령정책실장을 지낸 김병준 사회복지공동모금회 회장은 "노무현은 정책에서만큼은 이념을 배제한 채 실리를 중심으로 판단했다. 우클릭을 끊임없이 견제했던 386 참모들과 우파 경제 관료 사이에서 치열한 고심 끝에 무엇이 경제에 도움이 될지만 놓고 정책을 폈다"고 평가했다. 실제 노 대통령은 자신의 적극적 지지층과 불화를 감수하며 국민을 상대로 필요성을 설득하는 노력도 마다하지 않았다. 이후 노무현 정신을 계승한다고 자처하는 일부 정치인들이 자신의 지지자들 입맛에 맞는 정책에 집착하며 대중추수적 태도를 보이는 것과는 다른 리더십을 노 대통령이 보여줬다는 뜻이다.

제 2 장

불도저 리더십의
성과주의와 중도 실용

이명박 정부

찢어지게 가난해 고등학교 진학마저 포기하려 할 때 중학교 선생님의 도움으로 상고(상업고등학교) 야간반에 들어가 낮에 시장에서 행상을 하며 집안 살림을 거들었던 이명박.

고려대 상과대학에 입학한 후 새벽에 이태원 시장에서 쓰레기를 치우며 학비를 벌었던 그는 상과대학 학생회장 시절 6 · 3 한일회담 반대투쟁으로 투옥됐다가, 현대건설에 입사한 뒤 특유의 근면성실한 일처리로 입사 12년 만에 35세 나이로 사장에 올랐다. '샐러리맨의 신화'가 된 이명박은 국회의원을 거쳐 서울시장에 당선된 뒤 청계천 개발과 버스전용차로 도입 등 대중교통체계 개편과 같은 실용적 개혁의 성과를 바탕으로 대선에 도전했다.

진보 이념이 과잉됐던 노무현 정권 시절 부동산 정책 등 경제 실정에 대한 비판적 여론과 '경제 대통령'에 대한 기대감이 그의 대통령 당선에 원동력이 됐다고 할 수 있다. 취임 이후 이명박 정부의 국정철학도 지역패권주의에 기댄 3김 시대의 붕당정치, 대립정치를 타파하고 실용주의를 구현하는 것을 지향했다. 일각에서는 실용주의는 방법론이지 철학이 아니라고 폄하하기도 하지만, 이명박 대통령은 그런 논란이야말로 관념적이며, 실용주의를 실용적이라는 말과 혼동한 데서 오는 오해일 것이라는 생각이 확고했다. '일류국가 희망공동체 대한민국'이라는 공약집 제목과 '잘사는 국민, 따뜻한 사회, 강한 나라'라는 3대 비전에도 이 같은 철학이 반영돼 있다.

국가를 '통치'가 아닌 '경영'의 관점에서 접근하려 한 이명박 정부의 실용노선은 글로벌 경제위기 극복을 비롯한 경제 측면에서의 성과와 한미동맹 강화, 한일관계 및 한중관계 개선 등 성과를 거두기도 했다. 하지만 이 과정에서 야당 및 진보좌파 성향 시민단체들의 거센 반발에 부딪혀 진영갈등과 정치대립이 심화되는 등 그늘을 적지 않게 남겼다는 평가도 있다.

한미 쇠고기협상 타결과 광우병 사태

경제 대통령이라는 브랜드와 실용주의 국정철학을 표방하고 취임한 이명박 정부의 취임 직후 첫 시련은 한미 쇠고기협상 타결에 대한 국내 반대세력의 반발과 광우병 촛불시위 사태였다. 이명박 대통령은 취임 직후부터 쇠고기협상을 서둘렀다. 한미 FTA를 조속히 발효시키기 위해서는 필수적으로 넘어야할 고비이기도 했다. 이런 조바심 속에 터진 것이 광우병 촛불시위였다. 531만 표라는 압도적 승리로 집권한 정권이 출범 4개월 만에 마비상태에 빠진 것이다. 정권 내부에서는 그 배후에 대선에 불복하는 좌파와 친노무현 세력이 있다고 의심했다. 이 같은 의심과 정치적 갈등은 이후 노 전 대통령의 비극적 최후로 마감하게 되는 검찰 수사의 배경이 됐다는 분석도 있다. 그리고 이는 다시 박근혜 정권을 지나 문재인 정권으로까지 이어지는 정치보복 논란의 뿌리가 되기도 했다.

후임 정권에 부담 떠넘겨진 쇠고기협상

한미 쇠고기협상 문제는 전임 노무현 정권과 후임 이명박 정권 간의 교체 과정에서 미묘한 충돌 소재로 작용했다. 17대 대선 직후인 2007년 12월 28일 노무현 대통령과 이명박 당선인의 만찬회동이 열렸다. 이날 만남의 핵심 의제는 한미 FTA 비준안의 국회 처리에 협력한다는 것이었다.

그런데 며칠 뒤 언론에 '신구 권력의 충돌'이라는 표현이 등장했다. 미국이 FTA 비준의 전제조건으로 쇠고기 시장 개방을 요구하는 상황이었다. 이 당선인은 노무현 정부가 임기 내에 마무리해줬으면 좋겠다는 입장이었지만, 노 대통령은 '새 정부가 처리할 일'이라는 태도였다.

이 대통령은 취임을 일주일 앞둔 2008년 2월 18일 청와대 관저에서 노 대통령과 다시 만난 자리에서도 "한미 쇠고기협상을 마무리 짓기로 부시 대통령과 약속한 것으로 알고 있다. 임기 중 처리해 주시는 게 어떻겠느냐"고 요청했다. 이에 노 대통령은 미국과 약속했다는 점은 시인하면서도 한미 쇠고기협상이 타결된다고 미국 의회가 FTA를 처리해 준다는 보장이 없다고 했다. 그러면서 어차피 이 대통령이 취임한 뒤 미국과 FTA 문제를 다시 논의해야 할 것이고, 미국이 자동차 문제를 재협상하자고 나올 테니, 그때 가서 쇠고기협상을 조건으로 내세워 자동차 재협상을 유리하게 가져가라는 '조언'을 했던 것이다.(이명박, 2015)

한미 FTA와 축산농가의 반발, 국제사회에서 한국의 신뢰 문제까지 복잡하게 걸려있는 이 문제는 결국 신구정권 간에 정치적 부담 때문에 서로 떠밀다가 노무현 정부의 임기가 끝나버렸다.

한미 쇠고기협상이 꼬이기 시작한 것은, 2006년 1월 노무현 정부가 한미 FTA 협상에 앞서 30개월령^齡 미만의 뼈 없는 살코기에 한해 수입을 재개하기로 합의한 뒤 발생한 '뼛조각 사건'이 발단이 되었다. 미국에서 광우병 소가 발견되면서 중단됐던 미국산 쇠고기 수입이 재개되자 농림부는 검역당국에 새로운 지침을 내렸는데, 그해 5월부터 엑스레이 이물검출기로 미국산 쇠고기를 전수조사하라는 것이었다. 수입 쇠고기를 전수조사한 세계 최초의 사례이자, 쇠고기 검역에 엑스레이 이물검출기를 사용한 사상 초유의 사례였다.

10월 30일 쇠고기 8.9톤(727상자)이 처음으로 인천국제공항에 도착했다. 검역당국이 수입된 쇠고기를 전부 검사하는 과정에서 한 상자에서 뼛조각 한 점이 발견되자 검역당국은 발견된 상자뿐만 아니라 전량을 반송하고 미국의 해당 수출 작업장에 선적을 중단시켰다. 미국 축산업계와 의회는 한국 정부의 유례없이 지나친 검역 조치와 국제관례를 무시한 전량 반송은 미국산 쇠고기를 실질적으로 수입 금지하려는 의도에서 행해진 일이라며 크게 반발했다.

부시 행정부는 2007년 3월, 쇠고기 문제를 국제원칙에 따라 공정하게 처리하지 않으면, 미국 시장에 한국 상품을 팔 수 없을 것이라 경고했다. 미국 정부는 향후 미국산 쇠고기와 관련해 한국정부에 국제수역사무국^{OIE} 규정을 따르겠다는 각서를 요구했다. 노무현 대통령은 2007년 3월 29일 부시 대통령과 전화 통화에서 '뼛조각 사건'에 대한 우리 측 문제점을 인정하고 그 문제는 직접 자신이 관리하겠다고 약속했다. 또한 4월 2일 한미 FTA 관련 대국민 담화를 통해 "저는 부시 대통령과의 전화를 통해 한국은 성실히 협상에 임할 것이라는 점, 협상에 있어 국제수역사무국의 권고를 존중하여 합리적 수준으로 개방하겠다는 의향을 갖고 있다는 점, 합의에 따르는 절차를 합리적 기간 안에 마무리할 것이라는 점을 약속해 주었습니다"고 밝혔다.

2007년 5월 미국이 국제수역사무국으로부터 '광우병 위험 통제국'의 지위를 획득한 이후 국제수역사무국의 권고에 따라 나이와 부위에 제한 없이 뼈를 포함한 미국산 쇠고기 전체를 수입하라는 미국의 요구는 더욱 거세졌다. 자국산 쇠고기에 대한 수입위생조건 개정 협상을 우리 정부에 요청해온 것이다.

2007년 9월 시드니에서 열린 한미정상회담에서 노 대통령은 부시 대통령에게 쇠고기 문제는 약속한 대로 임기 내에 처리할 수 있도록 최선을 다하겠다고 다시 한번 약속했다. 하지만 협상은 더 이상 진전이 없었다. 관계부처에서는 대통령이 약속을 한 이상 국제사회의 신뢰를 잃지 않기 위해서라도 임기 중 한미 쇠고기협상은 타결돼야 한다는 입장이었으나, 노 대통령과 청와대 참모들은 반대 입장을 견지했다고 한다.

17대 대선이 끝나고 며칠 뒤인 2007년 12월 24일 노 대통령은 청와대에서 긴급관계장관회의를 열고 30개월 미만으로 제한할 경우에 한해 한미 쇠고기협상을 추진하라는 지시를 내렸다는 언론보도도 있었다. 또한 국제적 신뢰를 위해 부시와의 약속을 지켜야 한다는 한 장관의 말에 노 대통령은 "한미 FTA로 친구마저 다 잃었다. 한미 쇠고기협상으로 더 많은 친구를 잃어야 하느냐. 당신은 피도 눈물도 없느냐"고 질타했다는 보도도 있었다.(이명박, 2015)

광우병 괴담과 쇠고기 추가협상

한미 쇠고기협상이라는 무거운 숙제를 안고 취임한 이명박 대통령은 '뼛조각 사건' 이후 딜레마에 빠졌다. 일련의 사태로 '미국산은 30개월 미만의 뼈 없는 쇠고기만 안전하다'는 인식을 갖게 된 국민과 전임 정부가 미국에게 '국제수역사무국 권고를 존중하여 한미 쇠고기협상을 타결하겠다'고 한 약속 사이에서 협상의 여지가 별로 없었던 것이다.

이 대통령은 대외의존도가 높은 우리 경제가 한미 FTA를 통한 일자리 창출과 성장 기회를 붙잡아야 한다는 판단에서 한미 FTA 타결의 걸림돌로 작용하는 쇠고기협상을 재개했다.

4월 18일 취임 후 첫 미국 방문에 나선 이 대통령은 정상회담을 하루 앞두고 워싱턴 인근 미국 대통령 별장 캠프데이비드에서 부시 대통령 부부와 저녁 식사를 하던 중 한미 쇠고기협상이 타결됐다는 소식을 들었다. 4월 16일 우리 측 협상단이 '협상중단'이라는 초강수까지 둔 우여곡절 끝에 사료금지 조치의 강화 및 쇠고기 연령 표시 등 미국 측의 양보를 얻어냈고, 국제수역사무국 기준보다 강화된 타협안을 도출했다는 내용이었다.

이날 수행기자단 가운데 특히 풀기자로 선정돼 캠프데이비드 현장을 취재했던 필자는 협상 타결 소식이 전해진 순간 정부관계자들 사이에서 터졌던 박수와 환호의 기억이 지금도 생생하다.

하지만 협상 타결 열흘 뒤인 4월 29일부터 상황이 급변했다.

MBC 〈PD수첩〉이 '미국산 쇠고기, 과연 광우병에서 안전한가'라는 프로그램을 통해 미국 동물보호협회가 제작한 미 도축장의 젖소 학대 동영상을 보여주면서 "한국인은 대부분 MM유전자를 갖고 있어 미국산 쇠고기를 먹으면 광우병에 걸릴 확률이 94%"라는 등 검증되지 않은 주장을 쏟아냈다.

중고생들을 중심으로 인터넷에 광우병 괴담이 퍼져나갔다. "광우병은 공기로도 감염된다"거나 "화장품이나 젤라틴 성분이 들어간 생리대, 기저귀로도 전염된다"는 등의 괴담과 영화 제목을 패러디한 '뇌송송 구멍탁'이라는 유행어까지 유포됐다.

5월 2일 밤 청계광장에서는 '이명박 탄핵을 위한 범국민운동본부'가 미국산 쇠고기 수입 반대집회를 열었다. 괴담이 연예인 팬클럽으로 확산된 결과 초기에는 여중고생들이 참석자의 주류를 이뤘지만, 이후 정부의 공기업 및 공영방송 개혁 논의에 위기감을 느낀 공기업노조와 좌파 성향 시민단체들이 합류하면서 야당도 길거리로 나섰다. '미국산 쇠고기 수입 반대'에서 시작한 집회의 성격도 점차 '정권퇴진'으로 바뀌어갔다. 새 정부에 비판적이던 신문과 방송, 인터넷 매체들이 집회를 대대적으로 보도했고, 먹거리에 불안감을 느낀 일반 시민들까지 거리로 나오면서 집회규모가 걷잡을 수 없이 커졌다.

집회가 정권퇴진을 주장하는 양상으로 변하자 정부 일각에서는 대선 결과에 승복하지 못하는 '대선불복 세력'이 건강을 염려하는 순수한 국민들의 뜻에 편승해 정권을 무너뜨리려 한다는 의구심을 보이기도 했다. 하지만 설사 정치세력의 의도적 선동과 개입이 있었다 하더라도 국민이 미국산 쇠고기에 대해 갖고 있는 불안감을 감안해 사전에 충분히 설명하고 이해를 구하려는 정부의 노력이 부족했다는 점 또한 부인키 어려운 현실이었다.

이 대통령은 촛불집회가 한창이던 2008년 6월 18일 국민 앞에 서서 다음과 같은 특별기자회견문을 발표했다.

존경하는 국민 여러분,

지난 6월 10일, 광화문 일대가 촛불로 밝혀졌던 그 밤에, 저는 청와대 뒷산에 올라가 끝없이 이어진 촛불을 바라보았습니다. 시위대의 함성과 함께, 제가 오래전부터 즐겨 부르던 〈아침 이슬〉 노래 소리도 들었습니다. 캄캄한 산중턱에 홀로 앉아 시가지를 가득 메운 촛불의 행렬을 보면서, 국민들을 편안하게 모시지 못한 제 자신을 자책했습니다. 늦은 밤까지 생각하고 또 생각했습니다. 수없이 제 자신을 돌이켜보았습니다.…

돌이켜보면 대통령에 당선된 뒤 저는 마음이 급했습니다. 역대 정권의 경험에 비추어 볼 때 취임 1년 내에 변화와 개혁을 이루어내지 못하면 성공할 수 없다고 생각했습니다. 더욱이 제가 취임하던 때를 전후해 세계의 경제 여건은 급속히 악화되고 있었습니다. 국제 금융위기에 겹쳐 유가와 원자재 값마저 치솟았습니다. 이러한 어려움을 극복하고 선진국으로 도약하기 위해서는 우리 경제의 경쟁력을 높이는 일이 시급했습니다. 한미 FTA 비준이야말로 성장잠재력을 높이는 지름길의 하나라고 판단했습니다.

미국산 쇠고기 수입을 계속 거부하면 한미 FTA가 연내에 처리될 가능성은 거의 없다고 보았습니다. 미국과의 통상마찰도 예상됐습니다. 싫든 좋든 쇠고기협상은 피할 수 없다고 생각했습니다. 한미 FTA가 체결되면 34만 개의 좋은 일자리가 새로이 생기고, GDP(국내총생산)도 10년간 6% 이상 늘어날 것으로 예측됩니다. 대통령으로서 이런 절호의 기회를 놓치고 싶지 않았습니다. 아무 노력도 하지 않고 기회의 문이 닫히는 것을 그냥 바라보고만 있을 수는 없었습니다.

우리나라는 4대 강국에 둘러싸인 세계 유일의 분단국입니다. 거기다 북한 핵의 위험을 머리 위에 이고 있습니다. 안보의 측면에서도 미국과의 관계 회복은 더 늦출 수 없었습니다. 그러다보니 식탁 안전에 대한 국민의 요구를 꼼꼼히 헤아리지 못했습니다. 자신보다도 자녀의 건강을 더 걱정하는 어머니의 마음을 세심히 살피지 못했습니다.

아무리 시급히 해결해야 할 국가적 현안이라 하더라도, 국민들이 결과를 어떻게 받아들일지, 또 국민들이 무엇을 바라는지, 잘 챙겨봤어야 했습니다. 저와 정부는 이 점에 대해 뼈저린 반성을 하고 있습니다. 정부는 지금 모든 외교력을 동원해서 최선의 노력을 하고 있습니다. 국제표준과 충돌되지 않고 통상마찰을 일으키지 않으면서도 식품 안전에 관한 국민들의 염려를 해소하기 위해서입니다. 저는 미국 부시 대통령에게 우리의 요구 사항을 구체적으로 분명히 밝혔습니다. 이를 계기로 지금 이 시각에도 양국 대표들이 모여 협상을 하고 있습니다.

국민들이 원하지 않는 한 30개월령 이상의 미국산 쇠고기가 우리 식탁에 오르는 일이 결코 없도록 할 것입니다. 미국 정부의 확고한 보장을 받아내겠습니다. 미국도 동맹국인 한국 국민의 뜻을 존중할 것으로 기대하고 있습니다. 정부는 이번 일을 계기로 모든 식품의 안전성을 담보하기 위해 철저한 조치를 취하도록 하겠습니다.

음모론이 남긴 정책소통의 중요성

촛불시위를 무거운 마음으로 바라보면서 자신의 국정운영 방식을 되돌아보게 됐다는 고백이자 심기일전하겠다는 다짐이었다. 당시 청와대 대변인으로 촛불사태의 한 가운데 서 있었던 이동관 전 방송통신위원장은 당시 얻게 된 메시지 관리 측면에서의 교훈을 다음과 같이 술회했다.

돌이켜보면 아쉬움이 많이 남는다. 청와대와 정부는 시민들이 일부 세력의 근거 없는 주장에 휩쓸려 거리로 나오는 상황이 발생하지 않도록 선제적이고 적극적 노력을 기울였어야 했다. … 관련 부처에서는 미국산 쇠고기가 안전하다는 것을 기술적·통계적으로만 이해시키려고 했다. 이를테면 '미국 쇠고기를 먹는 유학생이나 재미교포들은 수백만 명이 넘는데 한 번도 광우병에 걸린 사례가 없다'는 식이었다. 또 미국산 쇠고기 수입과 미 의회의 한미 FTA 비준을 연계해 우리가 얻을 수 있는 경제적 반대급부를 강조하는 데 주력했던 측면도 있다. … 일반 국민들의 정서를 이해하지 못한 채 합리적 설명에 치중했던 이 같은 소통방식은 결과적으로 정부가 식품안전이나 국민들의 건강 문제를 등한시한다는 인상을 주었다. 정치적 반대진영에서는 이명박 정부를 냉혹한 시장주의 정권, 성장제일주의 정권으로 낙인찍고 집요하게 청와대를 공격했다. 국민 건강과 안전이 최우선이라는 점을 촛불시위 초기부터 지속적으로 강조했어야 했다.(이동관, 2015)

사태 수습에 나선 이명박 정부는 우선 국민을 안심시키기 위해 미 측과 협의해 한국에 수입되는 미국산 쇠고기가 국제기준에 부합하며 미국 식탁에 오르는 쇠고기와 같다는 점을 문서로 보장받았다. 또한 광우병이 발생하면 바로 수입을 중단한다는 주권적 조치도 명문화했다. 앞서 5월 22일 이 대통령은 대국민 담화를 통해 "국민께 충분히 이해를 구하고 의견을 수렴하는 노력이 부족했다"며 사과했다. 그러나 야당과 시민단체 등은 한미 쇠고기협상을 폐기하고 미국과 '재협상'을 하라고 요구했다.

이 대통령은 부시 대통령과 통화를 갖고 미국 정부가 30개월령 이상의 쇠고기는 한국으로 수출하지 않도록 해달라는 요청을 했고, 부시 대통령은 이 대통령이 겪고 있는 고초를 이해한다며 수락했다. 통화를 마친 후 정부 관계자들을 미국으로 파견하여 '추가협상'을 진행하기로 했다.

당시 청와대 참모들 간에도 사용할 용어를 놓고 '추가협상'이냐, '재협상'이냐 사이에 논란이 치열했다고 한다. 집회 주도 세력의 요구대로 '재협상을 하겠다'고 선언해버리면 정치적 타격은 적었을 것이다. 하지만 국가 간에 기존 협상을 폐기하고 새로운 협상을 진행한다고 하면 국제관계에서의 신뢰도 상실이라는 국익의 손상이 불가피하고, 성숙한 세계국가 이미지도 물 건너간다는 게 이 대통령의 판단이었다.(이명박, 2015)

결국 이 대통령은 6월 19일 특별기자회견을 열어 "국민이 원하지 않는 한 30개월령 이상의 미국산 쇠고기가 우리 식탁에 오르는 일이 없도록 하겠다"고 약속했다. 그러면서도 '재협상'이 아닌 '추가협상' 방침을 밝혔다. 실제 6월 21일 한미 양국이 그 같은 내용으로 추가협상을 타결, 발표했고 〈PD수첩〉의 과장된 보도내용과 인터넷에 유포된 괴담의 실체가 밝혀지면서 광우병 집회는 점차 동력을 잃어 갔다. 언론과 정치권에서는 내각 총사퇴를 요구했지만, 이 대통령은 청와대 참모진의 일괄 사의표명을 받아들이되, 박재완 정무수석과 이동관 대변인만 남기는 것으로 사태를 마무리했다.

집권 첫해에 일격을 가한 광우병 사태로 국정지지율은 20%대 초반으로 떨어졌고, 국정운영 동력은 급격히 떨어졌다. 이후 한반도 대운하 사업도 철회됐고, 공기업 선진화 등 임기 초 추진하던 각종 개혁정책도 타격을 입었다.

세월이 흐르면서 광우병 사태는 비과학적 음모론에 휩쓸린 것이라는 주장이 힘을 얻었다. 대선에 사실상 불복하며 정권을 흔들려는 진보좌파 세력의 조직적 선동이 집회를 키운 측면도 있었다. 2008년 광우병 사태 당시 한미 FTA 범국민운동본부 정책팀장으로 반反정부 시위를 이끌었던 민경우 대안연대 대표는 나중에 "(당시 운동본부에서) 광우병 팩트(사실)에 대해 회의를 한 적이 없다. 이명박 정권 퇴진에 어떻게 쓰일 수 있는가 하는 차원에서만 얘기가 오갔다"고 폭로했다. 그는 또 "국민 건강을 우려해 시위를 한 게 아니었다. 효과적으로 선동에 써먹었으면 나머지는 신경 쓰지 않는다"고 했다. 미국산 쇠고기를 먹으면 마치 금방이라도 '뇌송송 구멍탁'이 될 것처럼 선동했지만 정작 광우병의 과학적 측면에 대해서는 한 번도 내부 논의를 한 적이 없었다는 것이다.

이 전 대통령도 2024년 3월 한 강연에서 민 씨의 증언을 소개하며 "내가 원체 압도적으로 당선돼 큰 흔들림은 없었는데, 결국 목적은 나를 흔들려던 것"이라면서 "그러나 나는 못 건드리고 그다음 (박근혜) 대통령을 끌어내렸다"고 했다.

이런 회고에 대해 박원석 전 정의당 의원은 자신의 페이스북을 통해 "광우병국민대책위 상황실장으로 거의 모든 회의를 주재하거나 참여했던 나는 당시 어느 회의석상에서도 민경우 씨를 본 적이 없다"고 반박했다. 박 전 의원은 "당시 국민대책위의 요구사항은 재협상이었지 MB정권 퇴진이 아니었다. 그리고 재협상은 이뤄졌다"면서 "국민대책회의는 전문가들의 탄탄한 견해 위에 있었고 정무적 판단으로 과학적 논쟁을 깔아뭉개지도 않았다"고 했다.

당시 광우병 시위가 MB 정권 퇴진을 목적으로 한 것이었는지에 대해서는 보는 시각에 따라 견해가 다를 수 있다. 하지만 시민들의 폭발적 참여가 있었던 데는 이명박 정권이 식품안전과 건강에 대한 국민의 눈높이가 높아진 점을 간과했던 점도 무시하기 어려울 것이다. 이명박 대통령은 초기에 국내의 반발 조짐에 대해 "(미국산 쇠고기가) 위험하면 못 먹고 안 먹는 것인데, 수입업자들도 장사가 안 되면 안 들여올 것"이라는 말을 하기도 했다. 국민들 귀에는 '시장이 어련히 알아서 걸러줄 텐데 쓸데없는 걱정하지 말라'는 뜻으로 들렸고, 이것이 국민의 건강에 대한 염려를 무시하는 듯한 태도로 비치면서 국민정서를 건드렸던 측면도 없지 않았다.

광우병 사태는 이후 우리 정치에서 빈발하는 정치성을 띤 각종 괴담의 발생과 확산, 소멸에 관해서뿐만 아니라 주요 정책 집행에 있어 소통과 국민설득의 측면에서도 많은 교훈과 시사점을 남긴 일대 사건이었다고 할 수 있다.

한미동맹 복원과 FTA의 완성

이명박 대통령이 취임한 2008년의 국제정세는 서브프라임 모기지 Sub-prime Mortgage 사태의 여파가 미국 금융업 전반의 부실로 이어지면서 글로벌 금융계가 요동치고, 중동의 정세불안까지 겹쳐 국제유가가 폭등하고 있었다. 1990년대 이후 중국, 인도, 브라질, 러시아 등 이른바 브릭스BRICs 국가들의 경제적 비중과 영향력이 급속히 확대됐다. 2000년대 들어 미국 경제의 전반적 침체 속에 중국 경제가 약진하면서 G2 체제에 대한 논의가 가시화됐다. 국내적으로는 민주화 과정을 거치면서 고임금, 고비용 구조가 고착됐고, 성장동력이 급격히 소진되어 갔다.

이러한 격변기의 대외정책 방향과 관련해 일각에서는 '안미경중' 安美經中(안보는 미국과 경제는 중국과 협력함) 논의가 적잖이 확산됐다. 하지만 이명박 정부에서 대통령외교안보수석비서관을 지낸 천영우 한반도미래포럼 이사장은 '안미경중론'에 대해 "현실성 없는 탁상공론"이라고 일축한다. 중국이 안보적 목적 달성을 위해 경제적 강압수단을 사용하고 있는 상황에서 안보와 경제를 어떻게 분리할 수 있느냐는 것이다.(천영우, 2022)

이명박 정부 외교안보팀이 글로벌 통치체제가 다극화하는 시점에, 성숙한 세계국가라는 비전을 실현하기 위해 수립한 실행방안은 '동심원 외교 전략'이었다. 한미 간 불신을 해소하고 한미관계를 한 단계 업그레이드함으로써 강력한 한미동맹을 외교 전략의 중심축에 놓는 것이 그 첫걸음이었다. 다음 단계로 굳건한 한미동맹을 기반으로 중국과 일본, 러시아 등 주변국들과의 관계를 새롭게 정립하는 것이다. 이어 동남아시아, 중앙아시아, 유럽, 중동, 아프리카 등으로 외교 지평을 확장하겠다는 것이었다.

캠프데이비드 정상회담과 한미관계 복원

김대중 정부, 노무현 정부 10년 동안 한미관계는 순탄치 않았다. 한미 관계의 복원은 한국뿐 아니라 미국 입장에서도 시급한 현안이었다. 미국이 2008년 4월 이명박 대통령을 초청해 대통령 전용 별장인 캠프데이비드에서 정상회담이 열리게 된 배경이다. 한국 입장에서도 한미관계의 복원과 강화는 성숙한 세계국가 구상의 첫 단추이기도 했다.

그해 4월 18일 캠프데이비드에서 양국 정상이 카트를 타고 숙소로 향하던 중 부시 대통령은 이 대통령에게 "북한에 약속한 쌀을 지원할 예정"이라고 밝혔다고 한다. 이에 이 대통령이 군량미로 비축될 것을 우려하며 장기간 보관이 힘든 옥수수나 밀가루 같은 다른 품목으로의 지원 방안을 조언하자 부시 대통령이 수용했다는 것이다. 만찬을 마친 부시는 앞으로 한국을 믿고 정보를 교환하겠다는 의사를 밝혔다. 캠프데이비드의 인간적, 사적인 자리에서 허심탄회한 대화를 통해 신뢰를 다지게 됐던 것이다.

이명박 대통령이 캠프데이비드에 도착해 조지 W. 부시 대통령과 함께
골프 카트로 이동하고 있다.(2008. 4. 19.)

　　이제부터 한국에 정보를 주겠다는 부시 대통령의 언급은 역설적
으로 노무현 정권에 대한 미국의 불신을 방증하는 것이기도 했다.
실제 노무현 정권 당시 미국은 북한에 대한 핵심정보를 한국에 주
지 않았다. 우리에게 준 정보가 얼마 후 북한으로 흘러들어간다고
의심했기 때문이었다. 이 때문에 미국은 한국과의 정보공유에 소
극적이었다. 대북 군사정보의 90% 이상을 미국에 의존하고 있는
안보 현실에서 미국으로부터 정확한 정보를 제대로 제공받지 못한
다는 것은 우리 안위에 치명적 약점이 될 수밖에 없었다.(이동관,
2015)

　　다음 날인 4월 19일 열린 한미정상회담에서 부시는 한국의 대외

116

군사판매FMS 지위 격상 및 미국 비자면제프로그램VWP 가입 등의 요구를 흔쾌히 수락했다. FMS는 동맹국들이 미국산 무기를 구입할 때 미국 정부가 대신 구입하여 넘겨주고 나중에 대금을 정산하는 방식을 말한다. FMS 지위에서 한국은 기존의 이집트, 요르단, 필리핀, 타이 등과 함께 3단계에 속해 있었으나, 이날 회담을 통해 북대서양조약기구NATO 및 일본, 호주, 뉴질랜드, 이스라엘이 속한 두 번째 단계로 격상된 것이다. VWP는 미국 정부가 지정한 국가의 국민에게 최장 90일까지 비자 없이 미국을 방문할 수 있도록 허용하는 제도다. 캠프데이비드 회담은 부시와의 우정이라는 토대를 쌓고 한미 양국의 관계를 재정립하는 계기가 됐다.

1년간 부시 행정부와의 긴밀한 협력을 통해 한미동맹이 복원되고 강화됐지만, 오바마 대통령이 당선되면서 일각에서는 한미 관계에 대한 우려가 제기됐다. 전통적으로 보수 정권은 미 공화당과 가까웠고, 진보정권은 미 민주당과 친밀한 관계를 유지했다. 게다가 오바마는 선거운동 기간 중 한미 FTA에 반대 입장을 밝혀온 터였다. 따라서 한미 FTA도 파국을 맞게 될 것이라는 전망이 적지 않았다. 대북 문제도 북한과의 대화를 우선시하는 민주당의 특성상 북한의 이른바 통미봉남通美封南 가능성이 있다는 관측도 대두됐다.

예상과는 달리 오바마 대통령 당선인은 2008년 11월 7일 당선 사흘 만에 이뤄진 이명박 대통령과의 전화통화에서 한국에 대한 애정과 함께 한미동맹을 더욱 강화하고 싶다는 긴밀한 협력의지를 강하게 표시했다. 이명박 정부는 한미 군사동맹만으로는 냉전 종식 후 20여 년간 이뤄진 새로운 변화에 대처하는 데 한계가 있다는 판단에 따라 새로운 한미 전략동맹을 구축하기 위해 오바마 행정부와 조기협의에 착수했다.

2009년 2월 19일 힐러리 클린턴 미 국무부 장관은 방한 중 가진 기자회견을 통해 "한미동맹은 단순한 지역적 협력 파트너를 넘어 민주주의, 인권, 시장경제 및 평화의 추구라는 공통의 가치에 기반을 둔 글로벌 전략동맹으로 발전해가고 있다"고 밝혔다. 이명박 정부의 한미동맹 발전방향에 대해 공감을 표시한 것이다.

2009년 4월 2일 런던에서 열린 G20 정상회의를 계기로 이뤄진 별도의 한미정상회담에서 오바마 대통령은 "북의 핵 보유와 미사일 프로그램, 핵 확산 활동을 수용할 수 없다. 북한은 한미 간의 견고한 동맹관계에 끼어들 틈이 없을 것이다"고 말했다. 오바마 행정부 출범을 놓고 제기됐던 통미봉남에 대한 우려를 완전히 불식시킨 것이다.

2009년 6월 16일 백악관에서 열린 한미정상회담에서는 한미 간 긴밀한 공조를 바탕으로 6자회담 당사자인 5개국의 단합되고 효과적 공조방안을 모색해 북핵 문제에 대처하기로 합의하는 한편 한미동맹의 미래비전을 채택하는 성과를 거두었다. 한미동맹의 미래비전에는 동북아시아에 국한된 군사동맹 차원을 넘어 전 세계의 안정과 평화에 함께 기여하는 21세기 한미 전략동맹의 새로운 청사진을 담았다. 한미동맹이 원조를 받는 나라와 주는 나라의 관계에서 국제사회의 문제에 함께 대응하는 대등한 동맹관계로 발전한 것이다.

한미 FTA의 완성

2009년 11월 19일 청와대에서 열린 오바마 대통령과의 세 번째 정상회담에서 가장 중요한 의제는 2년 6개월을 끌고 있는 한미 FTA 문제였다. 노무현 대통령은 한미 FTA를 추진했지만 국내 지지세력의 정치적 반대에 부딪혀 임기 내에 한미 FTA를 매듭짓지 못했다. 미국 역시 부시 대통령은 임기 중 한미 FTA를 마무리하고 싶어 했지만 미 민주당의 반대에 부딪혀 뜻을 이루지 못했다.

오바마가 대통령에 당선된 데는 미국 자동차노조의 전폭적 지지가 있었는데, 미국 자동차노조는 한미 FTA에 반대하고 있었다. 한국 자동차가 무관세로 미국에 수출될 경우 미국 자동차산업은 심각한 타격을 입고 결국 자신들도 일자리를 잃게 될 것이라는 이유에서였다. 오바마가 선거운동 기간에 한미 FTA에 반대한 것도 이 때문이었다.

청와대에서 진행된 한미정상회담에서 이 대통령은 한국과 중국의 교역액이 미국과 일본을 합친 금액보다 큰 상황을 거론하며, 미국의 영향력과 리더십을 유지하기 위해서는 한미 FTA 체결을 통해 한중 교역량과 한미 교역량의 격차를 좁혀 나가야 한다고 강조했다. 한미 FTA는 경제문제를 넘어 미국의 동아시아 전략 차원에서도 매우 중요한 사안이므로 지지세력의 이해와 정치적 득실에 따라 계산할 문제가 아님을 역설한 것이다. 오바마는 이에 공감을 표하고 미 의회를 그 같은 논리로 설득하기로 했다.

FTA 협상 타결의 마지막 걸림돌은 자동차 문제였다. 서울 G20 정상회의를 열흘 남짓 앞둔 2010년 11월 2일, 오바마 대통령은 이 대통령에게 전화를 걸어 미국 자동차에 대한 한국 측의 규제를 완화해 달라고 요구했다. 아울러 쇠고기는 한미 FTA의 미 의회 상정 권한을 갖고 있는 보커스 상원 재무위원장을 설득할 수 있도록 추가 조치를 취해 달라고 했다. 미국 쇠고기 주산지인 몬태나주가 지역구인 보커스 의원은 쇠고기 문제를 한미 FTA 추진과 연계시켜야 한다고 주장하고 있던 상황이다. 이에 대해 이 대통령은 "현재 한국 내 미국산 쇠고기 소비량은 37%를 넘어 40% 가까이 늘어났다. 이런 상황에서 협상에 변동이 생겨 또다시 국내에 미국산 쇠고기가 이슈가 되면 오히려 소비량이 급감할 수 있다"며 수용이 어렵다고 오바마를 설득했다.

2010년 11월 10일 실무진 협상에서는 미국이 갑자기 자동차에 대한 새로운 요구조건을 들고 나왔다. 이전까지는 미국산 자동차에 적용하는 우리 정부의 안전기준에 관한 문제가 쟁점이었는데 이번에는 관세 자체를 변경하는 추가 양보를 요구하고 나온 것이다. 입장차가 좁혀지지 않은 상태에서 11월 11일 청와대에서 열린 한미정상회담은 오바마 대통령이 실망감을 표하는 냉랭한 분위기에서 끝났다. 12월 2일 걸려온 전화통화에서 오바마는 한 시간 가까이 내내 미국에 수출되는 한국 차의 관세를 5년간 2.5%로 유지한 뒤 철폐할 것을 요구했다.

한미 무역에서 한국산 자동차의 미국 수출은 40만 대, 미국 자동차의 한국 수출은 6,500대라는 현실에서 미국이 한미 FTA에서 일정 부분 양보를 얻어낸다 해도 자동차에서의 무역역조의 큰 틀을 바꾸긴 어려웠다. 그럼에도 자동차산업은 미국의 자존심이었고, 오바마로서는 미국 정부가 최선을 다했다는 사실을 미 의회와 자동차 업계에 보여주려는 것이었다. 이렇게 판단한 이명박 대통령은 자동차 문제를 양보하는 대신 의약품과 돼지고기 등 농축산물에 대한 미국의 양보를 얻어내는 선에서 한미 FTA 추가협상을 타결토록 했다. 가장 민감한 문제였던 30개월령 이상 쇠고기의 수입은 여전히 막는 것으로 양보를 얻어냈다.

협상 타결 후 1년이 다 되도록 한미 양국 의회를 통과하지 못하고 있던 한미 FTA는 2011년 10월 13일 이명박 대통령의 미 의회 연설을 앞둔 10월 12일 신속한 절차를 통해 미 의회에서 압도적 표차로 통과되었다. 반면 한국 국회에서의 통과는 순탄치 않았다.

민주당 의원 상당수가 비준을 반대하거나, FTA 협정 자체를 폐기해야 한다고 주장했다. 당시 통합민주당 원내대표였던 김진표 전 국회의장은 생각이 달랐다. 노무현 정부에서 체결한 FTA를 미국 의회가 비준했는데 한국에서 민주당 반대로 폐기한다면 민주당은 영원히 집권하지 못한다고 판단했다.(김진표, 2024)

한국은 전형적인 소규모 개방경제 국가이고, 한미 FTA는 우리나라가 세계무역기구WTO 가입 이후 처음으로 맞이한 거대 선진 경제권과의 첫 자유무역협정이었다. 미국은 2012년 기준 세계경제의 21.5%를 차지하는 글로벌 최대시장이었다. 한국의 수출 중 약

10.7%가 미국에서 발생했다. 향후 성장 가능성을 생각하면 절대 놓칠 수 없는 시장이었다. 김 원내대표는 이 때문에 명분으로나 실리로나 비준 찬성을 강력히 주장했고, 이를 위해 한나라당과 치열한 교섭 끝에 민주당이 요구해 확보한 피해 대책안을 담고, 투자자 국가 간 소송의 경우 정치적으로 마무리하는 방안으로 여야정 합의문을 만들어 가서명했다. 하지만 가서명 협상안을 한나라당에서 언론에 배포해버림으로써 민주당은 크게 반발했고, 합의안은 민주당 의총에서 거부당했다. 김 원내대표에겐 '한나라당 2중대' 운운하는 비난이 쏟아졌다.

김 원내대표는 마지막 해법으로 민주당 반대론자 56명과 이명박 대통령 간의 국회 내 토론을 요청했다. 그는 이렇게 회고했다.

이명박 대통령의 실리주의적 태도는 여기서도 드러난다. 그는 아시아태평양경제협력체APEC 회의 일정을 마치고 주저 없이 국회로 달려왔다. 민주당이 주장한 문제 사안은 모두 미국과 협의해 반영하겠다고 약속했다. 민주당 반대론자들은 이 약속을 전제로 비준안 처리에 응하기로 합의할 수 있었다. (김진표, 2024)

그러나 자유무역협정 처리는 끝내 원만하게 이뤄지지 않았다. 2011년 11월 22일 정의화 국회부의장이 '자유무역협정 비준안'을 직권상정했을 때 김선동 통합진보당 의원이 던진 최루탄으로 노란색 최루가스가 매캐한 가운데 한미 FTA 비준안이 가결됐다산업통상자원부 발표에 따르면 2012년 한미 FTA 체결 이후 10년간 대미 수출은 242억 달러가 늘었다. 그중 31%인 75억 달러가 자유무역협정의 효과인 것으로 나타났다. 한미 FTA 발효 후 대미 무역흑자도 큰 폭으로 증가했다. 2011년 107억 달러였던 대미 무역흑자는 FTA 발효 첫해인 2012년에는 152억 달러, 2013년에는 206억 달러로 크게 늘었다. FTA로 인해 피해가 우려됐던 쇠고기·의약품·자동차 분야 및 영화계 스크린쿼터 축소 등의 문제도 역시 보완대책 수립과 함께 해당 분야의 경쟁력 강화로 당초 예상됐던 부작용은 현저히 완화됐다. 일부에선 긍정적 변화도 나타났다. 2017년 미국 도널드 트럼프 대통령이 "한미 FTA는 한국에 일방적으로 유리한 내용이다. 미국의 일자리와 경제를 망쳤다"고 비판하며 재협상을 요구했을 정도다. 하지만 미국으로서도 한국에 대한 서비스 흑자가 2011년 54억 달러에서 2012년 65억 달러로 늘었다. 양국 모두가 윈윈하는 결과가 된 것이다.

원칙 있는 대북정책과 천안함·연평도 도발

이명박 정부의 대북정책은 김대중·노무현 정부 10년간 대북정책의 기조를 이뤘던 햇볕정책에 대한 비판과 반성에서 출발했다. 이 대통령은 햇볕정책이 북한의 개혁과 개방을 이끌기보다는, 북한의 핵개발과 미사일 발사에 필요한 자금과 시간만 벌어줬다는 인식이 대선 후보 때부터 확고했다. 역사적으로도 독재권력이 스스로 변화한 예는 찾아보기 어렵고, 북한의 개혁 개방을 유도하는 보다 적극적인 전략이 필요하다는 것이었다. 남북교류의 궁극적 목표는 북핵 폐기를 통한 한반도 평화정착이라는 점에서 남북교류는 북한의 핵 폐기와 병행돼야 한다는 생각이 강했다. 대북협력도 단순한 지원 위주의 기존 방식을 넘어 북한 경제가 스스로 자립할 수 있는 기반을 마련하는 방향으로 가야 한다는 것이었다.

이 같은 생각은 이 대통령이 17대 대선을 앞둔 2007년 2월 밝힌 '비핵개방 3000 구상'에도 잘 나타나 있다. 북한이 핵 포기 절차를 시작하고 개혁 개방을 추진한다면, 우리는 그에 걸맞게 북한과 실질적 경제협력을 통해 10년 내에 북한의 1인당 국민소득이 3천 달러에 이르도록 돕겠다는 내용이었다. 그동안 북미 대화를 중심으로 논의되던 북핵 및 안보문제에 대한 주도권을 우리가 확보하고, 대북 지원에 머물던 경제협력도 북한이 스스로 발전할 수 있도록 체질을 변화시키는, 한 단계 높은 수준으로 끌어올리자는 의도였다.(이명박, 2015)

'비핵개방 3000'과 남북정상회담 물밑교섭

이명박 대통령은 2008년 8월 15일 광복절 경축사에서 비핵개방 3000 구상의 골자를 담아 '상생 공영의 남북관계 비전'을 공식화했다. 9월 22일에도 민주평화통일자문회의 개회사를 통해 '상생과 공영을 위한 전면적 대화'를 거듭 제안했다. 그러나 북한은 〈노동신문〉을 통해 "6·15 통일시대에 대한 악랄한 도전"이라며 "북핵문제 해결을 전제로 해서는 결코 남북 경제협력을 하지 않겠다"는 입장을 분명히 했다. 지난 10년 동안의 햇볕정책에 익숙해진 북한으로서는 이명박 정부의 원칙적 혹은 강경한 대북정책을 수용하기가 어려웠을 것이다. 북한은 대결과 압박을 통해 이명박 정부의 대북 기조를 바꿔보려는 시도를 본격화했다.

북한은 이전 김대중·노무현 정부 시절 그러했듯이 이명박 정부를 상대로도 남북정상회담이라는 대형 이벤트를 통해 대규모 경제적 지원을 얻어내려는 시도를 계속했다. 정상회담의 첫 번째 물밑 타진은 2009년 8월 서거한 김대중 전 대통령의 조문단으로 서울에 왔다가 청와대에서 이명박 대통령과 접견한 김기남 북한 노동당비서 등을 통해서였다.

이 대통령의 회고에 따르면 김 비서는 "저희 장군님께서는 6·15 공동선언과 10·4 정상선언이 잘 실천되면 앞으로 북남 수뇌들이 만나는 것도 어렵지 않다고 말씀하셨습니다"며 남북정상회담 얘기를 꺼냈다. 전임 정부 시절 두 차례 있었던 남북정상회담이 모두 남한의 요청으로 이뤄진 것이었던 데 비춰볼 때 북한이 이처럼 남북정상회담 의사를 내비친 것은 이례적인 일이었다. 하지만 북한에 대한 일방적 경제지원을 뼈대로 한 6·15 선언, 10·4 선언의 이행을 전제조건으로 하는 남북정상회담을 되풀이하는 것은 이 대통령으로선 받아들이기 어려운 요구였다.

이 대통령은 남북 간에는 김일성 주석과 노태우 대통령 사이에 1991년 합의한 한반도 비핵화 공동선언도 있음을 상기시키며, 북한이 이 합의를 무시한 채 핵무기를 개발하면서 6·15 선언과 10·4 선언의 이행만을 주장하는 것은 온당치 않다고 지적했다. 이 대통령은 그러면서 그동안 북한이 '북핵문제는 북미 간의 문제이니 남한은 빠져라, 남한은 경제협력이나 하면 된다'고 주장해왔는데 자신은 그에 대해 달리 생각하고 있다는 점을 반드시 김정일 위원장에게 전해줄 것을 요구했다. 남북정상회담이 과거처럼 정작 중요한 북한의 핵개발 문제는 언급하지도 못하면서 대북지원 논의만 하는 것이라면 회담할 필요가 없다는 점을 분명히 한 것이다.

북한 조문단이 청와대를 다녀간 뒤 닷새 만인 2009년 8월 28일 김양건 북한 통일전선부장이 현인택 통일부 장관에게 알려온 메시지는 '남북정상회담을 원한다'는 내용이었다. 그러나 북한은 쌀과 비료 등 상당량의 경제지원을 전제조건으로 제시하고 있었다. 이 대통령은 그런 조건으로는 정상회담을 할 생각이 없다는 뜻을 알렸다.

같은 해 10월에는 김양건 통일전선부장이 남북정상회담 사전

접촉을 위해 싱가포르에서 우리 측 인사와 만나고 싶다는 의사를 통보해왔다. 이에 이 대통령은 북한 핵문제, 국군포로와 납북자 송환 등을 주요 의제에 포함시키되 남북정상회담을 위한 대가성 지원은 할 수 없다는 지침을 확정하고, 임태희 노동부 장관을 10월 17일 싱가포르로 보냈다. 김양건을 만나고 있던 임 장관이 전해온 중간협의 결과는 북한 핵문제는 '폐기'라는 말을 쓰지 않고 한반도 비핵화를 위한 '공동 노력' 차원에서 논의할 수 있다는 것과 국군포로는 한두 명을 '영구 귀환'이 아닌 '고향 방문'으로 할 수 있다는 것, 그리고 무엇보다도 정상회담의 분위기 조성을 위해 남한으로부터 쌀과 비료 등의 대규모 경제지원 약속이 필요하다는 것이었다.

결국 남북 간 협의는 중단됐다. 남북정상회담의 결과에 따라 북한에 대한 지원을 검토할 수 있는 것이지, 회담 성사의 전제조건으로 대규모 지원을 할 수는 없다는 점을 공식 라인을 통해 북한에 분명히 해둘 필요가 있다는 게 이 대통령의 생각이었다고 한다.

그런데 2009년 11월 7일 개성에서 열린 통일부와 북한 측 통일전선부 간 실무접촉에서 북한은 임태희 장관이 싱가포르에서 서명한 내용이라며 세 장짜리 합의서라는 것을 들고 나왔다. 북한이 제시한 문서에 의하면 정상회담을 하는 조건으로 우리 측이 옥수수 10만 톤, 쌀 40만 톤, 비료 30만 톤, 아스팔트 건설용 피치 1억 달러어치를 제공하고 북측의 국가개발은행 설립 자본금 100억 달러를 우리 정부가 제공하는 것으로 돼 있었다. 북측이 8월에 정상회담을 제안한 시점부터 줄곧 요구해온 조건과 동일했다.

이에 대해 이 대통령에게 불려간 임 장관이 보고한 자초지종은 대략 다음과 같다.

"합의서를 써준 적은 없습니다. 회담이 중단된 후 김양건이 그대로 가면 죽는다며 그동안 어떤 내용이 논의됐는지 확인만 해달라고 해서 확인해준 것은 있다. 북한 측이 정리한 두 장짜리 회담 내용을 갖고 오기에 잘못된 몇몇 부분은 두 줄로 지우고, 옆에다 새로 덧붙이기도 하고, '이건 맞다, 이건 아니다'는 식으로 수정해서 사인했습니다. 이러이러한 내용을 논의했다는 것이지, 합의문은 분명 아닙니다."

그럼에도 11월 14일 개성에서 열린 통일부 – 통일전선부 접촉에서도 북한은 싱가포르 접촉에서 자신들이 요구한 내용을 갖고 합의서라고 계속 주장하며 임 장관을 압박하고 우리 내부의 분열을 조장하며 자신들이 주장한 것을 관철시키려는 시도를 계속했다.

이명박 대통령은 11월 27일 TV토론 형식으로 진행된 '대통령과의 대화'에서 남북정상회담은 정상적 절차를 밟아 이루어져야 하며, 북한의 핵 포기에 도움이 되고, 인도적 차원에서 국군 포로와 납북자 문제를 풀 수 있다면 만날 수 있다는 점을 다시 한번 분명히 했다. 결국 남북 간에 정상회담을 위한 접촉은 현격한 입장 차이로 더 이상 진전 없이 중단된 것이다.

천안함 폭침과 연평도 도발

2010년 3월 26일 저녁, 천안함이 침몰 중이라는 보고를 받은 이명박 대통령은 긴급안보관계 장관회의를 소집해 신속한 구조와 조속한 원인 규명을 강조했다. 북한의 소행일 가능성이 높았지만 정확한 원인 규명이 돼야 국제사회와 공조를 통한 실효적 조치가 가능하기 때문이었다. 이 대통령 주재 외교안보 장관회의가 연속적으로 진행되던 어느 날 TV 화면의 뉴스 자막으로 "천안함 침몰이 북한의 소행이라고 단정할 근거가 없다"는 청와대 내부 관계자의 발언이 보도된 일도 있다. 이 대통령은 "지금 저게 도대체 무슨 소리야?"라고 어이없어 했다고 한다. 마치 북한이 이 사건과 무관하다는 인상을 줄 수 있는 부적절한 발언이었기 때문이다.(이동관, 2015)

사고원인 규명에 한국을 비롯한 미국, 영국, 호주, 스웨덴 5개국의 전문가 24명으로 구성된 국제합동조사단(이하 합조단)이 꾸려지게 된 것도 국민과 국제사회가 조사 결과를 납득하는 데 도움이 될 수 있으리라는 생각에서였다. 국제합동조사단은 4월 11일 진상조사에 들어갔지만 구체적이고 명확한 증거를 찾지 못하고, 보수와 진보 양 진영의 갈등도 고조됐다. 그러다가 5월 15일 쌍끌이 어선이 폭발 지역 인근 해역의 바다에서 다섯 개의 어뢰 잔해를 발견했다. 북한이 독자 개발해 이란과 중남미 등 해외로 수출 중인 CHT-02D 어뢰의 잔해였다. 어뢰 추진체 내부에서 '1번'이라 쓴 글자도 발견됐다. 우리 정부가 입수한 북한의 어뢰설계도와 일치

했다. 국제합동조사단은 과학적 검증을 통해 이 어뢰가 천안함을 침몰시킨 것으로 밝혀냈다. 북한 어뢰의 수중폭발로 인한 충격파와 버블 효과로 선체가 반파·침몰한 것으로 결론이 난 것이다. 그리고 5월 20일 국방부는 천안함 침몰이 북한 잠수함의 어뢰 공격에 의한 폭침이라는 합조단의 조사결과를 공식발표했다.

289쪽에 이르는 합조단의 천안함 조사 결과 보고서는 모든 변수를 열거한 후 하나씩 부정해 가는 방식을 취했다. 104명의 병력이 타고 있는 군함이 침몰하려면 ① 좌초, 충돌 또는 피로파괴疲勞破壞 등의 비 폭발적 원인, ② 탄약고, 연료탱크 등의 내부 폭발이 아니면 ③ 어뢰나 기뢰에 의한 수중 폭발이나 순항미사일, 탄도미사일, 급조 폭발물 등에 의한 수상 폭발일 수밖에 없다. 합조단은 파괴 흔적을 분석하여 비폭발 가능성을 배제했으며, 인양된 선체 내부를 조사하여 내부 폭발이 아니었음을 밝혔다. 합조단은 또한 위쪽으로 크게 변형된 선체 용골의 절단면을 분석하여 충격파에 의한 버블효과 흔적을 확인했다. 마지막으로 폭약 성분, 바다에서 건져 낸 북한식 어뢰의 추진 동력 장치, 생존자 증언까지 모두 취합하여 천안함이 "북한에서 제조한 감응 어뢰의 강력한 수중 폭발에 의해 선체가 절단되어 침몰했다"는 결론을 얻은 것이다.

그러나 국군과 4개 국가, 12개 민간연구기관의 73명의 전문가들이 참여한 합동조사단의 공식 결론에도 불구하고 북한의 소행임을 거듭 부인하며 의혹을 제기하는 '음모론'이 끊이지 않았다. 천안함 폭침 이후 친북·좌파 진영을 중심으로 좌초설, 피로파괴설, 미군 오폭설 같은 황당무계한 음모론이 판을 쳤다. 당시 여론조사에서 국민 30% 정도는 합조단의 발표를 불신하는 것으로 나타났다. 물증도, 논증도 없는 황당무계한 음모설에 빠져든 것이다. 당시 제1야당이었던 민주당은 이런 분위기에 편승해 북한 소행을 인정하지 않았다.

어느 유명한 인사는 "0.001%"도 못 믿겠다고 버텼고, 한 정치인은 군사 테러를 당한 국군과 정부를 향해 "참혹한 패전의 책임을 지고 사죄하라"고 목청을 높였다. 당시 국회의 북한 규탄 결의안 표결에서 민주당 의원 70명 가운데 69명이 반대표를 던졌다.

5년이 지나서야 문재인 당시 새정치민주연합 대표는 천안함 사건이 '폭침'과 '북한 잠수정의 타격'이라고 뒤늦게 슬그머니 인정했지만, 초점은 정부의 안보 실패를 규탄하는 데 맞췄다. 이들은 모두 군사 테러를 자행한 북한의 전체주의 정권에 대해선 규탄도, 항의도 하지 않았다. 집 안에 도적이 들었는데 도적은 놓아주고 가장을 매질하는 꼴이었다. 테러 집단을 감싸주며 테러당한 국군을 비난하는 데 여념이 없었다.

2021년 3월에는 문재인 대통령 직속 군사망사고 진상규명위원회가 천안함 피격 사건에 대해 재조사를 결정하자 유가족과 생존자들이 거세게 항의했다. 거센 반발에 직면한 규명위는 3일 만에 재조사 결정을 취하했다. 문재인 정부 당시 국방장관은 천안함 폭침을 "우발적 사고"라 했다. 천안함 폭침 주범인 김영철은 문재인 정부 때인 2018 동계올림픽에 초청돼 국빈 대접을 받았다. 북한은 2010년《천안함 침몰 사건의 진상》이란 선전 책자를 냈다. 이명박 정부와 한나라당이 천안함 사건을 정치에 활용하기 위해 북한 소행으로 조작했다는 것이다.

북한의 천안함 폭침에 대해 이명박 대통령은 응징조치도 생각했지만, 북한의 소행을 밝히는 증거를 찾는 데 50일이라는 시간이 지나간 뒤였다. 무력 보복 조치를 하기에는 많은 시간이 흐른 것이어서 어쩔 수 없이 무력 조치는 포기해야 했다. 대신 이명박 정부는 2010년 5월 24일 대국민 담화를 통해 '5대 남북교류 협력 중단 조치(5·24 조치)'를 발표했다. 5·24 조치에는 •남북교역 중단, •우리 국민의 방북 불허, •북한에 대한 신규투자 불허, •북한 선박의 우리 해역 운행 불허, •취약계층을 제외한 대북 지원 사업 보류 등의 내용이 포함돼 있었다. 도발에는 반드시 대가가 따른다는 점을 분명히 보여준 것이다.

북한은 5·24 조치에 대해 "제재에는 전면 전쟁을 포함한 강경 조치로 대응하겠다"며 반발했다. 남북관계 폐쇄, 남북 불가침 합의 파기, 남북 협력사업 전면 철폐 등으로 위협 수위를 높이더니 6월 12일에는 '서울 불바다' 발언을 하기도 했다. 이후 진보좌파 진영에서는 남북화해를 위해 5·24 조치를 폐지해야 한다는 주장을 끊임없이 제기했다. 하지만 북한이 도발을 일으켜 남북관계를 경색시킨 후, 대화공세로 국면을 전환시켜 남한과 국제사회로부터 지원을 얻어내고는 다시 도발을 일삼는 악순환의 고리를 끊어야 했다. 남북 간의 신뢰구축은 "잘못된 행위에 대해서는 응당한 대가가 따른다"는 원칙하에 북한과 대화를 하는 과정에서 이뤄질 수 있는 것이다. 그런 관점에서 천안함 폭침에 대한 북한의 사과와 책임 있는 조치가 선행되지 않는 한 5·24 조치는 폐지돼서는 안 된다는 게 이 대통령의 생각이었다.(이명박, 2015)

2010년 11월 23일 북한은 연평도의 우리 해병대 기지와 민간인 마을에 해안포와 곡사포로 추정되는 포탄을 발사했다. 6·25 이후 그때까지 남한의 본토가 공격받은 것은 처음이었다. 이날 청와대 상황실에서 긴급 소집된 안보관계 장관회의를 주재하던 이명박 대통령은 TV를 통해 '확전 자제'가 대통령 초기 메시지로 나가는 것을 목도하고 목소리를 높였다.

우리 영토가 침공 당했는데, 민간인이 포격당하고 있는 상황인데 확전을 걱정하는 듯한 대통령의 메시지가 나가서는 안 된다는 생각이었다. 자초지종을 파악해 보니 언론의 브리핑 요구가 빗발치는 상황에서 회의에 참석한 한 인사의 사견이 잘못 전달돼 언론에 나간 것이었다. 청와대 출입기자들로부터 입장을 밝혀 달라는 재촉에 시달리던 홍보라인에서 벙커회의가 공식적으로 시작되기도 전에 한 참석자에게 조언을 구했고, 그 참석자가 '확전 자제'라는 말을 한 것이 마치 청와대의 공식 입장인 것처럼 잘못 전달됐다는 것이다.

군에서는 '확전 자제'라는 말을 '전면전으로 확대되지 않도록 상황을 관리하라'는 뜻으로 쓰고 있던 터였다. 그렇다 해도 영토가 공격받는 상황에서 국군통수권자인 대통령의 첫 메시지로 '확전 자제'가 나간 것은 적절치 못했던 게 사실이다. 당시 언론에서도 이 문제를 집중적으로 비판했다.

또한 북한이 200발을 쏘았는데 우리는 80발만 쐈다는 것도 논란을 야기했다. 군은 당시 200발은 추정 수치이고 실제 육지에 떨어진 것은 70 내지 80발 정도로 추정되므로 교전수칙에 따라 80발을 쏜 것이라고 설명했다. 전후 반세기가 지나는 동안 본연의 전투태세가 느슨해진 것을 보여주는 사례라고 하지 않을 수 없었다. 또 연평도 상공까지 출격했던 F15 전폭기 두 대를 활용해 공격을 가하라는 이 대통령의 지시에 대해서도 군 관계자들은 "미군과 협의할 사안"이라며 행동에 나서는 것을 주저했다. 더욱이 출격한 F15 전폭기 두 대에는 공대지미사일이 장착조차 돼 있지 않았다는 것이다. 이 대통령은 이후 우리 영토와 국민에 대한 공격에는 교전수칙을 뛰어넘는 응징을 할 것과, 교전수칙 개정방안을 마련할 것을 지시하고 김태영 국방부장관을 교체했다. '선조치 후보고', '도발원점과 지원 지휘세력 타격' 등의 강한 지침이 내려졌지만 만시지탄이었다. 도발이 있을 경우 자위권 차원에서 단호히 대응하겠다는 다짐이 결국 공염불이 됐기 때문이다.

북한의 천안함 폭침과 연평도 포격 도발과 관련해 국내 일각에서는 이명박 정부의 대북강경책 때문이라는 비판을 하기도 했다. 하지만 햇볕정책으로 막대한 지원을 했던 김대중 정부 때도 북한은 1999년, 2002년 두 차례 서해교전을 일으켜 12명의 우리 해군이 전사했다. 대북포용정책을 폈던 노무현 정부 때도 북한은 1차 핵실험과 장거리미사일 발사를 감행하며 우리 국민을 공포에 빠뜨렸다.

설사 이명박 정부가 북한을 이전 두 정부 때처럼 적극 지원했다 해도 북한의 도발이 없었으리라는 장담은 하기 어려운 일이다. 북한 정권은 권력기반이 약화될 때마다 대남도발을 일으켜 한반도 긴장을 고조시키고 내부 결속력을 강화하는 시도를 반복했기 때문이다. 따라서 북한의 천안함, 연평도 도발을 이명박 정부의 원칙적 대북정책 탓으로 돌리는 것은 번지수가 잘못된, 국내정치적 목적의 비판이라고 본다.

나아가 이명박 정부가 정상회담을 무리하게 추진해 이벤트로 활용하고 정치적 이익을 취하고자 하는 유혹을 물리치고 무력도발에 화해를 구실로 물적 지원을 하지 않는 원칙을 지킨 것도 의미가 있다고 생각한다. 이명박 정부에서 청와대 대변인과 홍보수석을 지낸 이동관 전 방송통신위원장은 "만약 이 대통령이 남북정상회담에 대한 유혹을 뿌리치지 못하고 북한의 조건을 받아들였다면 '세 번째 남북정상회담 개최'라는 업적은 세웠겠지만 우리 정부는 북한에 줄곧 끌려 다녔을 것"이라고 말했다.

북한 내부적으로도 북의 도발에 대한 우리의 경제제재로 북한의 배급제가 붕괴되고 주민들 사이에서 장마당이 활성화되고 나름대로 시장경제의 싹이 트기 시작하게 됐다는 평가도 있다. 한국과 중국의 실용품들이 활발하게 거래되고, 북한 사회에 한국의 가요, 드라마, 의상 등이 크게 유행하게 된 것도 원칙 있는 대북정책이 낳은 북한 사회 변화의 한 측면이 아닐까 싶다.

글로벌 금융위기 극복

2008년 세계경제는 뉴욕에서 터진 글로벌 금융위기로 순식간에 얼어붙었다. 그해 9월 15일 미국 4위 투자은행 리먼브라더스가 파산보호 신청을 발표했으나, 미국 정부는 투자은행을 구제하는 데 공적자금을 투입할 수 없다고 밝혔다. 이때부터 보름간 미국 증시와 세계 증시가 동반 폭락하면서 세계 금융위기가 시작됐다. 많은 나라들이 국가부도 위기에 직면했다. 대외의존도가 특히 높은 한국도 큰 타격이 예상됐다. 주가는 곤두박질치고 환율은 치솟았다. 해외 언론들은 "한국이 검은 9월로 향하고 있다"는 등 한국의 외환위기 가능성을 보도하고 있었다. 이명박 대통령은 러시아 공식방문을 마치고 돌아오던 10월 1일, 공항에 도착하자마자 청와대 서별관(청와대 서쪽 끝의 회의용 건물)에서 열리고 있던 거시경제정책협의회 회의장으로 달려갔다.

2008년 5~6월 광우병 파문이 진정되면서 여름부터 인터넷에는 '9월 위기설'이 유포되었다. 2008년 9월 14일까지 만기가 돌아오는 채권이 67억 달러인데, 외국인들이 이 채권을 모두 처분하면 한국이 외환위기를 겪게 될 것이라는 주장이었다. '미네르바'라는 네티즌이 중심이 되어 야당과 일부 언론, 일부 학자들도 이 주장에 동조했다. 당시 외환보유고가 2,400억 달러에 이르는 상황에서 67억 달러의 단기 채권으로 외환위기를 맞게 될 것이라는 9월 위기설은 터무니없는 주장이었다. 그럼에도 광우병 사태를 주도했던 세력 가운데 일부가 9월 위기설을 퍼뜨리며 인터넷을 통해 정부를 공격했다.

해외 언론들도 국내 정치권과 일부 학계의 주장을 근거로 한국 위기설을 보도하고 나섰다. 〈파이낸셜타임스〉는 2008년 10월 14일 '침몰하는 한국 경제 A sinking feeling in South Korea'라는 제목의 기사에서 한국경제연구소 등 국내 민간단체의 주장을 인용해 한국 위기설을 보도했다. 이 신문은 10월 17일에는 "한국이 아시아 국가 중 세계 금융위기의 첫 번째 희생자가 될 것"이라는 기사를 내보냈다.

국제 금융시장에 한국 경제위기설이 퍼지면서 국내 은행들은 외환수급에 어려움을 겪게 됐고, 채권 만기 연장도 어려워졌다. 외국인 투자자들도 국내 주식과 채권을 대거 팔아치웠다. 2008년 4분기에만 650억 달러에 이르는 외국자금이 해외로 빠져나갔다. 환율은 1달러에 1,500원 선을 돌파하고 코스피 지수는 연초 2,000선을 넘나들던 상황에서 900대로 폭락했다.

외환위기설 잠재운 한미 통화스와프

당장 국제 금융시장에서 외환 수급의 숨통을 트는 일이 시급했다. 이를 위해선 한국경제에 대한 국제사회의 신뢰를 회복하는 일이 중요했다. 이명박 대통령은 '한국경제 바로 알리기 지원단'을 해외에 파견해 홍보활동을 벌이도록 했다. 단장에는 이창용 금융위원회 부위원장을 임명했다. 이창용 단장은 하버드대학 경제학 박사 출신으로 당시 백악관의 대통령 자문 국가경제위원회 위원장 물망에 오르던 로런스 서머스 전 하버드대학 총장의 애제자였다.

정부는 '한국경제 바로 알리기 지원단'의 파견과 함께 통화스와프 체결을 적극 추진했다. 통화스와프는 약정된 환율에 따라 자국의 통화를 맡겨놓고 상대국의 통화를 빌려오는 외환거래를 말한다. 통화스와프가 체결되면 약정한 금액만큼 외환을 추가로 보유하는 효과를 갖게 된다. 특히 미국과 통화스와프를 체결한다면 외환 확보 효과 외에도 우리 경제에 대한 국제사회의 우려를 불식시키고 외환 수급에도 숨통이 트이는 효과도 얻을 수 있다.

정부는 9월 24일 미국이 세계 금융위기를 극복하고자 호주, 덴마크, 노르웨이, 스웨덴 등 4개국과 통화스와프를 체결했다는 소식을 접하고는 막후에서 한미 통화스와프 체결을 추진했다.(이명박, 2015)

기획재정부는 미 재무부를 통해, 한국은행은 미 연방준비제도Fed를 통해 각각 설득에 나섰다. 미국 측은 초기에 부정적 반응을 보였다고 한다. 미 재무부는 미국이 유럽연합EU이나 일본, 영국, 스위스, 캐나다 등 신용등급 AAA 수준의 선진국만을 대상으로 통화스와프를 체결하고 있다고 밝혔다. 당시 한국의 국가신용등급(A)은 통화스와프 체결의 전제조건을 충족하지 못한다는 얘기였다.

미국은 통화스와프를 거절하면서 한국이 보유한 미 국채, 즉 미 재무부 채권Treasury Bond을 담보로 돈을 빌려주는 대안을 제시했다. 하지만 정부는 이 제안을 단호히 거절했다. 미국의 제안을 받아들인다면 국제 금융시장에 한국이 미국의 국제금융을 받는다는 이미지를 줄 수 있고, 자칫 한국이 국제 환투기 세력의 먹잇감으로 전락할 우려가 있기 때문이었다.

통화스와프 교섭차 2008년 10월 15일 미국을 방문했던 강만수 기획재정부 장관은 미국 측에 "우리가 보유한 미 국채를 내다 팔 경우 한국은 통화스와프 없이도 위기관리가 가능하다. 이 경우 미국의 통화정책에 부정적 영향을 미칠 것"이라고 설명했다. 또한 "미국이 호주와는 통화스와프를 체결하면서, 경제 규모가 더 크고 IMF 지분이 많은 한국을 배제하는 것은 옳지 않다"는 입장도 전했다. 미국은 10월 29일 한국과 300억 달러의 한미 통화스와프 체결을 공식 발표했다. 이로써 한국 경제에 대한 국제 금융시장의 불신이 크게 해소됐고, 한국은 외환위기의 문턱에서 한숨을 돌릴 수 있게 됐다.

한미 통화스와프 체결이 난항을 겪을 무렵 이명박 대통령은 외환위기를 막을 수단 중 하나로 한중일 재무장관회의를 중국과 일본 측에 제안하도록 강만수 기재부 장관에게 지시했다. 이 대통령은 여기에 그치지 않고 한중일 3국 정상회의를 개최하는 게 좋겠다는 견해를 한나라당 박희태 대표와의 청와대 회동에서 밝혔다.

박 대표는 이를 언론에 발표했다. 상대방이 있는 외교 사안을 이명박 대통령이 즉흥적으로 제안하는 외교적 결례를 범했다는 비난이 쏟아졌지만, 그해 10월 24일 베이징에서 열린 아시아유럽정상회의ASEM를 계기로 한중일 3국은 그해 12월 정상회의를 개최하기로 합의했다. 이와 함께 한일 간, 한중 간에도 각각 300억 달러 규모의 통화스와프가 체결되었다.

앞당긴 신년 업무보고와 비상경제대책회의

통화스와프를 통해 외환위기는 간신히 막았지만, 침체하는 내수를 살리기 위한 방안 마련이 시급하게 요구됐다. 이에 따라 해를 넘겨서 하던 정부 부처의 대통령 신년 업무보고는 전년 12월로 앞당겨졌다. 예산 조기집행을 위해서였다. 이 대통령은 2008년 11월 28일 청와대 확대비서관회의에서 이렇게 말했다.

> 정부는 국회에 법정시한 내에 (2009년) 예산안을 통과시켜 달라고 요구하고 있습니다. 그런데 국회에서 예산을 통과시키면 뭣 합니까? 기존에 하는 식으로 절차를 밟으면 내년 3월에나 예산이 배정되기 시작해 집행은 5월부터 됩니다. 그럼 곧 장마철이 오고, 여름 휴가철 지나면 금방 11월, 12월이 됩니다. 그때 가서 허겁지겁 남은 예산 쓰느라 멀쩡한 도로를 포장하는 일이 반복되고 있습니다.

예산이 통과되면 각 부처가 연간 업무계획을 대통령에게 보고하는데, 이 연간 업무계획 보고는 3~4월경 마무리되는 관행이 큰 문제라고 지적한 것이다.

예산집행을 관행대로 한다면, 예산안이 12월 2일 통과되나 12월 30일에 통과되나 무슨 차이가 있습니까? 이 어려운 때에 어떻게 하면 예산을 하루라도 신속하게 집행할지를 여러분이 고민해야 합니다.

1월 1일부터 곧바로 예산을 집행할 수 있도록 모든 정부부처의 연간 업무계획 보고를 12월 말까지 끝내라는 것이 이 대통령의 지시였다. 신년 업무보고가 앞당겨지면서 경기부양을 위한 예산집행은 급물살을 탔다. 2009년 상반기까지 예산의 64.8%(167조 1,000억 원)가 집행됐다. 예산집행의 기준도 바뀌었다. 종전에는 중앙부처에서 지방자치단체나 국고보조금·출연금을 받는 공기업 또는 산하단체로 자금이 이전되면 예산이 집행된 것으로 집계했으나, 이제는 일선 학교, 건설업체, 납품업체 등의 계좌에 입금돼야 비로소 예산을 집행한 것으로 기준을 변경한 것이다. 이 조치로 지방자치단체와 공기업 등은 예산 조기집행을 더욱 서두를 수밖에 없었다. 예산 조기집행은 침체된 경제의 숨통을 다소나마 트게 하는 계기가 됐다.(이명박, 2015)

당시 강만수 기획재정부 장관이 만든 위기대응 원칙은 '선제적 preemptive, 결정적 decisive, 충분한 sufficient'이었다. 훗날 IMF와 OECD는 한국의 적극적 재정통화 정책이 주효했다고 평가했다. 감세와 지출 확대, 금리 인하는 다른 나라도 했지만, 한국이 달랐던 것은 보다 빠르고 더 과감했다는 것이다.

강 장관은 당시 조세제도를 담당하는 세제실에 파격적 연구개발

R&D 지원 방안을 지시했다. 매출액 3%의 연구개발 준비금을 비용으로 산입하고, 연구시설 투자액의 10%를 세액공제하고, 연구비 지출액의 25%(대기업 6%) 또는 4년간 평균연구비지출 초과액의 50%(대기업 40%)를 세액공제해 주는 내용이었다. R&D의 준비-투자-연구, 3단계에서 법인세를 깎아주는 '3중 지원'이었다. 세제실장이 "전례가 없는 일"이라고 난색을 보이자 강 장관은 "전례가 없기 때문에 해야 한다"고 밀어붙였다. 다른 나라가 하지 않을 때 해야 효과를 본다는 논리였다. 세액공제를 받는 R&D 범위에 디자인, 인력개발이 포함된 것도 이때였다.

2008년 한국의 국내총생산GDP 대비 R&D 투자 비중은 3%로 일본(3.3%)보다 낮았다. 그러나 2010년 일본을 넘어섰고, 2012년(3.9%)엔 세계 선두권으로 올라섰다. 삼성전자, 현대자동차 등 대기업의 R&D 투자가 확 늘어난 것도 이 시기부터였다. '3중 지원' 덕을 톡톡히 본 셈이다.

2009년 1월 2일 이명박 대통령은 신년국정연설에서 '비상경제정부' 구축을 천명했다.

"비상경제정부를 구축해 경제위기 극복에 매진하겠습니다."

이 같은 방침에 따라 1월 6일 청와대 지하벙커에 비상경제상황실을 마련했다. 이후 1월 23일까지 정부부처와 공공기관, 지방자치단체에 30개의 비상경제상황실이 설치됐다. 언론에서는 비상경제회의를 '지하벙커회의'로 부르기도 했다. 지하벙커는 전시, 준전시에 사용하는 '워룸war room'을 일컫는 말이다. 지하벙커 회의는 세계

금융위기 당시 비상경제상황실(청와대 지하벙커)에서 이명박 대통령(2009. 1. 8.)

금융위기가 전시와 같은 긴박한 상황이라는 위기의식을 반영한 말이었다.

2009년 1월 8일 청와대 지하벙커에서 열린 제1차 비상경제대책회의에서 이명박 대통령은 두 가지를 참석자들에게 강조했다.

첫째는 부처 간 긴밀한 협력과 유기적 관계구축이다. 이 대통령은 15대 국회의원 당시 재정경제원과 한국은행 사이에 싸움이 벌어져 국회에서 양쪽 직원이 자신들의 입장을 담은 전단지를 나눠주는 것을 보았던 사례를 지적했다. 이에 따라 비상경제대책회의는 정책이 올라오면 한밤중이든 새벽이든 관계부처 장관들이 만나 대통령이 있는 자리에서 즉석에서 결정하는 방식으로 운영됐다. 사상 유례가 없는 대규모 재정정책 등이 어떤 나라보다도 효율적으로, 발 빠르게 실행될 수 있었던 데는 비상경제대책회의의 역할이 컸다.

이 대통령이 후일 정치적 부담을 무릅쓰고 세종시 수정안을 내놓게 된 계기도 부처가 서울과 세종시로 나눠진다면 이 같은 비상시국을 어떻게 헤쳐 나갈 것인지 걱정이 되었기 때문이라고 회고했다.

둘째는 비상경제대책회의가 현장을 중심으로 운영되어야 한다는 것이었다. "통계 숫자만 놓고 보면 매우 긍정적일지라도 현장에 가 보면 실상은 다를 때가 많습니다. 필요하면 언제든 달려가 현장에서 일어나는 일을 파악하여 올바른 판단을 내릴 수 있는 회의가 되길 부탁드립니다."

비상경제대책회의는 위기가 진정되면서 국민경제대책회의로 전환돼 운영되던 것까지 합해 2012년 12월 말까지 총 145차례 개최됐다. 이 중 현장에서 개최한 횟수가 43%인 62회나 됐다.

1년 만의 경제회복과 균형재정 선언

글로벌 금융위기를 맞아 세계 각국이 저마다 천문학적 부양책을 동원했으나 성과는 참담했다. 경제협력개발기구OECD가 2010년 3월 발표한 바에 따르면 2009년 선진 7개국G7은 모두 마이너스 성장으로 후퇴했다. 미국 -2.4%, 영국 -5.0%, 독일과 일본 각각 -5.0%. 프랑스 -2.2%, 캐나다 -2.6% 등 빨간색 일색이었다. OECD 평균이 -3.4%였다. 그해 한국은 0.2%의 플러스 성장을 이뤘다. 이듬해인 2010년엔 6.1% 성장으로 세계를 놀라게 했다. 그해 OECD 평균 성장률은 2.8%였다. 한국의 경제성장률은 튀르키예(8.2%)를 제외하고 OECD 국가 중 가장 높았다.

　세계 각국의 국민들이 세계 금융위기로 고통을 받는 상황에서도 우리는 별 탈 없이 경제위기를 넘길 수 있었다. 1997년 외환위기 당시엔 250만 명에 가까운 사람들이 일자리를 잃었고, 2만 개가 넘는 회사가 도산했다. 경제적 곤궁으로 스스로 목숨을 끊는 이들도 생겼고, 수많은 가정이 파탄을 맞았다. 2008년 닥친 글로벌 금융위기가 우리의 외환위기로 이어졌다면 그동안 커진 경제규모로 볼 때 피해는 훨씬 더 커졌을 것이다. 다행히 한국은 1년 만에 글로벌 금융위기를 조기에 성공적으로 수습함에 따라 국민들은 1997년 외환위기와 같은 고통을 겪지 않고 경제생활을 영위할 수 있었다.

　일각에서는 이 무렵의 경제성장률을, 세계경제가 호황이던 무렵의 전임 정부와 단순 비교하며 성과를 폄훼하는 시각도 없지 않다. 하지만 경제성장률을 평가할 때는 글로벌 경제환경 속에서 다른 나라들과의 상대적 비교치를 따져보는 것이 보다 객관적이고 균형 잡힌 접근법이라 할 것이다. 이 점에서 적어도 글로벌 금융위기의 조기 극복이라는 대목은 이명박 대통령과 이명박 정부의 뚜렷한 공적 가운데 하나로 평가하는 데 인색할 필요가 없다고 본다.

　2008년 10월 14일 "침몰하는 한국경제"라는 부정적 기사를 내보냈던 영국 〈파이낸셜타임스〉도 1년 반이 지난 2010년 4월 28일 "한국이 위기를 통제하는 데 만점을 받았다. 한국은 교과서적인 경기 회복을 달성했다"고 썼다. 〈블룸버그 통신〉도 2008년 "한국이 아시아에서 인도 다음으로 부도위기가 높다"고 썼지만, 2010년

11월 8일에는 "경기회복에 어려움을 겪고 있는 미국과 유럽이 일본처럼 잃어버린 10년을 겪지 않으려면 한국의 위기 대응 사례를 본받아야 한다"고 논평했다. 스위스 경제지 〈라게피〉는 "한국 경제가 빠르게 회복될 수 있었던 데는 한국 정부의 발 빠른 대처가 있었기 때문이다"라고 분석했다.

실제 대부분의 나라가 금융위기에 휘청거렸지만 한국은 처음부터 대응이 달랐다. 이명박 대통령은 오랜 기업 생활에서 얻은 경험을 바탕으로 "위기는 기회다"라고 강조하며 정부의 목표의식을 분명히 하고 신속하고 선제적인 대응을 이끌었다. 이 전 대통령은 이와 관련해 2024년 3월 한 강연에서 "2008년 글로벌 금융위기 직후 한국만 플러스 성장률을 기록하자 정상외교 무대에서 각국 정상들이 서로 자신의 옆에 다가오려 했다"며 "혼밥·혼식할 기회가 없었다"고 회고했다.

글로벌 금융위기를 겪은 주요국들은 2010년 들어 회복세를 보이기 시작했다. 그렇다고 위기가 끝난 것은 아니었다. 2010년 4월 그리스가 재정위기로 EU와 IMF에 구제금융을 신청하면서 이번에는 유럽발發 재정위기가 불거진 것이다. 유럽 재정위기가 발발하자 포르투갈, 아일랜드도 경제가 악화되며 잇달아 구제금융을 신청했다. 유로존 17개 국가의 신용등급이 모두 떨어졌고, 국제신용평가회사인 S&P가 미국의 국가신용등급을 강등하면서 충격은 더 커졌다.

대외의존도가 높은 우리 경제도 수출이 줄기 시작했고, 국제 금융시장이 경색되면서 외국인 자본 비중이 높은 우리 금융시장도 타격을 받았다. 일각에서는 또다시 한국의 외환위기설이 고개를 들었다. 당시 정부의 외환보유고는 이미 3천억 달러를 넘어섰지만, 심리적 불안요인을 없애기 위해 이명박 정부는 통화스와프 확대를 통해 문제를 해결하기로 했다.

2008년 10월 체결한 한미 통화스와프는 2010년 2월 1일 종료된 상태였고, 한일 통화스와프도 차례로 만기가 돌아와 130억 달러만 남아 있는 상태였다. 한중 통화스와프는 다소 여유가 있어 잔고가 280억 달러였다. 이명박 대통령은 우선 2011년 10월 19일 노다 요시히코 일본 총리와 정상회담을 갖고 한일 통화스와프를 130억 달러에서 700억 달러로 크게 확대하기로 발표했다.

10월 26일 방한한 리커창 중국 부총리를 접견한 자리에선 중국과 통화스와프 규모도 3,600억 위안(약 560억 달러)으로 2배 늘리기로 발표했다. 미국과는 2011년 10월 13일 미국을 국빈 방문했을 때 오바마 대통령과 필요할 경우 양국 금융당국 간 구체적 협력방안을 모색하기로 함으로써 언제든 한미 통화스와프를 다시 체결할 수 있다는 원칙에 합의했다.

큰 폭의 등락을 거듭하던 환율과 주가는 중국, 일본과의 통화스와프 확대로 급속히 안정세를 되찾았다. 2011년 10월 말에는 외환시장과 금융시장이 유럽 재정위기 이전 수준으로 회복되었다.

2012년 8월 27일 무디스는 한국의 신용등급을 A1에서 AA3로 한 단계 상향조정했다. 선진국 수준의 신용등급이었다. 미국을 비롯해 일본, 프랑스 등 선진국의 신용등급이나 등급전망이 줄줄이

하락하는 상황이었다. 무디스는 한국이 재정건전성을 크게 훼손하지 않으면서도 세계 금융위기를 가장 빠르고 효율적으로 극복했다는 사실을 긍정적으로 평가했다. 이명박 정부 청와대에서 홍보수석비서관을 지낸 이동관 전 방송통신위원장은 "국민들은 금융위기가 비켜가는 바람에 이 위기가 얼마나 심각했던 것인지 체감하지 못했고, 따라서 집단기억 속에 각인되지 못한 채 예상보다 빠르게 잊혀진 것 같다"고 말했다.

전 세계에 불어 닥친 금융위기를 이 대통령과 정부가 기민한 대응과 리더십으로 예상보다 쉽게 극복해버리는 바람에 오히려 그런 성공이 제대로 된 평가로 이어지지 못하는 측면이 크다는 것이다. 글로벌 금융위기 당시 이 대통령이 선제적으로 과감하게 대응하는 국정리더십을 발휘하지 못했더라면 금융위기는 외환위기보다 더 혹심하게 우리 경제에 고통을 몰고 왔을지도 모른다.

원전 수출국 등극과 자원외교

2009년 12월 27일 오후 7시 한국전력 본사 지하 2층 벙커. 아랍에미리트UAE로부터 400억 달러 규모의 바라카 원자력발전소 건설 사업을 수주했다는 낭보가 타전되자 "우리가 해냈다"는 환호성이 터져 나왔다. 국내외 11개사 원자력 전문가 80여 명은 서로 얼싸안고 감격의 눈물을 흘렸다. 1978년 미국 기술로 고리 1호기 원전을 처음 가동한 한국이 31년 만에 미국과 일본, 프랑스 등 원전 강국들을 제치고 대규모 공사를 따냈으니 그럴 만도 했다. 수주전은 이명박 대통령이 직접 진두지휘한 치밀한 전략의 산물이었다.

원전 수주 당시 이명박 대통령은 사업을 주도하고 있던 셰이크 모하메드 빈 자이드 알 나흐얀 당시 왕세제(2022년 대통령 취임)와 수차례 통화하며 프랑스로 완전히 기울었던 판세를 우리 쪽으로 돌렸다. 이 대통령은 UAE와의 자원외교 이외에도 임기 중 에너지·자원 자주개발률을 높이기 위해 많은 노력을 기울였다.

원전 수출국 등극

2009년 11월초, 모하메드 왕세제와 이명박 대통령 간의 통화가 여러 차례 미루어지자 외교 관련 참모들은 일제히 말렸다. UAE는 '원전을 프랑스에 주기로 했다'는 입장을 이미 공식적으로 우리 쪽에 통보해온 마당인데 군이 통화할 필요가 있겠느냐는 것이었다. 모하메드 왕세제는 약속을 잡고도 몇 차례나 일방적으로 통화를 연기하는 등 외교 관례상 이해하기 힘든 태도를 보이고 있었다.(이명박, 2015)

UAE의 원전 수주국 최종 결정이 임박한 시기였다. UAE는 포스트 오일 시대와 지구온난화에 대처하고, 또 군사안보적 상징성을 확보하기 위해 원전건설을 결정했다. UAE의 원전건설이 발표되자 세계 유수의 원전공급사들이 수주를 위해 치열한 경쟁을 벌였다. 한국도 경쟁에 뛰어들었다. 이를 위해 한국전력을 중심으로 한국수력원자력, 한국전력기술, 한전원자력연료, 두산중공업, 현대건설, 삼성물산이 참여한 '한국전력 컨소시엄'이 구성됐다.

당시 세계에서 원전수출 경험이 있는 나라는 미국·일본·프랑스·캐나다·러시아 5개국뿐이었다. 그러나 러시아는 1986년 체르노빌 원전 사고를 겪으며 원전사업 자체가 위축됐다. 캐나다도 중수로 위주의 원전기술을 보유했으나 중수로가 더 이상 쓰이지 않자 실적이 없는 상황이었다. 따라서 세계 원전시장은 미국, 프랑스, 일본이 3분하고 있었다. 한국이 UAE 원전을 수주한다면 미국, 프랑스, 일본과 함께 세계 4대 원전 수출국 중 하나로 부상할 수 있었다.

수주액도 400억 달러에 이르고 원전건설 후 60년의 원전수명 기간 동안 유지관리를 위해 약 200억 달러의 추가 수주가 예상됐다. 60년간 양질의 일자리가 확보될 수 있었다. 그때까지 한국의 가장 큰 해외프로젝트였던 리비아 대수로의 공사 규모는 53억 달러였다.

원전 수출 실적이 전무한 한국이 수주할 가능성은 거의 없었다. 한국의 원자력 기술이 발전하기는 했지만 세계적 수준에는 이르지 못했다는 평가가 지배적이었다. 그럼에도 실무자들의 적극 노력 끝에 2009년 9월 4일, 한국전력 컨소시엄이 프랑스 원자력 그룹 아레바, 미국과 일본의 연합인 GE·히타치와 함께 우선협상대상자로 선정됐다. 2009년 하반기 들어 UAE는 프랑스와 원전 계약 단계에 접어들었다. 사르코지 프랑스 대통령이 수차례 UAE를 방문했다. 프랑스 언론들은 UAE 원전을 프랑스가 사실상 수주했다고 보도하고 있었다. UAE는 유명환 외교통상부 장관을 불러 이 사실을 통보했다. 그런 상황에서 모하메드가 약속된 통화를 계속 미루자 참모들이 이 대통령을 만류한 것이다.

하지만 이 대통령은 중동 왕족들이 때로는 막강한 영향력을 갖고 있다는 점을 알고 있었다. 이번에 관계를 잘 맺어 두면 설령 원전 수주에 실패하더라도 향후 UAE의 다른 프로젝트를 하는 데 도움이 될 것이라는 생각도 있었다. 며칠 동안 여러 차례 통화가 미뤄진 끝에 모하메드와 전화가 연결됐다. 이 대통령은 통화에서 한국이 가장 경제적이고 안전한 원전을 만들 자신이 있다는 것과 사절단을 파견하여 양국 간 협력에 대해 설명할 기회를 갖고 싶다는 것, 양국이 신뢰를 갖고 형제 국가와 같은 관계를 맺으면 좋겠다는 것, 그리고 기회가 되면 직접 만나 설명하고 싶다는 생각을 밝혔다.

이 대통령은 특히 한국은 남북이 분단돼 있어 매우 강한 방위력을 갖고 있으며 UAE와 좋은 안보협력관계를 맺을 수 있을 것이라는 점을 강조했다. 당시 UAE는 무엇보다 안보협력에 대한 관심이 컸다. 프랑스의 사르코지 대통령도 UAE 측에 방위산업과 군사협력에 대한 파격적 제안을 했다. 하지만 프랑스는 UAE와 긴장상태에 있는 이란과도 관계를 맺고 있어 UAE 측이 다소 망설일 수 있다는 정보가 입수된 상황이었다.

모하메드는 24~36시간 안에 답변을 주겠다고 한 뒤 닷새 뒤에 전화를 걸어왔다. 한국이 교육, 기술, 군사 등 여러 분야 전문가들을 보내 달라는 것과 이 대통령은 논의가 진전된 뒤 UAE를 방문하는 게 좋겠다는 요지였다. 2009년 11월 18일 외교 경험이 풍부한 한승수 전 국무총리를 단장으로 관계부처 장관이 참여한 40명의 대표단이 UAE에 파견돼 모하메드를 설득하고 돌아왔다. 이후 양국 간에 많은 실무적 협의가 이뤄졌다. 2009년 12월 10일 모하메드와 다시 전화가 연결됐다. 이 대통령에게 직접 이야기를 듣고 결정하고 싶다는 얘기였다. 이에 따라 이 대통령은 12월 26일 아부다비공항에 도착해 모하메드 왕세제로부터 직접 영접을 받았다. 두 사람은 오랫동안 만나온 것처럼 친밀한 대화를 나눴다. 공항 귀빈실에서 이 대통령은 이렇게 말했다고 한다.

산유국이 원자력발전소를 비롯해 저탄소 에너지를 준비하고 있고, 저탄소 도시를 건설하는 왕세제의 미래지향적 노력에 경의를 표합니다. 우리 한국이 동아시아의 허브 역할을 하는 것처럼 UAE가 중동의 허브

가 될 수 있다고 믿습니다. 양국 관계에 100년의 우정이 지속될 수 있
다고 생각합니다.

2009년 12월 27일 아부다비 에미리트 팰리스 호텔에서 열린
한·UAE정상회담에서 칼리파 빈 자이드 알 나흐얀 당시 UAE 대통
령은 "우리 정부는 깊은 숙고 끝에 한국과 함께 이 프로젝트를 수
행하기로 결정했다"고 선언했다. 이로써 한국은 미국, 일본, 프랑
스와 함께 세계 4대 원전 수출국이 됐다.

또한 한국과 UAE는 전략적 동반자 관계로 양국 관계를 격상시
키기로 결정했다. 양국은 이날을 계기로 원전 이외에도 군사·의료
분야에 대해 포괄적 협력 관계를 맺게 됐다.

이 대통령은 회고록에서 "감정과 우정을 중시하는 중동 국가의
정서를 고려해 '형제국 같은 협력관계'를 강조하고, 원전 외에 그
들이 관심 있는 군사·교육·기술 분야 협력을 약속한 게 주효했다"
고 했다. 이 대통령의 초청에 따라 2010년 방한해 특전부대 시범
을 본 모하메드는 "세계 특전부대 중 한국 특전사가 최고"라며 협
력을 요청했다. 이에 따라 아크부대Akh Unit가 그 이듬해 UAE에 파
견됐다. 아크는 아랍어로 '형제'를 뜻한다.

모하메드는 또한 한국에 UAE 석유 저장소를 만들어 동북아의
물류 거점으로 삼겠다는 제안도 했다. 저장된 석유의 사용권은 일
차적으로 한국에 있어 우리 경제에 도움이 되고 에너지 안보에도
크게 기여할 수 있는 제안이었다. UAE는 약속대로 2011년 3월 원

유 600만 배럴을 한국에 무상으로 저장하기로 우리 정부와 합의했다. 그해 2월부터 여수에 저장 탱크가 착공돼 2013년 4월 완공됐다. 2013년 9월 600만 배럴 중 먼저 200만 배럴의 UAE산 원유가 여수에 저장됐다.

이어지지 못한 자원외교

1998년 외환위기 당시 한국은 그동안 땀 흘려 확보한 해외 유망 광구 26개를 헐값에 매각해버렸다. 그 결과 2000년대 들어 혹독한 대가를 치러야 했다. 2008년부터 자원가격이 급등하면서 대대적 매각에 대해 땅을 치고 후회하게 된 것이다. 김대중 정부 때인 2001년 정부는 '해외 자원개발 기본계획'을 수립하고 본격적으로 해외 자원개발에 나섰다. 노무현 정부 때도 이어졌지만 정부와 기업들이 공격적 해외 자원개발에 나선 것은 이명박 정부 때부터다.

우리나라는 세계 제조업 4대 강국에 속하지만 자원은 거의 수입하고 있다. 광물도, 에너지도 90% 이상 해외에 의존한다. 한국은 세계 4위의 에너지 수입국이다. 국제 자원가격에 따라 산업 토대가 출렁이는 구조다. 우리처럼 자원이 없는 나라에서는 자원외교를 통한 해외 자원개발로 에너지·자원 자주개발률을 높일 필요가 있다. 해외 자원을 확보할 수 있다면 자원가격이 폭등할 때도 국내 시장의 충격을 완화할 수 있다. 또한 해외 자원개발은 미래 신성장 동력 중 하나로 고용, 투자, 수익 창출에 효과적 수단이다.

하지만 자원개발은 실패할 위험이 크고, 대규모 투자비용이 들어가며, 성과가 나오기까지 오랜 시간이 걸린다. 눈에 보이지 않는 땅 밑의 자원을 확인하고 개발하는 데는 막대한 시간과 자금이 필요하다. 탐사 단계만 2, 3년이 걸리고 개발과 생산 단계까지 가려면 통상 10년은 걸린다. 성공하면 큰 이익을 거두지만 실패할 경우 막대한 재정적 손실이 따른다. 해외 자원개발 선진국도 10개 중 1, 2개 사업만 성공한다고 한다. 이런 면에서 민간기업이 주도하기에는 어려움이 많다.

이 때문에 이명박 정부는 출범 초기인 2008년 6월부터 공기업의 역할을 강화하는 정책을 수립하여 해외 자원개발에 나섰다. 민간전문가를 영입하여 효율을 높이는 작업도 병행했다. 해외 자원개발의 총괄 지휘는 국무총리실에서 맡았다. 초대 국무총리로 한승수 총리를 임명한 것도 그 같은 이유 때문이었다. 한 총리는 외교 분야에 경험이 많고 특히 자원외교 부문에 관심이 많았다.

이명박 정부는 해외 자원개발사업의 투명성 확보에도 노력을 기울였다. 노무현 정부 시절인 2007년 5월 '공기업의 해외사업 촉진을 위한 규정'을 만들면서 공기업의 해외사업을 위한 에이전트 고용이 필요할 경우 수의계약에 의해 고용이 가능토록 규정했다. 하지만 그로 인해 현지 브로커를 비공식적으로 활용했던 관행이 힘을 얻으며 투명성에 문제가 생겼다는 것이다. 이를 개선하고자 자원외교를 통해 가급적 자문료나 커미션이 없는 사업을 추진하고자 했다. 컨설팅이 꼭 필요한 상황에서는 공신력 있는 대형 자문회사를 활용하여 투명성과 효율성을 높이려 했다. 이런 노력의 결과 이명박 정부 시절 공기업이 해외 자원에 투자한 돈은 26조 원 규모에 이른다. 총회수전망액도 30조 원으로 투자 대비 총회수율은 114.8%에 이른다고 이명박 정부 측은 추산했다. 이는 전임 노무현 정부 시절 투자된 해외 자원사업의 총회수율 102.7%보다도 12.1%포인트가 높은 수준이다.

에너지·자원 자주개발률도 크게 상승했다. 석유·가스의 경우 2007년 4.2%에서 2011년 13.7%로 상승했다. 유연탄·우라늄·철·동·아연·니켈 등 6대 전략 광물 자주개발률은 2007년 18.5%에서 2011년 29%로 증가했다. 리튬·희토류 등 희소금속은 2007년 6.1%에서 2011년 12%로 약 2배 증가했다. 특히 이차전지의 원료인 리튬 확보를 위해 칠레, 아르헨티나, 볼리비아 리튬 광산에 신규 진출했다.

하지만 자원개발의 사업 속도가 생각보다 더딘 데다가 정권 핵심 인사들이 하나둘 손을 대면서 구설에 휘말리고 이후 정권에서는 정치공세의 대상이 됐다. 상당수 사업이 중단되다시피 했다. 자원개발 특성상 오랜 시간을 진득하게 기다려야 한다는 특성을 이해하지 못한 데다 정책결정상의 미숙함도 더해졌다. 일관성 있는 정부정책이 뒤따라야 하지만 정권이 바뀌고, 자원가격이 떨어지면서 자원개발이 '돈 먹는 하마'로 지목됐다.

2014년 박근혜 정부는 해외 자원개발을 비정상·적폐로 규정하고 예산부터 삭감했다. 이로써 2014년 우리나라의 해외 자원개발 투자규모가 68억 달러로 일본(935억 달러), 중국(712억 달러)에 비해 크게 추락했다. 2013년 1,400억 원이던 해외 자원개발 관련 예산은 2014년 0원이 됐다. 어렵게 확보했던 해외 광구는 모두 매각하도록 했다. 적잖은 사업들이 잇따라 철수하는 운명을 맞았다. 이런 식으로 우리의 자원개발 생태계는 무너졌다.

박근혜 정부는 해외 자원개발을 자원외교 비리로 보고 국정감사, 감사원 특별감사, 대대적인 검찰 수사를 해서 석유공사와 광물자원공사 사장 등이 재판에 넘겨졌다. 자원외교 비리 수사 과정에서 성완종 전 경남기업 회장은 억울함을 호소하며 극단적 선택을 하기도 했다. 해외 자원개발에 앞장선 광물자원공사의 김신종 전 사장은 박근혜 정권이 들어선 뒤 배임 혐의로 기소되고 공사는 해체되었다. 석유공사 사장도 재판에 넘겨졌다. 하지만 재판 끝에 김 사장과 석유공사 사장은 1, 2, 3심 모두 무죄를 선고받았다. 광물자원공사 해체 후 새로 생긴 광해광업공단은 만년 적자에서 벗어나 2021년 매출액 1조 3,714억 원, 당기순이익 2,764억 원이란 깜짝 실적을 냈다. 문재인 정부도 해외 자원개발 사업을 다시 검찰에 수사 의뢰하고 확보한 해외 광물자산을 외국에 헐값에 팔았다.

자원 빈국인 한국은 자원 확보가 절실하다. 해외 자원개발의 성공과 실패를 떠나 비싼 값을 치르고 어렵게 얻은 노하우와 그동안 많은 시간과 비용을 들여 쌓아놓은 자원 부국과의 인적 네트워크를 잘 활용할 필요가 있다. 최근 벌어지고 있는 미·중 간 무역 분쟁에서 중국의 희토류와 흑연 수출 통제 조치도 결국엔 자원 확보를 위한 것이다.

자원이 없는 나라에서 자원개발을 통한 자원 확보는 곧 국가의 경제안보와 직결된다. 자원개발 타이밍을 놓치면 10년 후에 땅을 치게 된다. 자원외교에는 일관성 있는 정부 정책이 뒤따라야 한다. 어설픈 정치논리로 해외 자원투자를 정쟁의 도구로 삼는다면 이는 격화된 글로벌 자원경쟁에서 10년 이상 뒷걸음질 치는 자해행위와 다름없다.

우여곡절의 4대강 사업과 세종시 수정안

한반도 대운하 건설과 국제과학비즈니스도시 조성은 이명박 대통령이 한나라당 대선후보가 되기 전부터 준비했던 두 가지 핵심공약이었다. 이 대통령이 대선을 준비하던 2006년 10월 바쁜 시기에 유럽행 비행기를 탄 것도 운하와 과학기술연구 단지를 탐방하기 위한 것이었다. 두 공약은 취임 후 그 이행을 둘러싸고 많은 논란과 곡절을 겪었다는 공통점도 있다.

특히 이 대통령은 기업인 시절 유럽의 운하를 보고 큰 충격을 받았다고 회고록에서 소개했다. 네덜란드 암스테르담에서 배를 타면 라인강을 거슬러 스위스 알프스까지 올라갔다. 유럽으로 수출된 우리나라 자동차도 헤이그에서 그리스까지 해운이 아닌 하운으로 운송되더라는 것이다. 정말 '배가 산으로 올라가는' 모습을 본 충격이 컸다고 한다. 낭만의 상징인 센강 부두에서 화물을 실은 배가 대서양으로 나가는 등 유럽 전역에 수로망이 바둑판처럼 연결돼 있었다. 유럽통합은 운하로 연결된 수로망 덕분이었다는 말이 실감이 나더라는 것이다.

우리의 현실을 돌아보면, 고도성장의 끝자락에서 한국의 성장동력은 급속히 떨어지고 있었다. 우리 상품의 글로벌 경쟁력을 저하하는 요인 중 하나가 물류비용이었다. 교통정체로 매년 15조 원에 달하는 물류비용이 발생했으며, 서울에서 부산까지의 운임이 부산에서 미국 LA까지 가는 뱃삯보다도 더 비쌌다. 한국의 물류비용은

160

세계 최고 수준이었다. 이 대통령은 한강과 낙동강을 잇는 경부운하가 건설되면 물류비용이 절감되어 우리 상품의 국제경쟁력이 높아질 것이라 생각했다. 수자원 확보와 관광산업 발전에도 큰 도움이 되어 일석삼조의 효과를 얻을 수 있으리라는 생각도 했다.(이명박, 2015)

대운하의 좌절

이 대통령은 2006년 10월 독일과 네덜란드 운하를 직접 돌아보면서 대운하를 통해 대구, 광주 등 우리 내륙 도시들이 물류 중심의 활기찬 항만도시로 거듭나는 산업 활력을 꿈꾸었다. 뿐만 아니라 물길을 따라 지역갈등의 벽도 허물어지는 국민통합의 모습까지 그려보며 운하에 대한 확신을 굳혀 갔다. 이 대통령은 네덜란드 암스테르담에서 뤼트 뤼버르스 전 네덜란드 총리와 면담하면서 "유럽이 갈등과 분열을 딛고 통합을 이뤄낼 수 있었던 데엔 유럽 전체를 관통하는 RMD 운하[1]의 역할이 컸다"는 설명을 듣고는 청계천을 떠올렸다. 고가를 허물고 작은 물길 하나를 살려냈을 뿐인데 수많은 사람들이 모여들고, 사람이 모여드니 문화가 생기고 주변 상권이 살아났다는 것이다.

---

[1] 독일의 라인(Rhine)강, 마인(Main)강, 다뉴브(Danube)강을 연결하는 라인-마인-다뉴브 운하(Rhine – Main – Danube Canal).

17대 대선을 앞두고 이명박 대선후보는 한반도 대운하 건설 공약을 가시화했다. 한반도 대운하는 버려진 하천을 정비하는 수준을 넘어 우리 강의 기능을 회복하고 서로 연결하여 한반도에 하나의 수로망을 건설하자는 계획이었다. 한강과 낙동강을 잇는 경부운하, 영산강의 호남운하, 금강의 충청운하를 우선 건설한 후 나머지 강줄기들도 수로로 연결하고, 장기적으로는 북한 운하까지 건설하자는 계획이었다. 실제로 임기 중 공약 사업은 한강과 낙동강을 연결하는 경부운하 건설이었고, 이어서 영산강과 금강 운하도 각각 착공하는 것을 목표로 했다.

그러나 본격적인 대선국면에 들어서면서 한반도 대운하 건설은 정치적 반대세력들의 집중적인 공격 대상이 됐다. "환경을 파괴한다", "수익성이 없다"는 비판에서 "실현 불가능한 공상과학 만화 같은 발상"이라는 주장까지 나왔다.

대통령에 당선된 뒤에도 대운하 사업은 강한 반대론에 부딪혔다. 대운하는 경제나 환경 문제를 넘어 정치문제로 비화되었다. 특히 미국산 쇠고기 수입을 둘러싼 광우병 사태를 겪고 나서는 여권 내부에서까지 반대 목소리가 나오면서 대운하 사업의 동력이 급속히 떨어졌다. 청계천을 복원할 때도 정치권과 청계천 상인들의 반대가 거셌지만, 그때는 서울시의회에서 예산통과가 가능했고, 이명박 당시 서울시장은 반대론자들을 설득하며 공사를 진행할 수 있었다.

그러나 대운하 사업은 국회 예산 통과 자체가 불가능한 상황이었다. 야당뿐 아니라 여당 일부에서도 반대하고 나섰기 때문이다. 17대 대선 때 치열한 당내 경선 과정에서 반대편에 섰던 의원들이 그 중심에 섰다. 광우병 사태의 광풍 속에서 이 대통령을 지지했던 의원들마저 "우리의 정치환경에서는 아직 정책이 정치를 이기지 못한다"며 회의적 의견을 내놓는 상황이었다. 무리하게 밀어붙인다면 실효도 없이 국론을 더욱 분열시킬 소지가 크다는 판단에 이르렀다.(이명박, 2015)

이 대통령은 2008년 6월 19일 광우병 사태와 관련한 특별기자회견에서 "대선 공약이었던 대운하 사업도 국민이 반대한다면 추진하지 않겠습니다"라고 말했다.

4대강 살리기 사업과 토건국가 비난

2008년 11월 세계 20개국 정상들이 미국 워싱턴에 모였다. 2개월 전 터진 글로벌 금융위기 진화를 위한 긴급회동이었다. 회동에서 각국이 재정지출을 늘리자는 데 공감대를 형성했다. 우리 역시 재정지출이 필요한 상황이었다. 통화스와프 체결을 통해 국가부도 사태는 가까스로 막았지만, 글로벌 금융위기의 여파로 실물경제는 급속히 위축되고 있었다. 실업과 경기침체로 국민의 고통이 컸던 무렵이다.

이때 이 대통령은 다음 세 가지 원칙을 들며 관계부처에 경기부양책을 마련할 것을 지시했다. 경기를 부양하고, 일자리를 창출함과 동시에 전 국민에게 혜택이 골고루 돌아가 국가발전에 장기적으로 기여할 수 있는 방안을 찾아보라는 것이었다.

2008년 12월 국가균형발전위원회는 11조 원 규모의 4대강 살리기 사업을 보고했다. 홍수와 가뭄, 오염으로 몸살을 앓는 4대강 정비사업을 추진해야 한다는 내용이었다. 그때까지 4대강은 국가의 자원이라기보다는 국민의 목숨과 재산을 앗아가는 재앙의 상징이 되어 있었다.

역대 정부들은 태풍과 집중호우 피해가 크게 발생하면 수십조 원에 이르는 하천정비 사업을 발표하곤 했지만, 시간이 흘러 재난이 잊히고 여론이 잠잠해지면 대단위 하천정비 계획은 유야무야되곤 했다. 그렇다고 돈이 들어가지 않은 것도 아니었다. 매년 수조 원에 이르는 국가예산이 수해로 인한 피해를 복구하는 데 쓰였다. 그러나 복구가 완료되기도 전에 또다시 수해를 입어 파괴되는 경우가 비일비재했다.

갈수기 때는 정반대 현상이 나타났다. 영산강의 경우 갈수기가 되면 강물은 흐름을 멈추고 바닥을 드러냈고, 군데군데 썩은 물만 고였다. 그 악취로 사람들이 가까이 가지도 못했고, 식수는커녕 농업용수로도 사용할 수 없는 5급수 강물이 됐다. 다른 강들도 크게 다르지 않았다. 몇 년에 한 번씩 가뭄이 찾아오면 강바닥에 양수기가 잠기지 않아 농민들은 물을 끌어올 수 없었다. 한해旱害, 가뭄 피해액만도 몇천억 원에 달했다. 때문에 한반도 대운하 사업에 반대하던 학자들도 4대강 정비는 필요하다는 입장을 보였다.

많은 논의를 거친 끝에 2009년 6월 국가균형발전위원회는 15

조 3천억 원의 4대강 살리기 마스터플랜을 확정했다. 흔히 4대강 사업 예산이 22조 2천억 원이라 하는데, 이는 정확하지 않은 얘기다. 6조 9천억 원은 4대강 살리기 사업과 별도로 농림수산식품부와 환경부가 계속사업으로 진행해온 예산이었다. 이와 별도로 한국수자원공사에서 4대강 살리기 사업에 8조 원을 투자하기로 했다. 이자는 정부가 내주지만 원금은 4대강 살리기 사업 완료 후 주변개발에 따른 수익으로 한국수자원공사가 충당하기로 했다.

당시 야당과 환경운동 단체들에서는 4대강 사업에 대해 시대에 맞지 않는 토건국가 발상이라며 집요하게 반대했다. 4대강 사업에 반대하는 사람들이 내세운 가장 큰 이유는 환경이었다. 있는 그대로의 4대강을 보존해야 하는데 4대강 살리기 사업이 환경을 파괴한다는 주장이었다. 자연을 손대지 않고 있는 그대로 보존해야 한다는 환경보호론의 입장이었다.

하지만 4대강은 국토를 관통하며 수많은 사람들과 접해 있다. 그로 인해 이미 자연 그대로의 모습과는 다른 모습으로 변해 있었다. 산림이 황폐화되면서 비가 오면 토사가 강바닥을 메웠다. 강바닥이 높아지니 우기에는 수위가 높아져 홍수로 수많은 인명과 재산 피해를 내고, 반대로 건기에는 강바닥이 드러나 극심한 물부족과 오염을 겪어야 했다. 공사가 진행되면서 강바닥에서 나온 쓰레기 총량만도 286만 톤에 이르렀다. 덤프트럭 19만 대 분량으로 남산 몇 개만큼의 규모였다고 한다.

영산강 살리기 행사에서 4대강 사업에 대해 연설하는 이명박 대통령(2009. 11. 22.)

4대강 사업이 대운하를 건설하기 위한 위장사업이라는 비난도
있었다. 이명박 대통령의 임기가 5년 단임이고, 여야의 유력한 대
권 후보들이 대운하 사업에 부정적 입장을 보인 상황에서 대운하
를 만들기 위해 4대강 사업을 벌였다는 것은 상식적으로 납득하기
어려운 주장이었다.

심지어는 이 대통령 퇴임 이후 2013년 3월 감사원이 발표한 4
대강 살리기 사업 감사결과에서도 "4대강의 수심이 6미터나 된다"
며, "이는 4대강 살리기 사업이 대운하를 만들기 위한 의도였음을
드러낸다"고 주장했다. 이에 대해 미국 위스콘신대학 박재광 교수
는 '정치적인 4대강 감사 국익 해친다'는 제목의 칼럼을 통해 다음
과 같이 비판했다.

수심 6미터는 대운하 염두가 아니라 200년 강우 빈도 치수 대책에 따른 결과다. 뿐만 아니라 수심 6미터가 넘는 곳은 4대강 전 구간의 26%밖에 되지 않는다.

4대강 사업의 효과와 평가

야당 소속이면서도 4대강 사업에 적극 찬성했던 인물로 박준영 당시 전남도지사가 있었다. 박 지사는 2008년 대운하 사업이 철회된 뒤 6월 30일 기자회견을 열어 "뱃길 복원과 운하는 강을 효율적으로 개발하자는 점에서 같은 맥락"이라며 "뱃길 복원과 수질 개선을 중심으로 영산강 프로젝트를 추진해나갈 것"이라고 밝혔다. 이후 박 지사는 4대강 살리기 사업에 적극 협력하고 나섰다. 그는 2010년 6월 15일 〈매일경제〉 신문과의 인터뷰에서도 "썩어 가는 영산강을 직접 보면 '4대강 반대'를 함부로 말 못 할 것"이라고 했다. 그는 "영산강의 강폭은 평균 50~100미터 정도 되지만 물이 흐르는 곳은 1~2미터에 불과하다"며 "상류지역은 댐이 물의 흐름을 막고, 하류지역은 퇴적물이 쌓여 썩어 가고 있다"고 말했다.

4대강 사업이 이뤄지고 2011년에 내린 100년 만의 집중호우가 4대강 사업의 시험대가 됐다. 7월에 발생한 집중호우로 일강수량과 1시간 강수량이 관측 이래 최고치를 갱신했다. 몇 년 전까지만 해도 이런 비가 내리면 수백 명이 목숨을 잃고 수조 원의 재산피해가 났다. 그러나 2011년에는 4대강 살리기 공사가 마무리 단계여서 큰 피해를 막을 수 있었다. 비슷한 비가 내렸던 예전에 비해 수해 피해가 10분의 1에 불과했다.

2012년에는 5월부터 6월까지 전국에 비가 거의 내리지 않는 기록적 가뭄이 찾아왔다. 지역별로는 최대 200년 만에 한 번 일어날 정도의 극심한 가뭄이 왔다. 그러나 충남, 전남, 전북 등 주요 농경지의 가뭄 피해는 0.5% 수준의 미미한 것으로 판명됐다. 과거 가뭄 때면 하천 바닥이 드러날 만큼 수위가 낮아졌지만, 2012년 대가뭄 때는 모든 양수장과 식수용 취수장이 정상 가동됐다. 가뭄 때면 흐름이 멈추고 군데군데 고인 물이 썩어 악취를 풍기던 4대강의 수위도 평년 갈수기 평균수위보다 1.7미터 높아졌다. 전국의 모내기 실적은 99.8%로 가뭄이 없던 2011년 봄보다도 오히려 0.6% 높아졌다.

이러한 성과에도 불구하고 대가뭄이 닥치자 4대강 반대론자들은 녹조 문제를 들고 나왔다. 2012년 낙동강 일부 유역에서 녹조가 발생하자 반대론자들은 4대강 공사로 보가 설치돼 강물의 흐름이 멈춘 결과라고 주장했다. 과거에 가뭄이 오지 않아도 갈수기에는 4대강이 녹조로 뒤덮였던 사실을 외면한 주장이다.

실제로 1995년부터 4대강 살리기 사업 전년도까지 한 해도 빠짐없이 4대강 곳곳은 극심한 녹조로 뒤덮였다. 당시에는 4대강 살리기 사업도, 보※도 없었는데 왜 녹조가 발생했는지 그들의 논리로 설명할 수 없었다. 반대론자들은 결국 기록적 대가뭄과 폭염으로 인한 녹조 발생을 4대강 살리기 공사 탓으로 돌린 것이다.

이들의 주장이 사실과 다르다는 것은 쉽게 입증됐다. 4대강 살리기 사업을 시행한 남한강은 녹조가 없었던 반면, 공사를 안 한 북한강과 서울 한강 본류에 극심한 녹조가 나타난 것이다.

대가뭄이 끝난 뒤 이번에는 태풍과 홍수가 몰아닥쳤다. 2012년 7월부터 9월까지 '카눈', '덴빈', '볼라벤', '산바'가 한반도를 강타했다. 특히 태풍 산바는 역대 5위 규모로 기록될 만큼 강한 태풍으로 낙동강 유역에 6년 만에 홍수경보가 발령될 정도로 많은 비를 뿌렸다. 산바로 인해 낙동강 지류인 남강댐 유입량 규모는, 2002년 174명 사망 및 실종, 5조 1천억 원의 재산피해를 낸 태풍 '루사'의 97.2%에 달했다. 루사 때는 낙동강과 남강이 만나는 인근의 마을이 침수돼 홍수 피해를 입었다. 그러나 2012년 낙동강 유역의 범람 피해는 단 한 건도 발생하지 않았다.

반면 4대강 사업을 하지 않은 섬진강은 집중호우 때 홍수 피해가 막심했다. 문재인 정부 때인 2020년 여름 장마 여파로 낙동강 합천댐·남강댐, 섬진강 섬진강댐, 금강 용담댐·대청댐 등 총 5개 댐 하류 총 158개 지구에서 홍수가 발생했다. 이때 지급된 환경부 환경분쟁조정금 1,486억 원 가운데 74%에 이르는 1,102억 원이 섬진강댐 일대에 지급됐다. 그만큼 이곳에 피해가 집중됐던 것이다. 4대강 사업에 따라 강바닥 준설과 제방 확충으로 홍수 예방이 돼있던 낙동강과 금강 본류에선 피해 규모가 상대적으로 적었다. 이곳들에선 피해도 주로 본류에서 물줄기가 뻗어나간 지류支流에서 발생했다.

2022년에는 섬진강 물줄기를 생활용수와 농·공업용수로 쓰는 호남 지역에 강수량이 적어 비상이 걸렸다. 섬진강은 '물 그릇' 자체도 작은 데다 낙동강처럼 여러 개의 보가 물을 효율적으로 붙잡는 시스템이 없어 강수량이 적으면 용수 확보가 어려운 구조다. 이 상태로 남부지방 가뭄이 지속될 경우 섬진강 유역 등에는 최악의 물 부족 피해가 닥칠 수도 있었다.

결국 '4대강 사업' 여부에 따라 수해 피해가 달라졌다는 분석이 가능하다. 4대강 사업은 강바닥을 준설해 '물 그릇'의 크기를 넓히고, 제방을 쌓아 올려 홍수를 예방하며, 보※를 설치해 물을 가둬 가뭄을 예방하는 것이 목적이다. 특히 강바닥을 파내 강의 '용량'을 키우는 작업은 홍수·가뭄에 모두 영향을 미친다. 기후변화로 기록적 폭우와 최악의 가뭄이 발생하는 상황에서 4대강 사업은 홍수·가뭄을 예방하는 최선의 수단임이 입증됐다고 할 수 있다.

4대강 살리기 사업이 홍수와 가뭄 등의 피해를 최소화할 수 있었던 데는 강바닥의 퇴적물을 파내는 준설작업과 함께 4대강에 설치된 16개의 보가 큰 역할을 했다. 한국은 대륙에 비해 하천의 길이가 짧고 경사가 급하다. 따라서 강물이 강에 머물지 않고 빨리 빠져나간다.

더구나 장마와 태풍의 영향으로 강수량의 70~80%가 여름 한철에 집중된다. 따라서 강물이 최대일 때와 최저일 때의 차이인 하상계수가 크다. 영국 템스강의 하상계수가 8, 독일 라인강이 18인데,

한강은 90, 낙동강은 260에 달한다. 따라서 우기에는 강이 범람해 홍수피해가 속출하고, 건기에는 극심한 가뭄에 시달려야 했다. 또한 일제강점기, 6·25 전쟁, 산업화 과정에서 토사와 산업 폐기물이 쌓여 강바닥이 높아지다 보니 비가 오면 강물이 범람하고 그치면 썰물처럼 빠져나갔다.

이런 문제를 해결하기 위해 강바닥을 준설해 물 그릇을 키울 필요가 있었다. 이렇게 하면 건기에도 강은 물로 가득 찰 수 있고, 큰비가 와도 최고 수위가 낮아져 제방 범람 위험을 피할 수 있다.

4대강의 16개 보는 이 같은 역할을 하기 위해 만들어진 것이다. 반대론자들은 보를 건설하면 강물이 오염되고 홍수가 심화되며 지하수의 수위가 높아져 농경지가 침수된다고 주장했다. 파리를 관통하는 센강에는 34개의 보와 갑문이 있다. 영국 템스강에도 45개의 보와 갑문이 있다. 반대론자들의 주장은 4대강 공사가 끝나가던 2011년 하반기부터 2012년까지 집중호우와 대가뭄, 태풍 등 시험대를 거치며 대부분 과장됐음이 드러났다. 이후 간헐적으로 여름철 집중호우 때 몇몇 지역에서 발생하는 피해는 주로 4대강 살리기 공사를 미처 하지 못한 지류 부분에서의 사고였다.

애초의 대운하 계획은 한강과 낙동강을 연결해 배가 다닐 수 있도록 수로를 만드는 것이었다. 여기서 핵심은 조령에 두 수로를 연결하는 인공수로를 건설하는 일이다. 또한 수심을 확보하기 위해 강바닥에 쌓인 퇴적물을 준설하고 보를 설치하는 등 기존의 강을 정비하는 내용도 포함돼 있었다. 대운하 계획을 포기함에 따라 조령을 관통하는 인공운하 공사는 필요가 없어졌다. 그러나 기존 하천을 정비하는 계획은 4대강 살리기에 상당 부분 적용할 수 있었다. 또한 세계적으로 인정받고 있는 한국 기업들의 시공기술과 발전된 토목기술도 4대강 살리기 사업을 신속하게 시작하는 데 기여했다.

4대강 살리기 사업은 '그린 뉴딜'이라 불리면서 국제사회에 반향을 불러일으켰다. 유엔환경계획UNEP 보고서는 한국의 녹색성장 주요정책을 소개하는 정책사례 보고서를 통해 "4대강 살리기 사업은 한국이 당면하고 있는 홍수, 가뭄 등 물 문제의 해결과 지역경제 활성화에 기여할 것"이라고 썼다. 구체적으로는 이 사업을 통해 13억 세제곱미터의 수자원이 확보되고 홍수관리 능력을 9억 2,000만 세제곱미터로 확대하는 등 물 부족 문제 해결과 홍수예방에 기여했다고 평가했다.

4대강 사업은 또한 2011년 10월 남한강 자전거길, 11월 새재 자전거길 개통으로 이어졌다. 여기에다 2012년 4월 인천 서구 아라빛섬 정서진 광장에서 열린 4대강 국토종주 자전거길 통합행사에 이르기까지 총연장 1,757킬로미터의 자전거길이 완성됐다. 국민의 여가생활의 질을 높이는 데 크게 기여한 것이다.

4대강 사업은 미국 테네시강 유역 종합개발계획TVA과 같은 재정정책을 써서 대공황을 극복한 트루먼 대통령의 뉴딜정책처럼, 환경사업에 대한 재정투자로 세계 금융위기를 극복하고자 하는 전략이었다. 4대강 살리기 사업은 환경개선과 경제위기 극복이라는 국제사회의 요구를 한꺼번에 만족시키면서 한국이 세계 금융위기를 다른 OECD 국가들보다 빨리 극복하는 데 중요한 역할을 했다. 또한 한 해 수백 명의 인명피해와 수조 원의 재산피해를 내는 수해에 대한 근원적 해결방안을 마련하는 토대가 됐다.

우리 역사에서 가장 큰 국책사업이었던 경부고속도로, 포항종합제철, 경부고속철도, 인천국제공항 등 대형 국책사업들은 시행 당시 하나같이 수많은 반대와 갈등에 직면했다. 그러나 이 사업들은 후일 성공적 사업으로 평가를 받았다. 4대강 사업도 장기적 관점에서의 국리민복이 아닌 당장의 정치적 손익만 고려했다면 그 많은 반대를 무릅쓰고 사업을 해낼 수 없었을 것이다.

세종시 수정안 추진 배경

이명박 전 대통령은 서울시장이던 2003년 11월 서울시의회 연설을 통해 당시 노무현 정부가 추진 중이던 행정수도 충청권 이전에 대해 '국민적 합의가 없다'는 이유로 반대의 뜻을 분명히 했다.

"저는 서울시장으로서뿐만 아니라 국민의 한 사람으로서, 서울시의 경쟁력을 떨어뜨리고 국가경제의 미래를 위태롭게 하는 수도이전에 적극 대처해 나가겠습니다."

그는 행정수도 이전이 꼭 필요하다면 통일 후까지 대비한 천년대계가 되어야 한다는 생각이 강했다. 통일이 되고 나면 행정수도 입지는 한반도 중심부가 적합하며, 필요하다면 비무장지대와 개성의 중간쯤에 소규모의 행정수도를 건설할 수도 있다고 생각했다. 무엇보다도 행정수도 이전은 국민적 공감대가 형성된 후에 추진돼야 마땅하다는 것이었다.

국가균형발전을 위해 수도를 이전한다는 발상에도 동의하지 않았다. 균형발전은 낙후지역에 활기를 불어넣는 방식으로 이루어져야 한다는 게 이 전 대통령의 생각이었다. 서울시장으로 재임하면서 강북지역을 중심으로 청계천을 복원하고 서울숲을 조성하고 뉴타운 사업으로 도시재생에 힘을 쏟았던 것도 그런 맥락이었다.(이명박, 2015)

전체 파이를 키우지 않고 이미 발전된 지역에서 잘하고 있는 기관이나 사업을 낙후된 지역으로 빼내거나 옮기는 것은 '하향 평준화'가 될 위험이 크다는 것이었다. 기업이 아니라 행정기관을 지역발전의 동력으로 삼는다는 아이디어에 대해서도 이 전 대통령은 생각이 달랐다. 수도 이전이 지역균형을 목적으로 이뤄진 사례는 역사적으로 없었을 뿐 아니라 브라질, 미얀마, 카자흐스탄, 호주 등에서 보듯 균형발전에 실질적 도움을 주지도 못했다는 것이다. 일본도 한때 도쿄의 인구 집중을 완화하기 위해 수도 이전을 추진하다가 타당성이 부족하다고 보고 포기했다. 미국, 영국, 프랑스, 일본 등 대부분의 선진국은 대통령이나 수상, 의회, 행정부처가 수도 중심부 반경 1~3킬로미터 안에 집중돼 있었다.

우리나라만 해도 울산, 거제, 포항, 아산, 천안, 광양, 군산 등 오히려 기업이 일자리를 만들면서 도시가 활성화된 사례가 많았다.

정부기관이 입주한 과천이나 대전 서구는 기대보다 인구 유입도 안 되고 자족 기능도 떨어졌다.

비용도 문제였다. 당초 노무현 정부는 행정수도 이전에 5조 원 정도가 들어갈 것이라고 주장했다. 그러나 2003년 11월 6일 '신행정수도 도시 기본구상 및 입지 기준'을 통해 발표한 수도 이전 건설비용은 45조 6천억 원에 이르렀다. 만일 입법부와 사법부까지 단계적으로 이전한다면 천문학적 비용이 들 것으로 추산됐다.

그러나 노무현 정부에서는 행정수도 이전을 위한 신행정수도 특별법이 헌법재판소에서 위헌결정(2004. 10. 21.)이 난 뒤, 청와대와 외교안보 6개 부처를 제외한 49개 중앙행정기관을 공주·연기 지역으로 옮기기 위한 행정중심복합도시 특별법이 국회에서 통과(2005. 3. 2.)됐다. 이후 행정중심복합도시 특별법도 사실상 신행정수도 특별법과 동일한 법률로 일종의 수도 분할이라는 이유로 헌법소원이 제출됐지만 헌법재판소에서 각하된 뒤 행정중심복합도시 건설은 2007년 토지보상까지 마치고 기공식까지 열리는 등 대선을 앞두고 서둘러 진행됐다.

당시 서울시장에서 퇴임하고 17대 대선 운동에 돌입한 상태였던 이명박 대통령은 대규모 국가예산이 투입돼 수도 분할을 원점으로 되돌릴 수 없다면 실용적 측면에서 더 큰 효과를 내는 방안을 모색하는 것이 중요하다고 생각했다. 행정부처 이전이 국익에 도움이 되지 않는다는 생각에는 변함이 없지만, 되돌릴 수 없는 상황이라면 기왕에 확보한 2,200만 평의 부지를 알뜰하게 활용해 충청권과 나라를 발전시킬 수 있는 명품도시를 만들겠다는 생각을 언론 인터뷰 등을 통해 밝힌 것이다. 실용적 측면을 고려한 일종의 타협책이었다.

이렇게 가다듬은 구상이 나중에 세종시 수정안의 하나로 제시된 '국제과학비즈니스벨트'였다. 기존의 개발 예정지에 기초과학과 비즈니스를 접목한 미래 성장동력 콘텐츠를 집어넣는 방안을 세종시의 실질적 대안으로 준비한 것이다.

2008년 7월 중순, 박재완 국정기획수석비서관이 이명박 대통령에게 세종시에 관해 보고했다. 세종시의 부실한 자족기능을 확충하는 방안을 7월 21일 제1차 국가균형발전위에서 발표할 '지역발전추진전략'에 포함시키겠다고 했다. 또 세종시 청사 공사를 곧 착공할 수밖에 없다고 했다. 세종시 청사는 총 4단계로 나뉘어 건립되는데, 국무총리실이 입주할 1단계 1구역은 2008년 6월에 설계가 끝났기 때문에 착공에 들어가야 한다는 것이었다. 그러던 중 2008년 9월 미국발 세계금융위기가 발발했다. 경제위기를 극복하는 과정에서 이 대통령은 "만일 경제부처가 세종시로 내려가 있었다면 어떻게 되었을까?"라는 생각이 들 때마다 가슴이 서늘했다고 한다. 경제위기의 와중에는 과천 청사조차 멀게 느껴졌는데 만일 정부부처 일부가 세종시에 가 있다면 신속한 위기대응은 불가능한 일이었다는 것이다. 세종시 문제는 단순히 국가효율을 떨어뜨리는 문제가 아니라 국가생존의 문제라는 생각이 들었다는 의미이다.

박근혜에 막혀 좌절된 세종시 수정안

그렇다고 세종시 계획을 완전히 백지화할 수도 없었다. 부지 매입 등 세종시 건설은 이미 실행단계에 들어서 있었기 때문이다. 따라서 이미 수용한 부지를 활용해 부처 이전보다 충청권과 국가발전에 더 큰 도움이 되는 방안을 모색하기로 결심했다. 이 대통령은 박재완 국정기획수석에게 대선 때 이미 골격을 구상해둔 과학비즈니스벨트 중심으로 세종시 수정안을 준비하라고 지시했다.

이때 한승수 국무총리의 후임을 물색했는데, 세종시 수정안을 총괄해 추진할 적임자로 충청권을 적극 설득할 수 있는 정운찬 전 서울대 총장을 내세웠다. 중도·진보 성향의 정 전 총장이 2009년 이명박 정부가 내세운 '친서민 중도실용'의 국정기조에도 적합한 인물이라는 판단도 작용했다. 그런데 정 전 총장이 2009년 9월 3일 총리후보자로 지명된 뒤 서울대에서 기자들의 질문에 답변하다가 세종시에 관한 자신의 소신을 여과 없이 밝혀버리면서 언론은 일제히 '정운찬, 세종시 수정안 추진'이라고 보도했다.

야당은 크게 반발했다. 민주당은 절대불가를 천명했고, 충청권에 기반을 둔 자유선진당 이회창 총재도 발끈했다. 한나라당에서도 박근혜 전 대표를 비롯한 비주류의 반응은 싸늘했다. 더욱이 근거 없는 추론이었지만, 이명박 대통령이 세종시 수정을 고리로 정운찬 총리후보자를 2012년 여당의 대선후보로 내세우려는 의도가 깔려 있다는 의심을 사게 됐다. 여권의 가장 유력한 차기 대선후보

였던 박근혜 전 대표 측이 끝까지 세종시 수정안에 반대한 이유도
이와 무관치 않았다는 것이 이 전 대통령의 생각이다. 우여곡절 끝
에 취임한 정운찬 국무총리는 2009년 11월 4일 대국민 담화를 통
해 세종시 수정안 마련에 착수할 것임을 공식 발표했다.

하지만 박근혜 전 대표는 2009년 10월 23일 "정치는 신뢰인데,
신뢰가 없으면 무슨 의미가 있겠는가"라며 세종시 수정안에 반대
의사를 표명했다.

2010년 1월 11일 세종시 민관합동위원회는 '세종시 발전방안'
을 발표했다. 세종시의 비전을 '교육·과학 중심 경제도시'로 설정
해 기업·대학·연구소를 중점적으로 유치하고, 도시 조성 기한을
2030년에서 2020년으로 10년 앞당기며 임기 내에 착공한다는 내
용이었다. 과학비즈니스벨트 구상을 뼈대로 한 발전방안은 세계
최고수준의 기초과학원, 중이온 가속기, 융복합 연구센터, 국제과
학대학원 등 건립, 첨단·녹색산업단지와 글로벌투자단지 조성, 선
도사업과 우수 대학 유치, 광역·도시교통망 구축에 이르기까지 투
자자, 투자금액, 고용 효과와 일정까지 제시했다.

2010년 3월 23일 국회에 '교육·과학 중심 경제도시 건설 특별
법안'과 4개의 관련 법안이 제출됐다. 2010년 6월 29일 국회 본회
의에서 법안이 상정된 뒤 찬반토론이 벌어졌다. 한나라당 박근혜
전 대표는 반대 토론자로 나섰다. 약속은 반드시 지켜져야 한다는
신뢰가 있어야 한다는 논지였다. 찬반토론 후 진행된 표결 결과 세
종시 수정안은 재석 275명중 찬성 105명, 반대 164명, 기권 6명으

로 부결됐다. 이는 이 전 대통령의 레임덕을 가속화한 대표적 사건 중 하나였다고 할 수 있다.

여기에는 박근혜 전 대표의 수정안 반대가 결정적 요인이 되었다. '본선보다 치열한 예선'으로 불릴 만큼 치열했던 2007년 대선 후보 경선에서 박 전 대표와 이명박 후보 측은 1년 넘게 검증 공방을 벌이면서 당내 분열이 극심해졌다. 2008년 총선은 이명박 당시 대통령이 취임한 지 불과 2개월 된 시점에 치러졌다. 대선 경선 과정에서 대립한 친이(친이명박)계와 친박(친박근혜)계는 공천심사위원회(이하 공심위) 구성 단계부터 삐걱댔다. 친박계는 친이계 핵심이자 당 사무총장이었던 이방호 의원이 주도한 공심위에 최소 1명이라도 들어가야 한다고 요구했지만 불발됐다.

이 전 대통령이 취임 전 박 전 대통령을 만나 공정한 공천에 합의하면서 갈등은 봉합되는 듯 보였다. 그러나 공천 결과 김무성, 서청원, 홍사덕 등 친박계 중진이 줄줄이 탈락했다. 박 전 대통령은 "국민도 속고 나도 속았다"고 분노했다. 공천 탈락한 친박 의원들은 친박연대와 친박무소속연대를 구성해 미래 권력인 박근혜를 앞세우며 선거 홍보를 펼쳤다. 한나라당은 당시 200석 이상을 확보할 것으로 예상됐지만, 투표 결과 153석(지역구 131석, 비례대표 22석)을 얻는 데 그쳤다. 간신히 원내 과반에 턱걸이했다. 선거에서 승리해 국회에 입성한 친박계는 박 전 대통령의 강한 반대와 뜻을 같이하며 민주당과 손잡고 2010년 이명박 정부의 세종시 수정안을 무산시켰던 것이다.

세종시에는 2012년부터 외교안보 부처를 제외한 행정 각 부처의 이전이 이뤄졌으나 국정의 비효율 문제가 끊이지 않았다. 국회는 서울에 있고 부처는 세종시에 있다 보니 국회 출석과 업무 협의를 위해 각 부처가 서울에 사무실을 두고 장차관 등은 서울에 머무는 시간이 많았다. 실국장·과장들도 서울과 세종을 수시로 오가느라 '길국장', '길과장'이란 자조까지 나왔다. 2019년 국토연구원 용역보고서에 따르면 세종시 행정부처 공무원은 연간 2만 회 국회 출장으로 127억 원을 길거리에 낭비했다. 출장비는 여비·교통비·시간비용을 합친 금액이다.

국정의 질적 저하도 심각한 수준이다. 창의적 대안을 짜내기 위해서는 얼굴을 맞대고 하는 치열한 집단토론이 필요한데, 고위직 공무원들이 서울 국회 출장으로 한자리에 모이기 어려웠다. 부처 상하 간소통 및 업무 습득은 물론 서울 등지의 민간 부문과의 협력에도 어려움이 적지 않았다. 2024년 4월 총선을 앞두고 국민의힘 한동훈 비상대책위원장이 국회의 완전한 세종시 이전을 공약하게 된 것도 세종시의 비효율성 문제 때문이라 할 수 있다.

물론 완전한 수도 이전은 관습헌법 위반이라는 2004년 헌법재판소 결정 취지 등에 비춰 용산 대통령실과 외교안보 부처들의 이전은 쉽지 않을 것이다. 애초 세종시 자체가 수도권 집중 완화와 국토 균형발전이라는 명분에도 불구하고 2002년 대선 당시 충청 표심을 노린 민주당 노무현 후보의 대선 공약의 산물이라는 점도 부인하기 어렵다.

노무현, 박근혜 대통령 주도로 세종시 건설이 추진된 핵심적 논거는 수도권 집중 해소와 국토 균형발전이었다. 하지만 전체 인구 대비 수도권 인구의 비율은 2002년 대선 당시 노무현 후보가 행정수도 이전 공약을 제시할 무렵의 47.1%에서 2023년엔 50.7%를 넘겼다.

그렇다면 과연 세종시 건설로 충청권은 얼마나 발전했을까?

세종시는 2022년 말 기준으로 출범 후 10년 동안 약 26만 5천 명의 인구증가가 있었다. 이들의 직전 거주지를 보면 충청권이 63.4%, 수도권이 23.5%로 나타났다. 세종시 인구 증가는 주로 충청권 내에서의 제살 깎아먹기로 이루어진 셈이다. 세종시가 일종의 블랙홀처럼 인근 도시의 인구를 빨아들였고, 어떤 곳은 아예 인구소멸 지역이 되어 가고 있다.

이동관 전 방송통신위원장은 "세종시 문제와 같은 국가사회적 이슈가 이성적 토론이나 합리적 판단이 배제된 채 정치적 논리에 휩쓸려 결정된 것은 지금 돌이켜봐도 두고두고 아쉬운 대목"이라고 술회했다. 합리적 공론公論: public opinion이 서야 할 자리를 감성적 중론衆論: mass opinion이 차지하면 국가 전체가 포퓰리즘의 혼란에 휘말릴 수밖에 없다는 것이다.(이동관, 2015)

실제 세종시에 근무하는 공무원들이 서울을 오가느라 절반 가까운 시간을 길에서 허비한다는 얘기를 들을 때마다 당시 세종시 수정안이 관철됐더라면 하는 아쉬움이 밀려든다.

대통령의 자기평가: 이명박 대통령
"경제위기 두 차례 극복 … 못 넘겼다면 형편없는 사람 됐을 것"

이명박 대통령은 퇴임을 목전에 둔 2013년 2월 14일 당시 〈동아일보〉 정치부장이었던 필자를 비롯해 〈동아일보〉 취재진과 인터뷰를 갖고 재임 기간 동안의 여러 국정수행에 대한 자기평가를 한 바 있다. 이 대통령은 인터뷰에서 중국과 한반도 통일과 그 이후에 대해서도 논의한 사실을 비롯해 알려지지 않았던 비화를 털어놓기도 했다.[2]

임기 5년 중 제일 힘들었던 때는 언제였나.

사실 5년 내내 힘들었다. 한 번 생각해 봐라. (건국 이래) 이런 세계적 경제위기를 잇달아 맞은 것은 처음이다. (2008년에는 대공황 이후) 80여 년 만에 미국발發 글로벌 경제위기가 왔다. 2011년에는 유럽발 재정위기가 또 왔다. 임기 중 세계적 경제위기를 두 번 맞았는데, 대통령으로서 (임기 중) 두 번의 위기를 맞는다고 어느 국민이 (내 심정을) 이해해 주겠나. (2008년에는) 기업들이 부도 위기로 얼마나 긴장했겠는가. 내가 그 일(경제위기 극복)에 정말 전력을, 최선을 다했다.

─────

2   2013년 2월 14일(오전 9시, 청와대 백악실)에 이루어진 이 인터뷰는 〈동아일보〉 2013년 2월 15일 자 1면 "李 대통령 '통일 후 미군 北주둔 안 할 거란 것, 中과 얘기 중'", 3면 "[이명박 대통령 인터뷰] '韓中정상, 한반도 통일논의 이미 시작… 中 우려 풀어줘야'", 4면 "[이명박 대통령 인터뷰] '경제위기 두 차례 극복… 못 넘겼다면 형편없는 사람 됐을 것'", 5면 "[이명박 대통령 인터뷰] '물일은 3, 4년 뒤 결과 나와… 도로공사와 달라'"에 걸쳐 기사화 되었다.

저평가되고 있다고 보는가.

(경제위기 극복을 나름대로) 무난하게 잘했으니 지금 사람들이 그렇지만(평가가 높지 않지만) 만일 잘못됐으면 어땠겠나. … 내가 보기에는 (내 임기 중) 처음인 게 너무 많다. 리스트가 '이만큼' 있을 것이다(이 대통령은 이 대목에서 양손을 벌려 두께를 강조하기도 했다).

임기 중 서비스산업에 대한 규제가 충분히 풀리지 않았는데….

결국 법 개정이 안 돼서 그런 것이다. 인천 송도에는 녹색기후기금 본부가 들어서는 만큼 교육·의료시설 등은 국제도시답게 (규제를 풀어서) 해줘야 한다. 청와대 옆 여고 인근에도 호텔을 지으려고 하는데 관련법의 규제로 아직 못하고 있다고 한다. 아직 우리나라의 한계라고 생각한다.

퇴임 후 자원외교나 특히 녹색성장 어젠다의 동력이 떨어질 것이라고 우려하는 시각도 있다. 새 정부에서 어떻게 계승되기를 바라나.

내가 대통령이 되어서 한국이 국제사회에서 이 정도로 인지도 생기고, 수백 년 변방에서 세계 중심으로 갔다는 것은 누구도 부인할 수 없는 사실이다. 이런 시점에서는 세계를 향해 어젠다를 내놔야 한다고 생각했던 것이고 그게 녹색성장이다. 일각에선 기후변화에 신경 쓰면 돈만 쓰고 성장에 반한다고 알고 있지만 녹색성장은 (환경도 지키고) 경제도 성장시킨다. 지금 녹색성장이 세계 공용어가 됐는데 이는 처음으로 한국이 세계에 기여할 수 있게 된 것이다. 한국 역사

이래 처음이고 의미가 굉장히 크다. 4대강도 사실 녹색성장의 일환
이다. 요새는 부자도 자기와 자식 잘사는 것에만 신경 쓰면 누가 존
경하겠는가. 이런 것을 잘해서 한국이 세계 중심이 된 것이다.

국정리더십 대담 2: 박재완(전 기획재정부 장관)

"멀리 본 원전수출 · 자원외교,
단기적 시야에서 뒤집는 건 병폐"

ⓒ서울신문

박재완 전 기획재정부 장관은 17대 국회의원과 한나라당 정책조정위원장을 거쳐 이명박 정부에서 정무수석·국정기획수석 비서관, 고용노동부·기획재정부 장관을 지낸 정책통이다. 현재 성균관대 이사장과 한반도선진화재단 이사장 등을 맡고 있다. 박 전 장관은 이명박 정부 첫해 촛불시위에 대해 "대선 총선에서 참패한 진보진영의 재기를 위한 정치적 포석이었지만, 여론 흐름을 세밀히 살피지 못했던 측면도 있다"고 회고했다. 원전수출과 자원외교에 대해서는 "멀리 보고 백년대계로 가야 할 정책을 단기적 시야에서 다음 정권에서 뒤집곤 하는 게 우리 정부들의 병폐"라고 지적했다.

한미 쇠고기협상은 노무현 정부 때부터 추진돼온 것인데, 이명박 정부 들어서 엄청난 촛불시위가 일어난 이유는?

대선과 총선에 연이어 참패했던 진보진영에서 쇠고기협상을, 대선불복까지는 아닐지 몰라도, 재기를 위한 기폭제로 삼고 나선 것이다. 이명박 정부가 여론 흐름을 세밀히 살피지 못하고 자만했던 면은 있다.

이명박 정부는 한미동맹 복원에선 큰 성과를 거뒀고, 한중관계도 나쁘지 않았던 것 같다. 한일관계는 훈풍으로 시작해서 냉골로 끝난 것 아닌지?

취임 첫해 대통령의 쓰촨四川성 지진 현장방문을 비롯해 원자바오 총리나 후진타오 주석과 인간적 관계를 원만히 하며 한중관계를 개선했다. 시진핑 주석도 취임 1년 전 방한해서 녹색성장을 벤치마킹하려 하는 등 슬기롭게 한중관계를 관리했다.

한일관계는 순조로운 복원으로 시작했고, 이 대통령 제안으로 한중일 정상회의도 시작되었다. 그런데 일본에 민주당 정부가 들어서면서 위안부 문제 해결이 결렬된 뒤 이 대통령이 독도를 방문하는 등 냉랭해졌다.

글로벌 금융위기는 다른 나라들보다 빨리, 성공적으로 극복했는데, 요인이 뭔가?

이 대통령의 CEO로서의 오랜 경륜과 노하우를 꼽지 않을 수 없다. 무지하게 부지런하고, 어떻게 하면 참모들 놀지 않게 일 시킬까, 공무원이 힘들어야 국민이 편안하다, 이런 신조를 갖고 계신 분이다.

글로벌한 감각에 민간 기업에서 일해 본 실사구시형 리더십이 결정적 요인이었다.

원칙 있는 대북정책을 견지하다가 천안함·연평도 도발이라는 사건도 발생했다. 강경일변도로 남북관계를 후퇴시켰다는 비판에 대해서는?
북한을 아예 적대시한 건 아니고 임태희 노동부 장관 등이 북측과도 접촉했다. 북이 과도한 보상, 원칙과 맞지 않는 요구를 해서 결렬된 것이다. 구걸이나 퍼주기를 통해 비정상적 관계를 이어가는 것은 바람직하지 않다. 아픔을 감내하더라도 정상적 관계로 복원시키는 게 바람직한 것이다.

원전 수출국 등극과 자원외교에서 성과를 남겼지만, 이후 정권들에서는 단절되다시피 했는데.
우리 정부의 큰 병폐 중 하나가, 사실 5년 단임제의 한계이기도 한데, 전임 정부의 업적을 뒤집는다거나 번복하고 백지화^{Undo} 하는 것이다. 자원외교도 멀리보고 비용편익을 따져야 하는데 단기적 시야에서 주판알을 튀기는 것은 성급하다. 임기 내 가시적 성과를 낼 수 있는 것에만 집착해선 안 되고, 정책효과가 본격화될 때까지 좀 기다리고 백년대계로 해야 한다.

4대강 살리기와 녹색성장도 성과가 있고, 미래형 어젠다라는 평가도 많지만 이후 정부들에서 흔들리거나 잊힌 정책 취급을 받기도 했다.

4대강 살리기를 삽질이라거나 환경파괴다 그러는데, 파괴된 환경을 바로잡으려는 노력이었다. 가뭄, 홍수 등의 피해가 계속 커지고 기후변화 등이 있어서 누가 해도 해야 할 치수작업이었다. 요즘 천변을 걷는 사람이 많은데 수변공간에서의 여가활동, 건강 증진 등 다목적 효과를 가진 사업이다. 지류 지천까지 모두 살리는 사업을 했어야 바람직한데, 4대강 이후 10여 년간 중단돼 있는 게 안타깝다. 녹색성장도 선진국에 가보면 이거야말로 진보진영이 내세워야 할 의제인데도 무조건 반대로만 시비를 거는 것 같다.

임기 중반부터 강조한 중도실용과 동반성장 정책의 성과와 의의는?
'중산층을 두텁게, 서민을 따뜻하게' 구호 아래 중도실용 정책을 폈다. 등록금을 취업 후에 상환토록 하는 학자금 대출을 도입하고, 영세사업장 사업주와 근로자의 고용보험·국민연금 일부를 국가에서 지원하는 '두루누리 사회보험료 지원사업'도 시행했다. 일 하려는 유인을 훼손하지 않고, 일을 하거나 배우면 도와준다는 점에서 일하는 복지, 웰페어 아닌 워크페어 정책이다.

소결

이명박 대통령은 2011년 한미 FTA의 국회 비준을 앞두고 야당 설득을 위해 팔을 걷어붙이고 나섰다. 당시 민주당 원내대표였던 김진표 전 국회의장은 회고록에서 "이 대통령이 아시아태평양경제협력체 APEC 회의 일정을 마치고 주저 없이 국회로 달려왔다"고 기억하고 있다. 민주당이 주장한 문제 사안은 모두 반영하겠다고 약속해줌으로써 민주당의 반대론자들도 비준안 처리에 응하기로 합의할 수 있었다는 것이다. 이 대통령의 실리주의가 엿보이는 대목이다.

이 대통령은 글로벌 금융위기가 발생했던 2008년 10월 1일에도 공항에 도착하자마자 청와대 서별관(청와대 서쪽 끝 회의용 건물)에서 열리고 있던 거시경제정책협의회 회의장으로 달려갔다. 한국 경제에 대한 국제 금융시장의 불신이 쌓이지 않도록 한미 통화스와프를 체결하고 신년 업무보고를 앞당겨 예산의 조기집행이 이뤄지도록 진두지휘했다. 비상경제대책회의를 통해 기업과 중소상공인들의 자금난을 최소화하는 등 상황관리를 다그쳤다.

이명박 정부 5년 내내 청와대와 각 부처 고위직들은 잠시도 부하들이 '노는 꼴'을 못 보는 '워커홀릭(일중독)' 대통령 밑에서 혹사당하다시피 뛰어야 했다. 글로벌 금융위기를 1년 만에 모범적으로 극복한 나라로 각국 언론의 조명을 받게 된 게 우연이 아니었다. 자수성가한 기업인 출신 대통령이 새벽별 보며 출근해서 밤별 보며 퇴근하는 강도 높은 업무환경을 직접 이끌었다. UAE 원전 수출과 4대강 살리기 사업 등은 이 대통령의 비즈니스 리더십과 불도저 리더십으로 불리는 추진력이 잘 발휘돼 성과를 낳은 사례라고 할 수 있다.

때로는 목표중심주의, 성과주의가 앞서다가 대중의 감성을 놓치고 어려움을 자초하는 일도 있었다. 임기 첫해 한미 FTA의 마지막 걸림돌이었던 쇠고기협상 과정에서 폭발했던 광우병 사태가 대표적이다. 또한 임기 초, 능력 중심 인사라며 내세웠던 인물들이 '고소영(고려대·소망교회·영남)', '강부자(강남 땅부자)' 내각이라는 소리까지 나올 정도로 도덕성 시비로 잇따라 낙마하는 인사난맥상을 겪기도 했다.

기업하기 좋은 환경을 만드는 '비즈니스 프렌들리' 정책을 폈지만, 중소기업에까지 온기가 고루 퍼지는 '낙수효과'는 좀처럼 나타나지 않았다. 이에 따라 임기 중반부터 친서민 중도실용을 앞세운 동반성장 정책으로 중소기업 및 자영업자, 청년 지원 정책을 대폭 확대했다.

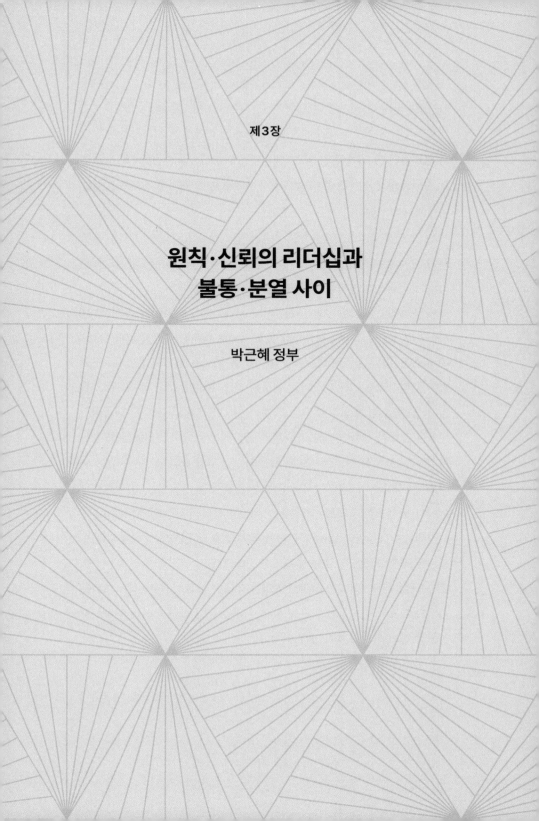

제3장

원칙·신뢰의 리더십과
불통·분열 사이

박근혜 정부

"거짓은 잠시 사람들의 눈을 가리고 귀를 막아 세상을 속일 수 있겠지만 시간이 지나면 진실이 그 모습을 반드시 드러낼 것으로 믿고 있다."

국정농단 사건으로 옥중에 있던 박근혜 전 대통령이 지지자들에게 썼던 편지글의 한 대목이다. 박 전 대통령은 2021년 말 출간된 책《그리움은 아무에게나 생기지 않습니다》에서 이처럼 탄핵 재판 과정의 부당함을 반복해서 주장했다.

박 전 대통령은 2018년 3월 이명박 전 대통령의 수감을 알리는 지지자의 편지에 대한 답장에서도 "거짓말로 세상을 속이고 선동한 자들은 그들이 누구라도 언젠가 대가를 치를 것"이라고 썼다.

박 전 대통령이 2012년 대선 때 내세웠던 핵심 슬로건은 '국민이 행복한 나라'였다. 그러나 헌정사상 첫 탄핵으로 물러나는 대통령이 됨으로써 자신은 물론 국민에게도 행복하지 못한 역사를 남기고 말았다. 또한 최고 권력자라도 법에 어긋나는 행동을 하면 현직에 있을 때라도 수사를 받고, 탄핵을 당해 물러날 수 있다는 첫 사례를 남겼다. 박 전 대통령의 탄핵은 헌법상 절차에 따라 이루어졌지만, 이후 탄핵이 정권을 흔들기 위한 야당의 정치적 무기로 빈번이 활용되는 계기가 됐다.

박 전 대통령이 과연 탄핵을 당할 만한 잘못을 저질렀는가, 국정농단 수사나 탄핵소추가 과했는가 하는 것은 이 책의 직접적 주제가 아니다. 다만 박 전 대통령이 당시 직면했던 정치 상황과 탄핵의 불씨를 제공한 원인은 무엇이었는지, 그와 별개로 박근혜 정부가 역점을 두어 추진했던 주요 국정과제는 어떠한 성과를 낳았는지 등을 살펴보고자 한다. 그것은 탄핵으로 조기에 퇴장한 박근혜 정부에 대한 균형 잡힌 평가를 위해서도 한번쯤 짚어봐야 할 숙제이다.

신뢰받는 정부와 탄핵 사태

원칙과 신뢰를 트레이드 마크로 대통령에까지 올랐던 박근혜 대통령. 박근혜 정부가 취임 초 '신뢰받는 정부'를 주요한 국정기조의 하나로 내세운 것도 그가 '신뢰'에 얼마나 많은 가치를 부여했는지 알수 있게 해준다. 그런 박근혜 정부가 비극적인 탄핵으로 막을 내리게 된 서막은 2016년 10월 24일 태블릿 PC 1대가 JTBC 보도로 세상에 공개되면서 시작됐다. 태블릿 PC에선 박 전 대통령의 연설문을 비롯해 인사개입 정황 등이 담긴 청와대 문건이 발견됐다. 언론에선 이전까지 의혹 수준에 머물던 '비선실세'의 존재를 증명하는 일종의 '스모킹 건(결정적 증거)'이 나온 것으로 여겨졌다.

태블릿 PC 보도 다음 날인 10월 25일 박 전 대통령은 청와대 춘추관에서 연설문 유출 등과 관련해 대국민 사과 기자회견을 했다. 1차 사과였다. 박 대통령은 "일부 연설문에서 (최순실 씨의) 도움을 받은 적 있다"며 의혹을 일부 시인했다. 다만 "청와대 보좌체계가 완비된 이후에는 그만뒀고 순수한 마음에서 한 일이었다"며 확대 해석을 경계했다.

박 전 대통령은 회고록을 통해 당시 대국민사과문을 발표하게 된 상황에 대해 언급했다.

나는 그때만 해도 최 원장(과거 유치원 원장을 지내 최 원장으로 호칭)을 사적으로 청와대로 부른 일이나 연설 원고를 몇 차례 보여주고 의견을 구한 것 정도만 문제가 된 것이라고 생각한 것이다. 정호성 비서관을 통해 원고를 전하고 의견을 구한 것은 사실이니, 내가 계속 모른 체 버티면 결국 정 비서관이 다칠 수밖에 없었다. 그건 나로서는 용납할 수 없는 일이었다. 그래서 이 문제는 내가 국민 앞에 진솔하게 사과를 한다면 되지 않겠냐는 것이 솔직한 심정이었다. 사과문의 초점도 '대통령 취임 후 개인적 인연이 있던 최순실 씨로부터 대통령 일부 자료에 대해 의견을 들은 적이 있는데 이게 국민들에게 심려를 끼쳤다면 송구스럽게 생각한다'는 것이었다.(박근혜, 2024)

탄핵으로 퇴진한 첫 대통령

하지만 1차 사과를 기점으로 야당과 언론에선 박 전 대통령과 최 씨의 국정농단 의혹을 무차별적으로 제기했다. 사실이 아니거나 진위가 확인되지 않은 유언비어성 보도가 이어졌다. 1차 사과가 나온 지 3일 뒤인 10월 28일, 한국갤럽의 박 대통령 국정수행 지지율은 20% 선이 무너져 취임 이후 최저치인 17%로 내려앉았다. 그로부터 이틀 뒤 10월 30일 박 대통령은 우병우 민정수석, 안종범 정책조정수석과 문고리 3인방(이재만·정호성·안봉근 비서관)을 경질했다.

정치권과 언론은 단순히 대통령이 사적으로 가까운 최 씨에게 원고 등 일부 자료에 대해 의견을 들은 정도로 여기지 않았다. 박전 대통령이 미처 파악하지도 못한 각종 의혹에 대해 100% 인정한 것처럼 받아들였고, 민심은 순식간에 기울었다. 최 씨가 청와대

비서관들을 자신의 수족처럼 부렸다든지, 국정에 깊숙하게 개입해 중요한 결정을 했다든지, 대통령과 공모해 기업들에 돈을 요구했다는 등의 의혹들도 기정사실로 받아들이는 분위기였다.

박 전 대통령은 "여론의 속성을 예견하지 못했던 것이 내 불찰이었다. 사과를 하더라도 내가 인정할 부분과 내가 모르는 부분은 명확히 선을 그었어야 했다. 또 최 원장 사건의 진상을 파악하려면 시간이 필요한 만큼 사과를 그렇게 서두를 일도 아니었던 것 같다"며 당시의 '성급했던' 사과를 후회하는 심정을 드러내기도 했다. 당시 청와대 참모진의 건의를 받아들여 사과 기자회견을 한 것이 "돌이킬 수 없는 악수惡手"였다는 것이다. 최 씨와의 연결고리를 쉽게 인정하는 바람에 야당에 공격의 빌미를 줘 결국 탄핵에 이르렀다는 후회다.

당시 박 대통령 검찰 수사와 탄핵심판 변호인을 맡아 '박근혜의 방패' 역할을 했던 유영하 국민의힘 의원도 "사과를 서두를 필요는 없었다"고 설명했다.

"박 대통령이 사태 파악을 미처 못 했는데도 주변의 잘못된 건의에 떠밀려 사과문을 내는 바람에 내용이 두루뭉술해지면서 국민의 의문만 증폭돼 2차, 3차 사과를 해야 했던 거예요."(강찬호, 2024)

사실 파악 없는 추상적 사과가 박근혜 탄핵을 자초했다는 것이다. 여하튼 박 전 대통령의 기대와 달리 사과 회견 이후 태블릿 PC 사건은 박 전 대통령과 그의 비선실세로 지목된 최서원(개명 전 최순실) 씨를 넘어 박근혜 정부 여러 실세들과 대기업 오너들까지 연루된 '국정농단 사태'로 번져 나갔다.

여기서 박 전 대통령의 주장처럼 자신의 비극이 사실을 인정하고 1차 사과를 한 데서 비롯됐는지는 의문이다. 오히려 사과의 진정성을 담보하고 공멸을 막기 위한 해법을 적기에 제시하지 못한 채 시간을 허비한 정치력의 부재가 탄핵을 부른 측면도 있기 때문이다.

검찰은 최 씨 의혹을 수사하기 위한 특별수사본부(이하 특수본)를 설치했다. 최 씨가 독일에서 귀국(10월 30일)한 뒤 검찰수사는 급물살을 탔다. 같은 해 11월 3일 최 씨는 대기업들을 압박해 미르·K스포츠재단의 출연금을 받아 낸 직권남용 권리행사방해 등 혐의로 구속됐다.

박 대통령은 이에 다음 날인 11월 4일 2차 담화(대국민사과)를 통해 "내가 이러려고 대통령을 했나 하는 자괴감이 든다"며 "검찰 조사와 특검까지 수용하겠다"고 말한 뒤 고개를 숙였다. 같은 날 발표된 박 대통령의 국정수행 지지율은 5%였다.

박 전 대통령의 최측근이었던 안종범 전 청와대 경제수석과 정호성 전 청와대 제1부속비서관도 구속됐다. 박 대통령은 검찰 수사가 점점 자신에게 좁혀오자 조사를 받겠다는 당초 약속을 뒤집었다. 검찰 특수본은 삼성과 현대 등 재단 출연금을 낸 기업의 총수들을 불러 조사했다. 최 씨 주변 인물에 대한 수사도 함께 진행돼 최 씨의 딸 정유라 씨의 이화여대 입시 비리에 대해서도 조사를 시작했다. 박 대통령은 11월 29일 "임기단축 등 거취를 국회에 맡기겠다"는 내용의 3차 대국민 담화를 내놓으며 국면전환을 시도했다. 그러나 국회는 열흘 뒤인 12월 9일 탄핵소추안을 의결했다. 고故 노무현 대통령에 이어 헌정사상 두 번째 현직 대통령의 탄핵소추안 가결이었다.

이 무렵부터 국정농단 사건을 본격적으로 조사하기 위한 특검(특별검사 박영수)이 가동되기 시작했다. 특검은 검찰 특수본 수사 자료를 검토한 뒤 공식 수사를 시작했다. 김기춘 전 대통령비서실장과 조윤선 전 문화체육관광부 장관 등 '문화계 블랙리스트' 관련 인사부터 정유라 씨와 이화여대 등으로 수사 대상을 전방위로 넓혀갔다. 해가 바뀌면서 특검의 수사범위는 청와대로 좁혀졌다. 그 결과 박 전 대통령을 뇌물수수 혐의 피의자로 입건하고 총 17명을 기소하는 것으로 공식 수사를 마쳤다.

2017년 3월 10일 이정미 당시 헌법재판소장 권한대행은 "피청구인 대통령 박근혜를 파면한다"는 주문을 낭독했다. 헌법재판소의 탄핵심판에서 헌정사상 최초로 현직 대통령에 대한 탄핵결정이 내려진 것이다.

검찰은 박 전 대통령 소환조사를 거쳐 직권남용, 뇌물수수, 강요, 공무상 비밀 누설 등 혐의로 구속영장을 청구했고 법원은 이를 받아들였다. 구속수사를 통해 검찰은 박 전 대통령에게 뇌물 수수액만 433억 2,800만 원에 달하는 혐의를 적용해 기소했다.

국정농단 사건 재판은 연루된 인물과 증거가 방대했다. 1심 선고는 박 전 대통령이 구속된 지 371일 만에 나왔다. 박 전 대통령에게는 징역 24년에 벌금 180억 원의 중형이 선고됐다. 모두 18개의 혐의 중 16개에 대해 유죄가 인정됐다.

1심 선고 이후 박 전 대통령은 항소를 포기했지만 특검은 항소를 제기했다. 2심에선 1심에서 인정되지 않은 뇌물 일부가 인정되면서 형량이 징역 25년에 벌금 200억 원으로 늘었다. 국정농단 사건과 함께 국정원 특별활동비(이하 특활비) 사건도 재판이 진행됐다. 박 전 대통령이 국정원장들과 공모해 특활비를 교부받은 혐의(특가법상 뇌물, 업무상 횡령)로 추가 기소됐기 때문이다. 국정원 특활비 사건에 대해서는 1심에서 징역 6년에 추징금 33억 원이 선고됐다. 2심에선 유죄와 무죄 부분이 각각 일부 파기되면서 형량이 징역 5년에 추징금 27억 원으로 경감됐다.

첫 상고심에서 대법원은 강요죄와 직권남용 등 일부 혐의에 대해 다시 판단하라는 취지로 파기환송 결정을 내렸다. 이어진 파기환송심에서는 국정농단 사건과 국정원 특활비 사건을 병합해 재판을 진행했다.

파기환송심에선 국정농단 사건에 대해 징역 15년에 벌금 180억 원, 국정원 특활비 사건의 경우 징역 5년을 선고했다. 두 사건을 합해 원심인 징역 총 30년에 비해 형량이 10년 줄어든 것이다. 특검은 재상고했다. 대법원이 특검의 재상고를 기각함에 따라 박 전 대통령 형량은 징역 20년에 벌금 180억 원으로 원심대로 확정됐다.

문건유출 사건에서 조짐 보인 비선(秘線)정치

박근혜 전 대통령은 회고록에서 국정농단 사건의 직접적 계기가 됐던 최서원 씨의 비선실세 여부와 관련해 이를 부인하는 설명을 했다. 간추리면 이렇다.

최서원 원장은 박근혜 전 대통령이 1970년대 중반 '새마음 봉사단' 총재를 맡아 활동할 때 조언을 해준 최태민 목사의 딸로 당시엔 가까운 사이가 아니었다. 박정희 대통령이 서거하고 청와대를 나온 이후 전에 살았던 서울 신당동 자택으로 돌아왔을 때 최 목사 일가가 고敀 박정희 전 대통령의 남겨진 3남매의 어려운 상황을 도와줬다. 1997년 말 대선 직전 박근혜 전 대통령이 한나라당에 입당하고 1998년에 대구시 달성군 보궐선거에 나오면서 옆에서 도와줄 사람이 필요해 최 목사의 부인(최서원의 모친) 임선이 여사에게 도움을 요청하자 사위이자 최서원의 남편인 정윤회 씨를 소개했다. 정 씨와 최 원장이 곁에서 도와주면서 최서원-정윤회 부부와 가까워졌다고 한다.

대통령에 당선돼 청와대로 들어오면서 사적인 심부름을 할 사람이 없었다. 대통령이 여성이니까 (남성) 비서관들한테 시키기 어려운 것들이 있었고, 그래서 최 원장이 청와대에 드나들면서 심부름하게 된 것이다. 2016년 비선실세 논란이 터진 이후 '차라리 진작에 최 원장에게 공식 직함을 주고 일을 시켰으면 어땠겠느냐'고 하는 사람도 있다.

하지만 최 원장 스스로 자신을 노출시키는 걸 원하지도 않을 것이고, 주로 개인적인 일을 맡기는 최 원장에게 공식 직함을 준다는 것은 적절하지 않다고 생각했다.(박근혜, 2024)

개인적으로 사적인 심부름을 도와주는 사람일 뿐 비선실세 역할은 맡긴 적도 없고, 그렇게 인식한 적도 없다는 것이다. 최 씨가 미르, K스포츠재단 운영에 개입한 데 대해서도 박 전 대통령은 "K스포츠재단, 미르재단 이사진을 최 원장으로부터 추천받은 것은 사실이지만 검증을 거쳤고, 그 분야에서 전문성이 탁월한 분들이라고 해서 크게 문제가 될 거라고는 생각지 못했다"고 했다. 그러나 최 씨에게 공적인 성격의 일에 관여할 여지를 준 것은 국정농단으로 이어질 수 있는 중대한 실책임에 틀림없다. 박 전 대통령도 〈중앙일보〉 인터뷰에서 "당시 내가 왜 그 문제를 그리 가볍게 지나쳤는지 지금 생각해봐도 모를 일이다. 그때 재단 이사 추천과 운영을 전경련이 주도하도록 했으면 아무 일도 일어나지 않았을 것이라는 후회가 가슴을 친다"고 했다.

"처음에 최 원장이 '재단 이사진으로 좋은 사람들을 소개할까요'라고 했을 때 거절하지 않은 것을 정말 많이 후회했다. 검찰 조사를 받으며 들으니까 최 원장이 재단 실무진의 면접도 보고 운영도 관여했다는 얘기를 듣고 너무 놀랐다. 하지만 이 모든 게 주변을 제대로 관리하지 못한 제 불찰이라 국민 여러분께 진심으로 사과의 말씀을 드린다."

최 원장은 '비선실세'라기보다는 의상·생필품 구매와 가끔 연설문에 자신의 의견을 보태는 정도였다. 최 원장이 그런 엉뚱한 짓을 벌이고 다닐 줄 몰랐다는 게 박 전 대통령이 회고하는 골자다. 행적을 정확히 파악했어야 했는데 그러지 않았던 것이 큰 실책이라는 얘기다. 하지만 대통령 탄핵까지 초래한 최서원 씨의 비선실세 논란은 이미 임기 초반 터진 '청와대 정윤회 문건' 사건에서 그 싹을 드러낸 바 있다.

2014년 11월 28일 〈세계일보〉 1면에 박근혜 대통령의 과거 측근이었던 정윤회 씨가 청와대 핵심들을 비선라인으로 활용하며 국정에 개입했다는 보도가 실렸다. 정윤회 실장(과거 박근혜 의원의 비서실장을 지내 '정 실장'으로 호칭)이 박 전 대통령의 측근인 청와대 문고리 3인방(이재만·정호성·안봉근 비서관)을 비롯해 10명의 여권인사들과 주기적으로 만나면서 국정에 개입하고 있다는 내용이었다.

보도의 출처는 청와대 공직기강비서관실에서 유출된 내부 보고서였다. 이른바 '정윤회 문건' 사태를 촉발한 이 보도는 큰 정치적 파장을 일으켰다. 이 사건과 연루된 박관천 전 청와대 공직기강비서관실 행정관은 검찰 조사에서 "우리나라의 권력 서열이 어떻게 되는 줄 아느냐? 최순실 씨가 1위, 정윤회 씨가 2위이며 박근혜 대통령은 3위에 불과하다"고 말했다고 언론에 보도됐다.

'정윤회 문건'이 터지기 몇 달 전이었던 2014년 3월 주간지 〈시사저널〉에는 '정윤회의 박지만 미행 설'이 보도된 적이 있다. 정 실장의 사주를 받은 남양주의 한 카페 운영자가 오토바이를 타고 박근혜 대통령의 동생인 박지만 EG 회장을 주기적으로 미행 감시했다는 내용이었다. 만일 이때 박 대통령이 이상하다고 느껴 사건의 진상을 철저히 파헤쳤다면 몇 달 뒤 나라를 뒤흔드는 큰 소동은 없었을지 모른다고 박 전 대통령은 술회했다.

박 전 대통령이 2007년 한나라당 대선후보 경선에 나서자 최태민 목사와 관련된 마타도어가 확산하면서 정 씨도 '최태민의 사위'라는 꼬리표가 붙게 됐다. 그는 다음 대선이 있었던 2012년 이전에 박 전 대통령 곁을 떠났고, "나와의 인연도 거기까지"라는 것이 박 전 대통령의 회고다. 과거 정 씨가 자신의 측근으로 활동했던 것은 맞으나 2012년 대선 무렵에는 이미 박 전 대통령의 곁을 떠난 상태였고, 따라서 정 씨가 정권의 실세였다는 것은 터무니없는 소리라는 것이다. 박 전 대통령은 정윤회 씨가 국정에 개입했다는 보고서는 당시 청와대 공직기강비서관실의 조응천 비서관(훗날 더불어민주당 국회의원)과 박관천 행정관이 '증권가 지라시'를 토대로 사실이 아닌 문건을 작성한 것이라고 밝혔다.

2014년 11월 불거진 정윤회 씨와 이른바 십상시의 국정개입 의혹에 대한 수사결과는 서울 모처에서 국정에 관여하는 비선모임이 이뤄졌다는 의혹에 실체가 없다는 것이었다. 비선의 실체와 국정개입 여부를 밝히는 게 핵심이었던 검찰수사는 청와대 문건을 밖으로 빼돌린 사람을 색출하는 '국기문란 사건'으로 마무리됐다. 이는 국정농단 사건의 예고편 격이었다. 문건유출 사건 때 수사가 제대로 이뤄졌다면 초유의 대통령 탄핵과 혼란을 피할 수도 있었을 것이다. 당시 한 여론조사에서 청와대 문건유출 사건의 수사결과를 신뢰하지 않는다는 응답이 59%에 이르렀다. '정윤회 문건' 사건 2년 뒤에 최서원 원장 문제가 불거지자 최 원장의 전 남편이었던 정 실장이 정말로 정권에 깊숙이 개입했다고 믿는 사람들이 생겨났다.

여기서 중요한 것은 국민들 사이에 공식 직책도 없는 최순실-정윤회 씨가 국정에 깊숙이 개입해 왔다고 믿는 사람이 적지 않았다는 사실이다. 그런 인식이 깔려 있는 상황에서 최 씨가 박 대통령의 연설문 등 국정에 일부 관여하는 듯한 정황이 태블릿 PC를 통해 드러나면서, 여러 의혹이 사실인 듯 개연성의 날개를 달고 확산된 것이다. 만일 박 전 대통령이 정윤회 문건 사태를 '청와대 문건이 유출된 국기문란 사건'이라며 유출자 처벌에 초점을 맞출 게 아니라, 비선의 국정개입 의혹에 대해 철저히 파헤쳐 화근을 제거하는 계기로 삼았다면 어땠을까 하는 아쉬움이 남는다. 그랬다면 국정개입 의혹을 야기할 수 있는 최 씨와의 관계도 조기에 정리되고 헌정사상 첫 탄핵이라는 비극도 싹트지 않았을 것 아닌가.

박 전 대통령도 회고록에서 "정 실장의 국정개입은 사실이 아닌 것으로 드러났지만, 당시 해소되지 못하고 널리 퍼졌던 루머들이 '최서원 사태'를 거치면서 사실처럼 윤색돼 국민의 실망과 분노를 폭증시켰다"고 술회했다. 돌이켜 생각해보면 2014년 정 실장 논란이 불거졌을 때 최서원 원장에 대해 좀 더 주의를 기울였으면 어땠을까 하는 후회가 든다는 것이다. 그때만 해도 정 실장에 대한 의혹이 워낙 터무니없는 데다 자신이 100% 진실을 알고 있었기에 이런 의혹이나 소문 또는 언론보도만으로 일을 처리한다는 것은 위험하다는 생각을 갖게 됐고, 이런 경험들이 최서원에 대해 경계를 풀고 느슨하게 만든 것 같다는 얘기다. 이게 천추의 한으로 남을 실수였다는 것이다.(박근혜, 2024)

여기서 박 전 대통령이 최서원에 대해 주의를 기울이지 못하게 된 '경계의 실패'에는 문고리 권력으로 불렸던 최측근 3인방의 '경보 기능'이 작동하지 못한 데도 원인이 있다. 박 전 대통령의 수사와 탄핵심판 과정의 변호인으로서 가장 가까이서 도왔던 유영하 국민의힘 의원의 회고다.

"그 사실을 (최서원의 전횡을) 정호성 등 대통령과 가까웠던 측근 비서관들은 알고 있었어요. 그런데 최서원이 삼성으로부터 돈과 말을 받고, 독일에서 호텔을 샀다는 얘기가 내 귀에까지 들어왔는데도 그들은 대응하지 않았어요. 내가 2016년 9월에 그 소문을 듣고 정호성한테 '호성아, 최서원 씨가 독일에서 200만 달러 주고 호텔 샀단다. 자기 돈이든 남의 돈이든 큰 문제니 알아봐라' 했는데 답이 없어요. 그때 정호성 등은 최서원이 이상한 짓을 하고 있다는 걸 대충 알고 있지 않았을까 하는 의심이 나중에 들었어요. 만약 알았다면 당연히 경고음을 냈어야죠. 그게 그들의 역할입니다."(강찬호, 2024)

박 전 대통령의 탄핵은 '비선실세', '문고리 권력'의 폐해를 보여주는 한 사례이기도 하다. 이는 그의 불행했던 개인사에 기인한 측면도 있을 것이다. 박 대통령은 인터뷰에서 자신이 가장 즐겨보는 프로그램으로 〈동물의 왕국〉을 꼽은 일이 있다. "동물은 배신하지 않기 때문"이라는 이유에서였다. 부모를 총탄에 잃은 그가 주변 사람을 쉽게 믿기는 어려웠을 것이다. 그것이 비선실세와 문고리 권력을 탄생시켰다.

소통 부재와 보수의 분열

2015년 1월 12일 청와대 춘추관에서 열린 박근혜 대통령의 새해 기자회견 때 일이다. 박 대통령은 (장관들의) 대면보고가 부족한 것 아니냐는 기자의 질문에 이렇게 답했다.

"대면보고보다 그냥 전화 한 통으로 빨리 하는 것이 더 편리할 때가 있어요. 대면보고가 그렇게 중요하다고 생각하시면 그걸 늘려나가는 방향으로 하겠지만…"

박 대통령은 이어 어색하게 웃으며 뒷줄에 앉은 장관들을 향해 물었다. "그게 필요하다고 생각하세요?" 박 대통령식의 썰렁한 농담에 잠깐의 정적이 지난 뒤 장관들은 멋쩍게 따라 웃었다.

취임 2년이 다 됐을 무렵이지만 기자의 즉석 질의를 허용한 회견으로는 두 번째에 불과했다. 소통 부족에 대한 우려가 커져 가던 때였다. 청와대 고위 참모들도 대통령의 전화는 밤낮으로 받지만, 먼저 대통령에게 전화하는 건 상상하기 힘들다는 얘기가 나올 정도였다.

근무지가 떨어져 있는 장관뿐만 아니라 청와대에서 함께 근무하는 수석비서관들도 회의 때나 대통령의 얼굴을 볼 수 있을 만큼 박 대통령은 대면보고 기회를 많이 갖지 않았다고 한다. 어떤 수석은 근무 기간 내내 박 대통령과 독대 한 번 못 해보고 청와대를 떠나는 경우까지 있었다는 보도도 있었다.

소통의 부재. 역대 대통령들마다 정도 차이는 있지만 소통이 부족하다는 비판은 어느 정도 받아온 게 사실이다. 하지만 박 전 대통령의 경우는 청와대의 소수 측근을 빼고는 여당 대표, 원내대표 등 핵심적인 여권 라인과도 소통이 쉽지 않다는 비판이 재임 내내 끊이지 않았다. 대통령 입장에서 여당과의 관계를 잘 유지하는 것은 성공적 국정 운영에 매우 중요하다. 박 전 대통령이 〈중앙일보〉 인터뷰에서 "내가 재임 중에 새누리당과의 관계를 보다 원만히 풀어가지 못한 건 큰 회한으로 남아있다"고 토로한 것도 이런 이유에서일 것이다.

필자는 〈동아일보〉 논설위원 시절 박 전 대통령이 서면보고에 주로 의존하고 대면보고와 직접 소통, 현장소통이 지나치게 제한돼있다고 지적하고, 이것이 위기관리 면에서 심대한 문제점을 낳을 수 있다는 점을 여러 차례 칼럼으로 지적한 바 있다. 하지만 마이동풍馬耳東風이었다.

친박에는 좌장이 없다

박근혜 정부 시절 당·청 관계의 결정적 분기점은 2014년 7월 14일 전당대회였다. 황우여 대표가 2년의 임기를 마친 뒤 새 대표를 뽑는 경선이 열렸다. 서청원 의원과 김무성 의원이 양강 구도를 형성했다. 박근혜 대통령은 개인적인 관계로 볼 때 서청원 의원이 여당 대표가 되는 게 당·청 관계에 좀 더 보탬이 될 것이라고 생각했다. 실제로도 당내 친박계가 주로 서 의원을 밀었다. 대통령이 직접 경선에 개입하면 부작용이 클 게 뻔하기 때문에 직접 의중을 내비치는 것은 최대한 자제했지만, 당내에선 '박심'朴心이 서청원에 있다는 것을 의심하는 이가 거의 없는 분위기였다.

하지만 막상 뚜껑을 열어 보니 김무성 의원이 29.6%의 득표율로 서청원 의원(21.5%)을 예상보다 큰 격차로 이기고 새 당대표가 됐다. 김 의원이 상향식 공천(오픈 프라이머리)을 하겠다고 공약한 게 의원들과 원외 당협위원장들에게 상당히 어필한 것으로 분석됐다. 당원들이 후보를 뽑는 상향식 공천은 정당 민주화라는 대의명분만 놓고 보면 이상적인 제도라 할 수 있다. 민주주의의 전통이 굳건한 구미 선진국에선 보편화된 제도이기도 하다. 그러나 풀뿌리 정당정치 기반이 아직 취약한 한국에서 상향식 공천은 자칫 현역 의원들의 기득권을 강화하는 도구로 악용될 수 있다. 정치 신인들은 각종 규제로 꽁꽁 묶여 있기 때문에 경선에서 자금·조직력·인지도가 압도적으로 우세한 현역 의원들이나 당협위원장을 꺾기란 쉽지 않다.

김무성 의원은 2005년 박 대통령이 한나라당 대표로 있던 시절에 사무총장으로 발탁되며 인연이 시작됐다. 김 의원은 2007년 대선 경선 때도 캠프에서 핵심 역할을 맡았다. 그러나 이명박 정부 시절에 들어와 두 사람은 소원해졌다. 2009년 5월 당시 청와대가 김 의원을 원내대표에 추대하려고 했으나 당시 박근혜 전 대표가 반대하는 바람에 무산되는 일이 있었다. 2010년 세종시 수정안 논란은 두 사람 사이를 결정적으로 멀어지게 한 계기가 됐다. 김 의원이 세종시 원안에 대한 절충안을 제시했지만, 박 전 대표는 "가치 없는 얘기"라고 단박에 잘라버렸다. 당시까지만 해도 이른바 '친박 좌장'으로 불리던 김무성 의원이 세종시에 대해 박근혜 전 대표와 다른 의견을 얘기한다면, 외부에서 박 전 대표 생각도 달라진 것 아니냐는 혼선을 줄 수 있다고 생각했다는 것이다. 그래서 나온 박 전 대표의 언급이 "친박에는 좌장이 없다"는 것이었다.

박 전 대통령은 2014년 12월 청와대 비공개 만찬에서 김무성 대표가 빠지게 된 것과 관련해 "당시 좀 어색하더라도 김 대표를 만나는 게 좋았을 것이란 생각도 든다. 지나고 나면 아쉬운 일이 참 많다"고 회고했다.

박 대통령과 김무성 대표 간 파열음의 직접적 계기는 2016년 20대 총선을 앞두고 발생한 공천제도 변경 논란이었다. 김 대표는 2014년 전당대회에 출마했을 때부터 내세운 '오픈 프라이머리'(완전개방형 국민경선제)를 도입하겠다는 입장을 굽히지 않았다. 그러나 박 대통령은 오픈 프라이머리에 부정적이었다. 그렇게 할 경우 현역 의원들이 대부분 재공천을 받게 될 텐데, 야당이 대대적인 '새 피 수혈'로 나오면 선거가 어려워질 것이란 걱정을 하지 않을 수 없었던 것이다. 또 야당 지지자들이 조직적으로 여당 경선에 개입할 가능성도 있었기에, 청와대 참모나 새누리당에서도 비슷한 우려를 하는 사람이 많았다.

오픈 프라이머리 문제를 놓고 2015년 가을부터 김 대표와 당내 친박계 인사들 사이에 마찰이 커졌다. 그러다 그해 9월 28일 김 대표와 새정치민주연합 문재인 대표가 부산에서 만나 안심번호를 활용한 국민공천제를 도입하기로 합의하면서 갈등이 폭발했다. 유엔 총회 참석차 미국을 방문하고 9월 30일 새벽 귀국한 박 대통령은 현기환 정무수석으로부터 여야 대표 간 합의 내용을 보고받은 뒤 김성우 홍보수석에게 즉시 안심번호 국민공천제의 문제점을 기자들에게 설명하라고 지시했다. 이듬해 벌어질 공천파동의 예고편이었다.

'배신의 정치' 심판론

박 전 대통령은 회고록에서 임기 첫해인 2013년 당시 진영 보건복지부 장관이 난데없이 물러난 일에 대해 연유를 모르겠다는 태도를 보였다.

"재정 상황이 좋지 않아 내가 욕을 먹더라도 공약을 손질하는 수밖에 없었다. 그래서 관련 전문가들과 상의한 결과 소득 하위 70%의 노인을 대상으로 매달 10만~20만 원의 기초연금을 국민연금 가입 기간과 연계해 차등 지급하는 것으로 조정했다. 진 장관의 거친 반발은 굉장히 놀랍고 뜻밖이었다."

진 장관이 사표를 내기 전에 박 대통령에게 면담을 요청했지만 불발됐다는 얘기가 나중에 언론을 통해 나온 데 대해 박 전 대통령은 "당시 그런 요청을 받은 적이 없다"면서 그때 직접 만나 허심탄회하게 얘기를 나눌 수 있었다면 좋았을 것 같다는 아쉬움이 남는다고 했다.

필자가 당시 사퇴를 앞두고 청와대와 연락이 단절됐던 진 장관과 통화했던 내용은 좀 달랐던 것으로 기억한다. 진 전 장관에 따르면 당시 기초연금과 국민연금을 연계하는 것은 안 된다고 보고했을 때 대통령은 '알아서 하라'고 했는데, 나중에 청와대 수석을 통해서는 '연계한다. 다른 소리가 나와선 안 된다'고 하더라는 것이었다. 연금 전문가들은 기초연금과 국민연금을 연계한다는 것은 국민연금의 기본원칙을 허무는 것으로 절대 안 된다고 했다. 대통령이 직접 보고를 안 받으니 장관이 할 수 있는 일이 없으며, 현장과 대화해야 할 시간에 보고서를 어떻게 잘 만들지를 고민해야 한다며 무력감도 토로했다.

주무 장관이 대통령과 소통하지 못하고 정책 조율에서 사실상 배제된 끝에 사의를 밝히게 된 상황에 대해 대통령은 그 이유를 모르겠다는 식으로 받아들였다는 것은 소통 부재가 어느 정도였는지를 짐작케 하는 대목이다.

2015년 6월 25일 국무회의에서 박근혜 대통령은 "당선된 후 신뢰를 어기는 배신의 정치는 패권주의와 줄세우기 정치를 양산하는 것으로, 반드시 선거에서 국민께서 심판해 주셔야 할 것입니다"라고 또박또박 끊어가며 말했다. '배신의 정치'는 유승민 당시 새누리당 원내대표를 지목한 것으로 해석되면서 파장을 일으켰다. 대통령이 여당의 원내 사령탑을 이처럼 노골적으로 비판한 것은 전례가 드문 일이었다. 유 원내대표는 결국 7월 8일 원내대표직에서 물러났다. 이듬해 총선에서 이른바 '진박 감별사' 논란과 함께 유 원내대표의 공천 탈락 및 무소속 출마, 김무성 새누리당 대표의 '옥새 파동' 등으로 이어지는 여권 분열이 시작되었다.

박 전 대통령은 회고록에서 2004년 총선 당시 유승민을 비례대 표 안정권으로 챙겼던 일화를 들며 "정치권의 인연으로 따지면 오 래된 사이"라면서도 "언제부턴가 나와 거리를 두기 시작했는데 아 직도 그 이유를 정확히 모른다"고 말했다.

박 전 대통령은 유승민 의원과 사이가 벌어지게 된 것에 대해 "언제부터인지 잘 모르겠지만"이라고 했으나, 유 의원은 2008년 부터 이미 박 전 대통령과 거리를 뒀던 것으로 알려져 있다. 박 대 통령과 유 의원 간 인연은 2005년에 당대표와 비서실장으로 맺어 졌다. 2007년 대선후보 경선에서 유승민 의원은 'MB(이명박) 저격 수'로 이름을 날릴 만큼 박근혜 캠프의 핵심인물이었다. 그러나 2012년 유승민 의원은 한나라당에서 새누리당으로 당명을 개정하 는 데 반대하는 등 소신 행보를 보였다.

박 대통령 취임 이후였던 2014년 10월 유승민 의원은 국회에서 "미국하고 중국 사이에서 우리가 어떤 포지션을 취할 것이냐"면서 "외교부에서 누가 하나? 청와대 얼라들이 하나?"라고 했다. 청와 대와 각을 세운 대표적 장면이다. 유승민을 발탁했다고 생각하는 박 대통령으로선 유 전 의원에게 충성을 기대했지만, 스스로 박 대 통령을 선택했다고 생각하는 유 의원이 필요로 하는 건 자신의 역 할에 대한 대통령의 인정이었다.

서로에 대한 기대가 어긋남으로써 터진 사태가 '유승민 파동'이 었다. 유승민 파동은 유 의원이 원내대표 취임 직후인 2015년 4월 8일 교섭단체 대표연설에서 시작됐다고 할 수 있다.

유 원내대표는 "지난 3년간 예산 대비 세수 부족은 22.2조 원이 다. 증세 없는 복지는 허구임이 입증됐다"며 박 대통령의 경제정책 기조에 날을 세웠다. 여당 원내대표가 정부의 핵심 정책과 대통령 의 핵심 공약을 부정하는 모습을 보인 데 대해 박 대통령은 충격을 받았다고 한다. 박근혜 대통령은 '증세를 말하기 전에 기존 복지 지출의 효율성을 제고하는 게 먼저'라고 봤다. 여기저기 새는 불필 요한 지출을 최대한 절약해 재원을 마련하고, 비과세 감면과 지하 경제를 축소해 세원을 넓히는 노력을 하는 게 우선이라는 것이다. 그런 노력도 없이 세금부터 더 내라는 것은 안 된다는 게 박 대통 령의 확고한 신념이었다.

실제 그런 노력을 기울여서 상당한 성과를 내기도 했다. 유 의원 이 말한 22.2조 원의 세수 부족은 이명박 정부에서 2013년도 예산 을 짤 때 너무 낙관적으로 세입 전망을 짰기 때문에 생긴 구멍이 다. 박근혜 정부는 증세하지 않고 그 구멍을 거의 다 메웠고 재정 건전성을 양호하게 만들어 문재인 정부에게 세수를 알뜰하게 많이 남긴 곳간을 넘겨주었다는 것이다.(박근혜, 2024)

이런 잠복된 갈등은 국회법 개정 사태에서 정점을 이루었다. 국 회법 개정 사태는 2015년 6월 유승민 원내대표를 핵심으로 하는 새누리당 지도부가 야당과 공무원연금 개혁을 협상하면서 발생했다. 당 지도부가 공무원연금 개혁을 타결하기 위해 정부 시행령을 국회가 수정·변경토록 요구할 수 있게 하는 야당의 국회법 개정안을 수용해 사달이 난 것이다. 행정부의 고유권한인 법률 집행권(시행령)을 입법부가 제한하는 것이었다. 삼권분립의 헌법원칙에 어긋날 수 있는 법안을 상의도 없이 덜컥 받아준 것이다. 박근혜 대통령으로선 항명이나 배신으로 느낄 법했다.

　당시 이 같은 합의 얘기를 보고받은 박 대통령은 "절대 안 된다"는 뜻을 유 원내대표에게 다시 전달하라고 지시했다. 하지만 국회법 개정안은 2015년 5월 29일 새벽 국회 본회의를 통과했다. 박 대통령은 유 원내대표가 야당과 교섭해 통과시킨 국회법 개정안에 거부권을 행사하며 불신임 의사를 분명히 드러냈다. 박 대통령은 2015년 6월 25일 국무회의에서 "헌법이 규정한 삼권분립의 원칙을 훼손해 위헌소지가 크다"며 거부권 행사 의지를 못 박았다. 또한 "배신의 정치를 심판해 달라"며 유 원내대표와의 결별의지를 분명히 했다. 박 대통령은 회고록에서 배신의 의미에 대해 "대통령에 대한 배신이 아니라 국민에 대한 배신을 의미한 것"이라고 했으나, 당시 이를 박 대통령 자신에 대한 배신과 떼어놓고 듣는 국민은 별로 없었을 것이다. 유 원내대표는 결국 사퇴했지만 상황은 그것으로 끝나지 않았다.

[박성원의 정치해부학]

'박근혜 국회심판론'의 치명적 함정

"대통령의 발언 내용을 듣고 크게 실망했다. '내가 무엇을 잘못했느냐'고 항변하고 있다. 앞으로 1년이 남았는데 어떻게 될 것이냐 걱정하지 않을 수 없다. 본인이 옳다고만 생각하는 독선적 리더십으로 나라를 망치고 있다."

대통령은 '설득할 책무' 있어

새정치민주연합에서 나온 박근혜 대통령 비판일까? 아니다. 박 대통령이 야당 시절인 2006년 12월 22일 서울시당 주최 대학생아카데미에서 노무현 당시 대통령에 대해 일갈한 것이다.

(중략) 소수파로 출발해 '분열의 정치' 소리를 들어가며 코드에 맞는 인사들을 정부와 국회에 확산시키려 애썼던 노 전 대통령도 임기 말엔 이라크 파병이나 한미 FTA 같은 국익 차원의 정책들을 '노무현 키즈'들이 가로막는 '배신의 정치'를 맛봐야 했다. 3권 분립 위에 군림하는 영도적 대통령도, "대통령 못해먹겠다"며 포퓰리즘과 편 가르기 정치를 펴는 대통령도 아닌 '설득과 솔선의 대통령'이라야 문제 해결이 가능한 시대다.

---

* 필자는 당시 박 대통령이 여당 대표 및 원내대표와 소통이 사실상 단절된 채 '배신의 정치심판'을 내세우며 내 사람 꽂아넣기로 이듬해(2016년) 총선을 치르려는 데 대해 3주 연속 칼럼을 통해 지적한 바 있다. 이로 인해 여권 분열과 패배, 국정 동력의 약화를 초래할 것임을 경고한 것이다.

진박공천 파동과 총선 패배

이런 갈등과 불신 속에 이뤄진 2016년 총선 공천은 시작부터 험난했다. 청와대와 친박계는 박근혜 대통령의 의중에 따라 '진박'(진짜 친박) 공천을 밀어붙였다. 유승민 의원 등 비박계 인사들이 공천 찍어내기의 타깃이 됐다. 새누리당 공천관리위원회는 후보자 등록 신청 마감 직전까지 유 원내대표에 대한 공천을 보류하며 불출마를 압박했다. 친박계 이한구 공천관리위원장은 유 원내대표를 향해 "당 정체성에 위배되는 행위를 한 사람"이라며 대놓고 거부감을 표시했다. '진박 감별사'라는 말까지 나올 정도로 계파 갈등이 극심했다. 새누리당 공천관리위원회는 박 대통령의 최측근인 유영하 변호사를 서울 송파을 후보로 단수 추천하기도 했다.

청와대와 친박계가 주도하는 공천에 반발해 김무성 대표는 공천장 수여를 거부하는 이른바 '옥새 파동'을 일으켰다. 20대 총선 후보등록 첫날이었던 2016년 3월 24일, 김 대표가 공천장 직인 날인을 거부하고 지역구인 부산 영도로 내려가 버린 것이다. 고뇌에 찬 듯 바람 부는 영도대교 위에서 처연히 바다를 응시하는 김 대표의 사진은 집권 여당의 대혼돈을 상징하는 장면이었다. 여당 우세를 예측했던 대다수 여론조사와 달리 새누리당엔 패배의 쓰나미가 닥쳐오고 있었다.

2016년 초만 해도 여당인 새누리당은 호남 기반의 국민의당 창당 등 야권 분열에 힘입어 총선 승리가 유력시됐다. 그러나 극심한 여권 내부 갈등 속에 치러진 총선의 투표함이 열렸을 때 새누리당은 1석 차로 더불어민주당에 제1당을 내주며 충격적으로 패배했다.

20대 국회의원 총선거 개표가 종료된 2016년 4월 14일 지역구와 비례대표를 합해 새누리당 122석(지역구 105석, 비례대표 17석), 더불어민주당 123석, 국민의당 38석, 정의당 6석, 무소속 11석이 당선 확정됐다. 더불어민주당은 여당인 새누리당보다 1석을 더 얻어 제1당으로 올라섰고, 국민의당은 호남지역에서 23개 의석과 비례대표 13석을 확보했다. 20대 국회는 3당 체제와 함께 2000년 16대 총선 이후 16년 만에 여소야대與小野大 구도가 됐다. 집권세력의 오만함과 한심한 자중지란에 대한 민심의 준엄한 심판이었다. 정국 주도권도 급격히 야권으로 기울기 시작했다.

박 전 대통령은 일부 친박계 의원들이 당시 공천 과정에서 '진박 공천론'을 내세워 세 과시나 영향력을 행사했던 것에 대해 "내 이름을 빌려 호가호위하는 일도 꽤 있었던 것 같다"면서 "정무라인을 통해 '진박 감별론'을 퍼트리는 인사들에게 '당내 위화감을 조성하는 것은 자제해 달라'는 메시지를 전달한 적이 있다"고 말했다. 그러면서도 "내가 몰랐다는 게 변명은 될 수 없다"고 덧붙였다.

박 전 대통령은 회고록에서 "당시 김무성 대표가 공천과 관련해 저한테 면담 요청도 했고, 전화 연결도 부탁했는데 그게 (연결)되지 않았다. 그 얘기를 제가 구치소에 들어와서야 전해 들었다"고 했다. 그러면서 "당시에 저는 전혀 몰랐던 일이고 그래서 '도대체 누가 이런 짓을 했나' 하고 분노했지만 누구를 탓하겠나. 그것도 대통령인 제 책임이라고 본다"고 썼다.

특히 그는 "무엇보다 유승민 의원 공천 논란을 그렇게 크게 만들 일이 아니었다. 그 문제가 다른 총선 이슈를 다 덮어버렸다. 20대 총선을 생각하면 뼈아픈 후회가 남는다"고 했다.

총선 참패보다 더 큰 문제는 참패 이후 보인 박 대통령과 여권의 민심불감증이었다. 총선 참패에 대해 박 대통령은 청와대 대변인 명의로 두 줄짜리 논평을 내놨다. "20대 국회가 민생을 챙기고 국민을 위해 일하는 새로운 국회가 되기를 바란다. 국민들의 이러한 요구가 나타난 것이 아닌가 생각한다."

민심을 겸허히 받아들인다는 표현은 없었다. 대통령의 육성은 닷새 뒤에 들을 수 있었다. 수석비서관 회의를 주재하는 자리에서다. 박 대통령은 단호한 표정으로 "국민의 민의를 겸허히 받들어 최우선 순위를 민생에 두겠다"고 했다. 그러면서 "20대 국회가 민생과 경제에 매진하는, 일하는 국회가 되기를 기대하면서 정부도 새롭게 출범하는 국회와 긴밀히 협력해 나갈 것"이라고 했다. '국회 심판론'을 폈던 자신을 변호하듯 국회의 변화를 은근히 촉구하는 뉘앙스가 담겼다. 6분간의 모두발언 중 총선 관련은 45초에 불과했다. 여당에서조차 답답해하며 "의례적인 사과라도 했어야 하는 것 아니냐"는 볼멘소리가 나왔다.

반면 김대중 대통령은 2000년 4·13 총선에서 여소야대를 맞았을 때 패배 나흘 만에 TV로 생중계된 대국민 특별담화를 냈다. "총선 민의는 여야가 협력해 나라의 정치를 안정시키라는 지엄한 명

령을 내린 것"이라며 이회창 한나라당 총재에게 영수회담을 제의
했다. 이전까지는 '총재회담'이라 해왔는데 이때는 '영수회담'이란
용어를 썼다. 대국민담화 일주일 뒤에 열린 여야 영수회담에서 김
대중 대통령과 이회창 총재는 '국민 대통합의 정치'를 약속하는 공
동발표문을 냈다. 김 대통령은 한 달 뒤 새 총리에 자민련 이한동
총재를 임명하고 총선 과정에서 와해되다시피 했던 DJP연대도 복
원했다. 이렇게 여소야대를 극복한 김대중 대통령은 정권 재창출
에 성공했다.

박근혜 대통령은 총선 패배 후 뜸을 들이다 고개를 숙였다. 그러
나 사과는 아니었다. 국민이나 언론 앞에서 한 것도 아니고, 참모
들을 모아놓고 한 말이었다. 직후 여론조사에서 대통령 지지율은
취임 후 최저치인 25%로 폭락했다.

야당이 민주당과 국민의당으로 분열된 상황에서 '선거의 여왕'
으로 불릴 만큼 콘크리트 지지층을 확보하고 있던 박근혜 대통령
이 이끌던 여당의 참패는 커다란 후폭풍을 불러왔다. 1석 차이지
만, 당장 20대 국회의장직이 민주당 몫으로 넘어갔다. 더 큰 문제
는 당의 지지기반이 협소해졌다는 것이다.

4년 전인 2012년에 비해 30석이나 날아간 대패였지만 제대로
된 패배 인정은 없었다. 원내의 친박 비중은 되레 높아졌다. 공천
학살로 얻어낸 영남권 위주의 당선 때문이었다. 쇄신 압박 속에
2016년 5월 충청권의 비박인 정진석 의원이 원내대표로 뽑혔다.

지도부가 공중분해된 상황에서 임시로 당권을 쥐게 된 정진석

대표는 전당대회까지 비대위원장을 맡게 되자 서울 양천을에서 3선에 성공한 쇄신파 김용태를 혁신위원장으로, 이혜훈·김세연·김영우 등 중도적 소장파를 비대위원으로 내정했다. 그러나 바로 다음 날 충청권과 영남권의 친박 초재선 20명이 기자회견을 열고 "편향된 시각으로 일부 계파에 앞장선 사람들이 중심이 된 것은 문제"라며 태클을 걸었다. 결국 김용태는 혁신위원장직을 사퇴했고 비대위 구성도 무산되었다. 대신 혁신비대위라는 조직이 생겨 친박계가 옹립한 경북 청도 출신의 원로 법조인 김희옥이 위원장을 맡았다. 김희옥은 69일을 무난히 보냈지만 뭐가 혁신된 것인지 정확히 말할 수 있는 사람은 별로 없었다.

이어 8월 새누리당 전당대회에서는 박근혜 정부에서 정무수석과 홍보수석을 지낸 원조 친박 이정현이 당대표로 선출됐다. 최고위원 경선에서도 4명 중 3명을 친박이 차지했다. 강성 친박으로 불리던 조원진이 1위, 이장우가 2위였다. 당지지율은 점점 떨어졌지만, 친박의 비중은 더욱 높아진 것이다. 대표 선출 이틀 뒤 박근혜 대통령은 청와대로 새 당지도부를 불러 오찬을 함께했다.

이정현 신임 당대표는 "새 지도부를 중심으로 여당은 박근혜 대통령께서 이끄시는 이 정부가 성공할 수 있도록 집권세력의 일원으로 책무를 다하겠다. 당·정·청이 완전히 하나, 일체가 되고 동지가 돼서 국민들에게 약속했던 것들을 하나씩 실천해 나가야 한다"고 다짐했다. 박 대통령은 흐뭇한 미소로 바라봤다. 박 대통령은 권력형 비리의혹이 제기된 우병우 민정수석도 철저히 감쌌다. 오히려 "고난을 벗 삼아 당당하게 소신을 지켜나가길 바란다"고 격려했다.

그해 9월 들어 정기국회를 앞두고 소문과 의혹이 무성하던 미르·K재단 문제가 수면 위로 떠올랐다. 야당과 언론의 압박이 거셌지만 이정현 대표를 비롯한 친박 의원들은 대통령 보위에만 몰두했다. 이 대표는 국정감사를 보이콧하고 단식에 돌입했다. 여당의 국회파업이라는 사상 초유의 사태에 민심은 더 싸늘해졌다. 10월 들어 최순실의 이름이 나왔다. 스모킹건인 태블릿PC가 공개되면서 방어선은 허망하게 무너졌다. 이원종 비서실장과 우병우 민정수석 등 청와대 주요 참모들이 쫓겨나듯 일괄사퇴했다. 그때부터 청와대와 여당의 기능이 사실상 마비됐다. 만일 우병우를 조기에 정리했더라면 최순실 사건과 대통령 탄핵 및 구속까지는 가지 않았을지도 모를 일이다.

2016년 4월 총선 패배 이후 청와대와 친박 일색의 여당은 더 이상 탄핵안 추진에 아무런 방탄막이 되지 못했다. 비박의 인위적 거세와 이로 말미암은 계파갈등은 대통령 탄핵안 추진에도 중요 변수가 됐다. '박근혜·최순실 국정농단' 사건이 터지면서 원내 1당인 민주당은 탄핵을 추진했다. 소통 부재와 당청 갈등의 결과 탄핵 국면에서 탄핵찬성에 가담하는 '내부 반란' 세력이 생겨났다. 김무성 전 대표, 유승민 전 원내대표 등 현역의원 29명이 새누리당을 집단 탈당해 개혁보수 신당을 창당했다. 여권이 분열된 것이다. 결국 김무성·유승민 의원 등이 포함된 개혁보수 신당의 비박계 인사들이 박 대통령 탄핵에 동참하면서 탄핵소추안이 국회를 통과했다. 헌법재판소에서 탄핵가결까지 이뤄지면서 박 대통령은 헌정사상 최초로 파면된 대통령이 됐다. 국정운영과 민생해결은 뒤로하고 배신자 심판에만 몰두했던 정권의 허무한 종결이었다. '배신의 정치' 척결 시도가 보수 진영에 깊은 트라우마를 남긴 셈이다.

박 대통령은 회고록에서 탄핵과정을 언급하면서 이렇게 썼다.

2016년 총선에서 1당을 놓쳤던 것은 정부와 여당에 대한 국민들의 경고가 한 차례 나온 것이었다. 그에 따라 민심을 겸허하게 받아들이고 바뀌어야 한다는 생각을 했음에도 주변을 제대로 살피지 못했다는 점을 뼈아프게 생각한다.

총선 패배의 경고등을 무시하고 폭주했다가 탄핵을 당한 회한이 묻어난다. 그는 당시 시중에 '지라시' 형태로 나도는 탄핵 찬성 의원 명단에서 친박을 자처하거나 선거 때 지원 유세를 간곡하게 부탁했던 의원들의 이름을 보았다. "정치란 참으로 무정하다는 것을 새삼 느끼는 순간이었다"고 그는 술회했다.

원칙이 바로 선 시장경제

경제민주화는 2012년 대통령선거 당시 박근혜 후보의 대표적 공약이었다. 이명박 정부가 집권 중후반기 경제의 화두로 삼았던 '공정'보다 한층 수위가 높아진 것이었다. 공정하고 투명한 시장 질서를 확립하고 균등한 기회와 정당한 보상을 통해 대기업 중심의 경제 틀을 중소기업, 소상공인과 소비자가 동반 발전하는 경제시스템으로 바꾸겠다는 약속이었다. 사실 경제민주화는 경제학에서 하나의 이론이나 학파로 정립된 내용은 아니다. 그럼에도 이 캐치프레이즈가 큰 공감대를 얻은 것은 관치금융과 정경유착으로 형성된 재벌 중심 경제체제가 고속성장과 더불어 비대해지며 부와 기회의 심각한 불평등이 초래됐기 때문이다. 양극화와 불평등 해소, 일자리 확대와 상대적으로 열악한 사회안전망 강화 등에 대한 국민적 요구가 늘고 있었던 것이다.

경제민주화 정책은 그간 성장과정에서 일부 왜곡된 경제구조와 관행을 바로잡아 간다는 의미에서 '원칙이 바로 선 경제'의 핵심이라 할 수 있다. 또한 이를 통해 국민경제의 건전한 발전을 도모하는 일이라는 의미를 갖고 있었다. 전임 이명박 정부의 경제정책이었던 'MB 노믹스'는 대기업 위주로 성장하면 아래 계층에도 이익이 돌아간다는 낙수효과를 추구했다. 그러나 결과적으로 부의 재분배는커녕 사회적 불평등만 심화됐다는 비판을 받았다. 친시장 정책으로 기업지원책을 쏟아냈지만, 고용 없는 경제회복이 초래되고 서민과 중산층의 살림은 크게 나아지지 않았다.

그 결과 민심이반이 나타났고, 여당은 2010년 지방선거에서 패배했다. 박근혜 새누리당 대표가 2012년 경제민주화를 내놓은 배경이다. 이에 김종인 새누리당 국민행복추진위원장은 금산분리, 순환출자금지 등을 규정해 대기업이 공정경쟁 질서를 지키도록 하고 중소중견기업을 진흥해야 효율적이고 공정한 경제를 만들 수 있다고 주장했다.(김진표, 2024)

경제민주화 정책은 일각에서 헌법 위반이라는 비판까지 받아가며 추진되어 일감 몰아주기와 하도급 규제 강화 등 나름 성과가 없지 않았다. 비록 경제민주화가 구체화되지 않고 정치구호로 역할이 끝난 뒤 사라진 감은 있지만 그 영향은 오래 남았다. 공정경쟁의 중요성, 정경유착에 대한 경고가 사회 전체, 특히 관료사회 전반에 퍼졌다. 하지만 결과적으로는 기업 활동 위축과 소비자 편익 감소라는 그늘도 남겼다.

경제민주화 공약은 실종됐나

1987년 6월 민주항쟁의 결과로 이뤄진 제9차 개헌으로 탄생한 6공화국 헌법 제119조 제1항에는 다음과 같이 기술돼 있다. "대한민국의 경제질서는 개인과 기업의 경제상의 자유와 창의를 존중함을 기본으로 한다."

제2항에는 "국가는 균형 있는 국민경제의 성장 및 안정과 적정

한 소득의 분배를 유지하고, 시장의 지배와 경제력의 남용을 방지하며, 경제주체 간의 조화를 통한 경제의 민주화를 위하여 경제에 관한 규제와 조정을 할 수 있다."라고 규정하고 있다. 이 119조 2항이 경제민주화의 핵심 조항으로 꼽힌다. 김종인 전 의원이 1987년 개헌 때 이 조항을 만든 주역으로 알려져 있다.

2012년 총선을 앞두고 박근혜 당시 한나라당 비상대책위원장은 경제민주화의 '원조'라고 꼽히는 김종인 전 의원을 영입하고, 경제민주화를, 새로 출범시킨 새누리당의 핵심 공약으로 내세웠다. 경제민주화는 '민주당스러운 정책'으로 민주당의 중도표를 가져오는 효과를 가진 정책이었다. 박근혜 전 대통령의 중심 경제정책이 '줄푸세'에서 '경제민주화'로 변모한 것이다. 줄푸세는 박 전 대통령이 2007년 한나라당 대선 경선에서 세금과 정부 규모를 '줄'이고, 불필요한 규제를 '풀'고, 법질서를 '세'우자는 뜻으로 내세웠던 슬로건이었다.

안종범 전 대통령비서실 경제수석비서관은 2012년 총선을 앞두고 출범한 '박근혜 비상대책위원회'가 김 전 의원을 영입하고 경제민주화를 총선공약인 '국민과의 약속'(새누리당, 2012)에 포함시키게 된 과정을 다음과 같이 술회했다.

"이 '국민과의 약속'을 만드는 과정에서 국민들로부터 초미의 관심을 불러일으킨 것은 '경제민주화' 조항의 포함 여부였다. 정책을 책임지는 자리에 김종인 전 의원을 영입하면서 경제민주화를 최대의 화두로 등장시켰다. 결과적으로 한나라당에서 새누리당으로 거듭나는 과정에서 홍보도 대성공을 거두었다.

이를 통해 보수·우파정당으로서 새누리당이 경제민주화와 복지를 주된 정책 이슈로 제기하면서, 자유시장 경제체제에서 경제민주화와 복지가 동반해서 나아갈 수 있음을 보여주었다. 이러한 일련의 과정은 박근혜 의원이 2007년 경선 패배 이후 꾸준히 준비해온 정책행보의 시작이었다.(안종범, 2022)

박 전 대통령도 2012년 총선에 이은 대선 승리 과정에서 김종인 전 위원장의 역할을 다음과 같이 평가했다.

2012년 대선 때 최대 화두였던 경제민주화는 당시 새누리당 비대위에 참여했던 김종인 전 의원을 빼놓고 얘기할 수 없다. 김 전 의원은 과거 17대 국회에서 새천년민주당 소속 비례대표였는데 당시 나와 가까운 사람을 통해 나를 한번 만나고 싶다는 요청을 해와 만난 적이 있다. 그 이후에도 몇 번 만나 이런저런 얘기를 나눈 인연이 있다. 나는 당 비대위를 꾸릴 때 김 전 의원이 꼭 우리 당에 필요한 분이라고 판단, 도와달라고 요청해 승낙을 받았다. 실제로 김 전 의원은 새누리당의 정강·정책을 새로 고칠 때 경제민주화를 비롯한 여러 분야에서 많은 기여를 했다.(박근혜, 2024)

평가가 엇갈릴 수 있지만, 실제 박 대통령 취임 이후 경제민주화의 성과도 적지 않았다. 재벌 총수일가의 일감 몰아주기에 대한 과징금 부과, 금산분리 강화가 이뤄졌고, 대기업집단[4]의 신규 순환출자가 금지됐다. 또 공정거래위원회의 전속고발권 폐지, 하도급법상 징벌적 손해배상제도 도입 등 공정거래 관련 법집행 체계가 개선됐다. 중소기업적합업종 지정 범위 확대 및 신속 사업조정제도 도입, 대형유통업체의 납품·입점업체에 대한 불공정행위와 가맹점에 대한 불공정행위 근절 등 경제적 약자를 위한 조치가 이뤄졌다. 대주주 적격성 심사를 금융회사 전반으로 확대하는 내용의 금융회사지배구조법이 국회를 통과하기도 했다.

하지만 박근혜 정권은 출범 뒤 경제민주화에 등을 돌리고 '창조경제'로 갈아탔다는 비판을 받기도 했다. 박근혜 대선후보 시절 새누리당 비대위원으로 경제민주화 공약을 만든 김종인 전 새누리당 국민행복추진위원장은 2016년 1월 14일 "박근혜 대통령은 경제민주화 실천 의지가 없다"고 비판했다.

김 전 위원장은 이날 CBS 라디오 〈김현정의 뉴스쇼〉에 출연해 "(박근혜 정부에서) 경제민주화라는 말은 거의 사라져 버렸다"며 "결국 과거 한나라당의 형태로 다시 전환이 되어 버렸다"고 했다. 그는 "(경제민주화 공약은) 대선 때 굉장히 중요한, 제일 앞장에 내세웠던 공약이었다"며 "그런데 인수위 시절부터 그 공약이라는 것이 창조경제인가 하는 쪽으로 넘어가 버리고 경제민주화 공약은 사라져 버렸다"고 지적했다. 실제 경제민주화는 박근혜 정부 인수위원회의 자료에서 찾아볼 수 없었고 박 대통령의 5대 국정과제에

---

4   자산 5조 원 이상 대기업 대상.

서도 빠졌다. 그 대신 들어선 게 '창조경제'였다. 이러한 것이 민주당을 비롯한 비판론자들의 논지였다.

물론 야당이 주장한 내용 중에 지나치게 기업을 옥죄는 법안은 통과되지 않았다. 그렇다 해서 박근혜 정부에서 경제민주화가 실패했다고 폄훼하는 건 단견일 수 있다. 당시 민주당이 박근혜 정부를 그렇게 비난했지만, 정작 자신들이 절대 과반 의석을 갖고 있던 문재인 정부에서도 기존 순환출자까지 전부 금지하는 법안을 통과시키지는 못했다. 공정위 전속고발권도 완전 폐지하지는 못했다. 그렇게 했다가는 큰일 나겠다 싶었기 때문이다. 실제 박근혜 정부의 신규 순환출자 금지만으로도 상당한 성과를 거두었다. 2013년 4월 기준으로 15개 기업집단의 순환출자 고리는 97,658개였으나, 2016년 9월엔 7개 기업집단의 90개로 많이 감소했다. 그 후에도 롯데그룹, 현대중공업 등이 순환출자를 해소하고 지주회사로 전환했다. 만약 김 전 의원 주장대로 기존 순환출자까지 한꺼번에 금지했다면 재계에 큰 혼란이 벌어지고 그 피해는 고스란히 국민이 짊어졌을 것이다.

박 대통령이 임기 첫해인 2013년 6월 수석비서관회의에서 "경제민주화 관련 정책이나 입법이 기업들을 위축시키는 방향으로 변질되어서는 안 될 것"이라며 '경제민주화 과잉입법'의 부작용을 경계하는 발언을 한 것도 그런 맥락일 것이다. 그해 7월 임시국회 종료 직후에는 "경제민주화 주요 법안 7개 가운데 6개가 통과됐다, 그래서 거의 끝에 오지 않았나 생각한다"며 '경제민주화 조기 종료' 발언을 했다. 2013년 11월 국회 시정연설에서 "정부가 경제민주화 정책을 흔들림 없이 추진했다"는 발언 이후에는 경제민주화와 관련된 박 대통령의 언급이 현저히 줄어드는 경향을 보였다.

순환출자 둘러싼 박 · 김 견해 차

박근혜 정부의 경제민주화 공약이 흐지부지됐다는 지적에 대해 안종범 전 경제수석비서관은 "경제민주화는 박근혜 정부에서 지속적으로 추진된 과제"라고 반박했다.

(인수위 최종보고서가 발표된 이후) 비판받은 것 중 주목받은 한 가지는 경제민주화가 빠져 있다는 것이었다. 대선 당시 경제민주화를 핵심공약 중 하나로 내세웠는데, 정작 인수위 과정에서 슬그머니 경제민주화를 없애 버렸다고 비판하는 기사가 있었다. 하지만 경제민주화는 단어만 빠져 있을 뿐 보고서에는 경제민주화 관련 주요 내용이 포함되어 있었다. 경제민주화 공약을 실천하기 위한 법 개정, 특히 공정거래법 개정 내용 등이 담겨 있었다. 실제 박근혜 대통령은 취임 후에도 경제민주화 공약을 법 개정으로 반영하기 위해 부단히 노력했다. 일감 몰아주기 방지 등 그동안 내세웠던 경제민주화 과제를 실천하고 정부 부처들에게도 이것이 잘 집행되도록 지시했다. 수첩 3권(2014. 7. 3.~7. 14.) 7월 10일 자에는 내가 수석으로 부임한 지 얼마 안 되어 경제민주화 정책이 뿌리내리도록 하라는 대통령의 지시가 분명히 기록되어

있다. 그만큼 대통령의 경제민주화에 대한 의지가 강했다는 것을 알 수 있다.(안종범, 2022)

이렇듯 박 전 대통령과 김종인 전 위원장의 상반된 평가는 경제민주화에 대한 정의에서부터 정책운영 스타일에 이르기까지 현격한 차이에서 비롯된 것으로 생각된다. 박 전 대통령은 김종인을 끌어안고 싶었지만, 김 전 위원장이 동의하기 힘든 주장을 계속 고수했다며 사례 중의 하나로 재벌의 순환출자 이슈를 꼽았다.

순환출자는 계열사 A가 B사, B사는 C사, C사는 다시 A사의 지분을 소유하며 서로 물려 있는 구조다. 순환출자는 재벌 오너들이 상대적으로 적은 자본금으로 많은 계열사를 소유할 수 있게 만들어 여러 폐해를 낳는다는 비판을 받고 있었다. 나도 순환출자 구조에 분명히 문제가 있다고 생각했다. 그런데 이 순환출자를 해소하는 방안을 두고 김 전 의원은 기존 순환출자까지 모두 해소해야 한다고 주장했다. 진짜 그렇게 된다면 재벌을 해체했다는 후련함은 느낄 수 있을지 몰라도 그런 식으로 재벌을 해체해 버리면 숱한 대기업들이 곧바로 외국 기업의 적대적 인수합병에 노출된다.
　재벌 오너들이 경영권 방어에 막대한 돈을 써야 해 투자할 여력도 부족해진다. 아무리 생각해도 국민경제에 엄청난 혼란이 발생할 게 뻔했다. 그래서 나는 기존 순환출자는 인정하되 신규 순환출자는 금지하는 방안이 적절하다고 판단했다.(박근혜, 2024)

2012년 11월 박 전 대통령이 경제민주화공약을 발표했을 때 이런 입장을 밝히자 김 전 위원장은 언론 인터뷰에서 박 전 대통령이 마치 재계의 로비를 받고 입장을 바꾼 것처럼 비난했다. 박 전 대통령은 경제민주화가 중요한 가치라고 생각하지만 그렇다고 기업을 지나치게 규제 일변도로 묶는 것은 위험하다는 생각이 확고했다. 경제민주화는 어디까지나 자유시장 경제질서를 촉진하는 차원에서 의미가 있는 것이지, 경제민주화가 자유시장 경제의 질곡이 돼서는 곤란하다는 것이었다. 김 전 위원장이 당시 주장했던 대기업집단법(지분조정 명령제, 계열사 편입심사제 등) 제정도 그런 차원에서 수용이 어려웠다는 것이다.

결국 박 전 대통령과 김 전 위원장의 관계는 아름답게 이어지지 못했다. 박 전 대통령으로서는 김 전 위원장의 자기 주관이 너무나 확고해 자신과 다른 의견은 좀처럼 수용하지 못하는 것 같다는 생각이 강했다. 박 전 대통령은 "김 전 위원장은 비대위가 가동되자마자 당 강령에서 '보수'란 표현을 빼자는 주장을 펴 당내 인사들과 마찰을 빚었다. 총선을 코앞에 둔 시점에서 이재오 의원 공천 방침에 항의한다며 갑자기 비대위원을 그만두겠다고 해 나를 당황하게 한 적도 있다"고 회고했다.

일자리 중심의 창조경제

사라진 경제민주화의 자리는 '창조경제', '경제혁신'이 대체했다. 정부 출범 초기 경제민주화와 함께 등장했던 창조경제는 2013년 경제정책방향에서 25회, 2014년 45회, 2015년 12회 언급됐고, 2016년 경제정책방향에서도 25회 등장했다. '경제혁신 3개년 계획' 도입 이후 2014년 경제정책방향에서 6회 등장한 경제혁신은 이후 16, 17회로 해마다 늘었다.

2013년 10월 6일 박근혜 대통령은 아시아태평양경제협력체 APEC에서 기조연설을 통해 "세계 경제침체의 원인은 혁신의 위기"라면서 해법으로 창조경제를 내세웠다. 박 전 대통령은 "저는 창조경제가 한국뿐만 아니라 세계 모든 국가가 상호 개방과 협력을 통해 함께 성장할 수 있는 혁신의 패러다임이라고 굳게 믿습니다"라고 했다. 그는 또 "신기술과 신산업의 탄생을 가로막는 규제 철폐와 창의적 인재를 길러내는 교육시스템 도입, 세계 각국의 긴밀한 기술, 금융 협력 등이 창조경제의 핵심"이라고 소개했다.

안종범 전 경제수석비서관에 따르면 창조경제는 전적으로 박근혜 대선후보의 머리에서 나왔고 추진되었다고 한다. 과학기술과 정보통신기술을 기존 산업과 융합함으로써 새로운 산업과 시장을 만들어내고, 이로부터 많은 일자리를 획기적으로 새롭게 창출하자는 생각이었다는 것이다.(안종범, 2022)

박 후보가 이러한 아이디어를 내놓고 전문가들에게 실행계획을 만들어 보라고 주문했다. 전문가 그룹에서는 '스마트 경제'라는 명칭을 제안했으나 박 후보가 국민들이 쉽게 부를 수 있도록 다시 만들라고 주문해 결국 창조경제로 확정되었다. 박근혜 정부 국가전략의 하이라이트라고 할 수 있는 성장패러다임이 창조경제였으며, 창조경제를 추진하는 핵심부서가 미래창조과학부였다. 하지만 창조경제는 공약 발표 당시부터 어렵고 별로 와닿지 않는다는 기자들의 반응에 부딪혔다. 정권 출범 이후에도 이 같은 언론과 야당의 반응 및 비판이 지속되었다.

창조경제혁신센터와 벤처창업 지원

그럼에도 박근혜 대통령은 강한 의지와 집념으로 창조경제를 추진하였다. 그 첫 결실은 창조경제혁신센터를 전국 17개 지역에 설치한 것이다. 창조경제혁신센터는 해당 지역의 특화된 산업 분야를 선정한 뒤 이를 담당할 대기업을 중심으로 지역의 대학, 연구소, 그리고 지자체가 협업하여 지역 내 중소기업과 벤처의 창업과 기술발전을 지원하도록 하는 핵심기구였다. 안종범 경제수석은 전경련과 협의하여 17개 지역의 특화산업별 전담 대기업 선정 작업을 시작하였다. 그 결과 2014년 9월 2일 국무회의에서 박 대통령은 전국 17개 창조경제혁신센터 전담 대기업 명단을 발표했다.

대전은 정보통신 산업을 특화산업으로 선정하여 제일먼저 SK가 맡아서 스마트팜 분야를 육성하는 것으로 결정됐다. SK 창업자인

부산 창조경제혁신센터를 방문한 박근혜 대통령(2016. 3. 16.)

고 최종현 회장이 생전 농업의 선진화에 깊은 관심을 가졌고, 이 관심을 기반 삼아 과학기술과 IT기술을 동원하여 세종시를 중심으로 농업을 스마트화하는 새로운 도전을 하게 된 것이다.

대구는 삼성이 맡는 것으로 정해졌다. 삼성 창업주인 고 이병철 회장의 출발지가 대구였다는 점에서 각종 첨단 전자통신 분야 산업을 육성하고 창업을 촉진하는 역할을 삼성이 맡게 된 것이다. 그러자 구미를 중심으로 하는 경북 지역도 삼성의 기반이 컸던 곳인지라 삼성이 추가로 맡아서 스마트팩토리 부분을 육성하기를 원했다. 스마트팩토리는 중소기업의 생산설비에 최첨단 기술을 동원하여 효율화해서 생산비용을 획기적으로 낮추고 생산성을 높이는 것으로 큰 기대를 모았다. 이에 따라 두 지역을 삼성이 맡게 되었다. 그러자 포항시는 자신의 지역을 포스코가 맡게 해 달라고 요청했다. 포스코 역시 포항시의 요청에 동참하여 적극적으로 지역 내 첨단 철강산업 분야 육성과 기술개발에 최선을 다하겠다고 하는 등 창조경제혁신센터를 담당하려는 대기업과 유치하려는 지자체들이 경쟁적으로 창조경제에 총력을 기울였다.(안종범, 2022)

부산은 첨단 유통산업 육성을 목표로 내세운 롯데가, 제주도는 IT 분야 육성과 이를 관광과 연결하려는 다음Daum과 대규모 타운을 조성하려는 아모레퍼시픽이 담당으로 선정되었다. 전남은 석유화학과 드론 사업 등을 맡는 GS가, 전북은 탄소섬유의 효성이, 광주는 자동차산업의 현대자동차가, 충남은 바이오산업의 LG가, 충북은 태양광산업의 한화가, 강원은 클라우드 기반 산업의 네이버가, 경남은 소재산업의 두산이, 인천은 물류산업의 대한항공이, 울산은 조선산업의 현대중공업이 담당으로 정해졌다.

서울은 CJ가 담당하게 되었다. 취임사에서 경제부흥과 문화융성을 강조했던 박 대통령은 창조경제에 우리가 가진 문화유산과 역량을 접목하자고 강조했다. 이에 따라 서울지역 창조경제혁신센터를 CJ가 맡게 된 것이다. CJ는 이에 앞서 이미 문화창조 융합벨트로서 K-컬처밸리를 일산지역에 조성한다는 계획을 갖고 있었다. 한류라고 하는, 우리가 갖고 있는 문화적 핵심 역량을 최대한 발휘하기 위해서는 문화콘텐츠를 발굴하고, 인재를 육성하고, 나아가 공연을 상시화 할 필요가 있다는 것이었다. 이러한 단지는 서울대공원 인근에 조성하는 것으로 서울시에 타진했었다. 그러나 당시 서울시장이 환경훼손을 내세워 반대했고, 그래서 일산으로 단지 조성이 확정됐던 것이다.

창조경제혁신센터가 지역별로 담당 대기업과 주요사업 분야가 결정되고부터는 구체적 지원대상과 지원 방법에 대한 보완이 이뤄졌다. 창업에 필요한 각종 정보와 행정지원을 제공하기 위해 센터 내 중소기업청, 금융위, 법무부의 지원 인력이 배치되어 상담과 자문 역할을 하게 되었다. 모든 애로사항이나 지원사항을 센터만 방문하면 해결할 수 있는 원스톱 서비스가 제공되도록 했다.

담당 대기업은 우수한 중소기업이나 벤처 창업을 대상으로 자금지원에서부터 기술지원에 이르기까지 협업 체제를 구축했다. 나중에는 성공한 창업 아이템에 대해 인수합병을 하기도 하고, 주식시장 상장에 함께 노력을 기울이기도 했다. 이에 따라 해당지역에 청년창업 붐이 일기도 했다.

2016년 8월까지 전국 창조경제혁신센터를 통해 설립된 창업 기업 수는 1,175개, 신설 법인 수는 9만 개 이상, 투자유치는 2,850억 원, 매출증대 효과는 1,606억 원, 수출규모 확대는 159%로 추산되었다.(미래창조과학부, 2016)

대통령 해외순방 시 기업들이 함께 나가서 대상국 기업과 1 대 1 상담을 통해 수출계약을 체결한 창조경제 성공사례도 많았다. 삼성의 창조경제혁신센터 모형을 브라질에 수출한 것과 SK의 창조경제혁신센터 모형을 사우디와 말레이시아에 수출한 것 등이 대표적 사례이다.

창조경제혁신센터 개소식이 성공적으로 개최되고 창조경제가 잘 추진되고 있다는 자신감이 생기자, 박 대통령은 2015년 1월 문화 관련 재단이 있으면 좋겠다는 의견을 냈다. 대기업들이 개별 문화재단을 갖고 있지만, 이를 통해 공동의 이익을 내기에는 한계가 있다는 생각에서 기업들의 공동 문화재단이 설립되면 정부가 지원하고 해외순방 시에도 이를 활용하면 국익과 기업가치 증진에 모두 도움이 되리라는 것이 핵심 아이디어였다고 한다.

문화재단의 명칭은 '용'의 고유의 우리말 '미르'로 정해졌고 재단설립에 대한 의사 타진은 대기업 회장과 대통령의 독대 과정에서 이루어졌다. 당시 대기업과 대통령의 면담은 본래 창조경제혁신센터를 발전시키기 위해 마련된 기업 회장에 대한 감사와 독려 자리였다는 것이 안종범 전 경제수석의 기억이다. 하지만 이 같은 면담들은 나중에 재단설립 강제모금과 이를 둘러싼 불법 논란으로 비화되는 불씨가 되기도 했다.

창조 없는 창조경제의 한계

창조경제는 추진과정에서 의미와 실체가 없는, 허울뿐인 정책이라는 비판을 받기도 했다. 박근혜 정부 출범 이후 신설된 미래부의 첫 과제 역시 창조경제 실현을 위한 구체적 방안 마련보다는 창조경제의 '개념'을 정립하는 것이었다. 당시 정치권 안팎에서는 3가지 알 수 없는 불가사의로 첫째, 박근혜 전 대통령의 '속마음', 둘째, '창조경제', 셋째 안철수의 '새 정치'라는 말이 농담처럼 오가곤 했다.

과거 김대중 정부 때도 'IT 육성'이라는 기조하에 벤처 창업 활성화 방안을 꾸준히 내놓았다. 이명박 정부는 '지식경제부'라는 부처를 신설해 '지식경제', '기술혁신'이라는 단어를 전면에 내세웠다. 개념적으로 박근혜 정부의 창조경제는 앞선 정부의 관련 정책과 다른 점이 거의 없었다. 뭔가 다른 점을 만들어내야 했다. 그래서 미래부는 창조경제 실현을 위한 첫 사업으로 '국민의 아이디어를 사업화한다'는 취지의 '창조경제타운'이라는 홈페이지를 선보였다.

미래가 아닌 단기적 성과에 치중하는 정책 방향도 논란의 대상이었다. 창조는 '새로운 것을 만들어내는 것'을 의미한다. 창조경제 역시 남들보다 한발 앞서 기술 트렌드를 읽어내고 기존에 없던 새로운 혁신기술 개발을 지원하는 정책이 수반돼야 했다. 그러나 정작 박근혜 정부의 창조경제에는 '창조'가 없었다. 오히려 해외에서 크게 이슈가 된 기술 트렌드를 뒤따라가기 바쁜 모양새였다. 특히 창조경제의 메카로 불려온 창조경제혁신센터의 입주 기업들은 '창의성' 대신 '성과'를 강요받았다. 성과에 대한 채근은 끊이지 않고 계속됐고, 몇몇 기업들은 이러한 압박에 지쳐 혁신센터를 나가기도 했다.

방향성을 잡지 못하고 허둥지둥하는 정책기조와 성과만을 강요하는 혁신센터의 잘못된 운영은 창조경제라는 꽃을 스스로 꺾어버리는 요인으로 작용했다는 비판을 받았다. 이명박 정부에서 5년간 강조됐던 '녹색성장'이라는 구호가 박근혜 정부에서 이름만 창조경제로 바뀌었을 뿐이라는 비판도 있었다. 5년 단명 정권의 한시적 국정 구호에 그쳤다는 혹평도 있다.

　박근혜 대통령 탄핵 이후 창조경제도 추진 동력을 상실했다. 박근혜 정부는 2014년 1월 민관합동 창조경제추진단을 출범시키면서 창조경제 담당 단장 2명을 뒀다. 2015년 3월에는 법령 개정으로 문화 담당 단장 1명을 추가해 단장직을 3개로 늘렸다. 창조경제 담당 단장 중 1명은 공무원이었고 나머지 2명은 민간인이었다. 그러나 창조경제추진단의 문화 담당 단장을 2015년 4월부터 2016년 4월까지 맡았던 차은택 씨가 '최순실 국정농단' 사건에 연루되었다는 사실이 드러났다. 이를 계기로, 2016년 11월 문화 담당 박명성 신시컴퍼니 대표 프로듀서와 창조경제 민간 측 담당 이승철 당시 전국경제인연합회 부회장이 단장직을 사퇴했다. 정부는 이어 2017년 3월 법령을 개정해 창조경제추진단의 문화 담당 단장직을 없앴다.
　하지만 산업계, 특히 벤처업계에서는 정치적 계산을 빼고 창업 생태계 활성화라는 본연의 목적을 살려나간다면 창조경제의 방향성은 계속 살려나갈 필요가 있다는 의견도 제기됐다. 스타트업 창업과 시장 안착, 그리고 성장이라는 일련의 과정 속에서 정부 차원의 지원은 여전히 중요하기 때문이다. 탄핵 이후 박근혜 정부 정책은 대부분 폐기되거나 중단됐지만, 지역 내 창조경제혁신센터는 한동안 방치되다가 다시 유지되는 쪽으로 방향을 잡았다.

2018년 2월 중소벤처기업부는 창조경제혁신센터의 명칭을 유지할 방침을 밝혔다. 명칭은 그대로 두되 대기업 위주, 지원 대상, 지방자치단체 참여 등을 변경키로 한 것이다. 벤처·중소기업, 대학 등의 참여와 초기 창업자 위주의 지원 등을 핵심기능으로 하기로 했다. 같은 해 7월 민·관 협의체인 '창조경제 민관협의회'와 '창조경제혁신센터 운영위원회'는 없애기로 했다.

연금·노동 개혁

연금 제도는 출발부터 적자가 예정돼 있었다. 도입 당시에 가입자를 늘리기 위해 적게 내고 많이 받을 수 있도록 설계했기 때문이다. 정부는 가입자 수를 확보하는 데는 성공했지만, 시간이 갈수록 적자 폭이 눈덩이처럼 불어났다. 여기에 고령화도 무섭게 가속화했다. 과거엔 청년 두 사람이 노인 1명을 부양하는 수준이었다면, 얼마 후엔 청년 한 사람이 노인 3~4명을 부양하는 시대가 예정되어 있다.

하지만 연금의 속성상 일단 주기 시작하면 이것을 도로 빼앗는 것은 굉장히 어렵다. 매번 연금 개혁을 꺼내 들었던 역대 정부는 결국 근본적 수술 대신 세금을 더 걷어 적자를 메우는 쪽으로 물러서곤 했다. 이렇게 밑 빠진 독에 물을 붓는 땜질 처방이 계속되다 보니 언제 터질지 모르는 폭탄 돌리기나 다름없었다.

프랑스에서는 에마뉘엘 마크롱 대통령이 정년을 62세에서 64세로 늘려서 연금 수령 시점을 2년 늦추는 법안을 추진했다. 그러자 전국적으로 시위가 열리고 폭력사태가 발생하는 등 난리가 났다. 어느 나라든지 가장 추진하기 어려운 정책 중 하나가 연금개혁이다.

세금 먹는 공무원연금 개혁

공무원연금 개혁은 박근혜 대통령으로서도 쉽지 않은 결정이었다. 전임 정부들이 손대지 않고 뒤로 떠넘긴 '인기 없는' 정책들 가운데 하나가 공무원연금 개혁이었다.

박 대통령은 한나라당 대표이던 2006년 1월 26일 신년 기자회견에서 "공무원연금과 군인연금도 국민혈세를 부담하며 언제까지나 개혁을 미룰 순 없다"고 강조한 바 있다. 대통령에 취임할 무렵 연금개혁만큼은 반드시 해놓고 퇴임하겠다고 결심했다고 회고록에서 밝혔다.

박 전 대통령은 연금 문제는 늦으면 늦어질수록 개혁하기가 힘들어진다는 것을 잘 알고 있었다. 2014년 2월 집권 2년 차를 맞아 '경제혁신 3개년 계획'을 발표하면서 공무원·군인·사학 등 3대 연금 개혁을 핵심과제로 꺼내든 이유다. 당정청은 우선 공무원연금을 '더 내고 덜 받는' 방식으로 손질하기로 했다.

2014년 당시 공무원은 자신이 낸 돈보다 4배 많은 연금 총액을 받도록 설계돼 있었다. 이 때문에 1990년대부터 이미 적자가 나기 시작했다. 근본 처방을 미루다 보니 도입 초기에는 연금 재원이 공무원 1, 정부 1, 세금 1의 비율이었는데 2030년에는 공무원 1, 정부 1, 세금 4의 비율이 될 예정이었다.

그리되면 매년 14조~15조 원의 세금을 쏟아부어야 하는 것이었다. 이렇게 되도록 공무원연금을 손대기 어려웠던 이유는 2014년 기준 공무원연금 직접대상자가 106만 명, 수급자가 34만 명에 이르는 현실 때문이었다. 미래와 현재 수급자를 합치면 140만 명이고, 가족까지 고려하면 약 400만 명에 달하는 이들을 잠재적 반대세력으로 둘 각오를 해야만 하는 일이었다. 박 전 대통령이라고 그런 우려가 없지는 않았을 것이다. 하지만 힘든 일은 다 미뤄 놓고 임기를 마친다면 무엇 때문에 대통령을 하려고 했냐는 회의가 들 것이다. 비난을 듣더라도 의지와 사명감을 갖고 해야 할 일은 해야 한다고 생각했다. 손대는 게 늦어질수록 기존 연금의 혜택을 누리는 기득권자는 많아지고 개혁은 더욱 더 힘들어진다. 결국 대통령이 결심하고 책임지고 추진할 수밖에 없는 일이었다.(박근혜, 2024)

공무원연금 개혁 작업은 여당 내에서는 김현숙 의원이, 청와대에서는 조윤선 정무수석이 맡았다. 그 후 1년에 걸쳐 국회와 청와대에서 열띤 공방과 논의가 이어졌다. 추진과정은 예상대로 험난했다. 2014년 하반기 정기국회에서 공무원연금을 다룰 가능성이 커지자 6월부터 공무원노동조합총연맹이 공무원연금 개혁 저지 기자회견을 여는 등 목소리를 높이기 시작했다. 10월 27일 새누리당이 공무원연금 개혁을 당론으로 채택하고 관련 법률개정안을 국회에 제출하자 공무원노조는 "개악안을 밀어붙이고 있다"면서 11월 4일 서울 여의도에서 '100만 공무원 총궐기의 날' 대회를 열어 세를 과시했다. 2014년 10월 19일 국무총리 공관에서 열린 비공개 당정청 회의에서 김기춘 비서실장 등이 연내 조속한 처리를 요구했을 때 여당 지도부는 법안을 상정하더라도 처리 시점은 속도를 조절할 필요가 있다는 입장을 표시했다. 하지만 2016년 4월에는 총선이 있다. 그때가 되면 국회의원들이 표를 의식해 민감한 이슈는 더욱 다루기 어려워진다. 박 대통령은 2014년 11월 20일 김무성 대표, 이완구 원내대표, 주호영 정책위의장 등을 청와대로 불러 "개혁안을 통과시키지 못하면 역사에 죄를 짓는 것"이라며 연내 처리를 거듭 강조했다. 하지만 공무원노조와 가까운 제1야당 새정치민주연합(더불어민주당의 전신)은 공무원연금 개혁안에 부정적이었다.

이에 박 대통령은 "공무원 연금개혁이 하루 늦어질수록 하루에 80억 원씩 세금이 들어가고, 올해 개혁하지 못하면 내년부터는 하루 100억 원이 들어간다"는 사실을 국민들에게 다각도로 알리도록 강조했다. 이와 함께 공무원연금 관련 자료나 세부 통계를 공무원은 물론 국민 누구나 볼 수 있도록 모두 개방했다. 이런 노력 덕분에 언론에서도 "국회가 발목을 잡지 말고 연금개혁을 빨리 처리해야 한다"는 사설이나 칼럼을 싣기 시작했다. 이런 분위기에 힘입어 2014년 12월 20일 여야는 공무원연금개혁특위와 국민대타협기구를 설치하기로 합의, 2015년 1월부터 논의를 시작했다.

박 대통령은 같은 해 4월 6일 수석비서관회의에서 "이번에 개혁이 이뤄지지 않으면 우리는 매일 국민 세금으로 적자를 메워야 하고, 후손들에게도 빚을 지우게 된다"고 강조했다. 많은 난관 끝에 여야는 2015년 5월 2일 공무원연금 개혁안에 합의했다. 연금수령액을 산정하는 연금지급률은 기존 1.9%에서 20년에 걸쳐 1.7%로 내리고, 7%인 기여율(공무원이 내는 보험료율)은 5년 동안 9%로 올린다는 내용이었다. '더 내고 덜 받는' 안이 만들어진 것이다. 문제는 그다음이었다.

이를 통해 얻는 세수절감분의 일부를 공적연금에 투입해 국민연금 명목 소득대체율을 40%에서 50%로 올리기로 한다는 내용이 추가된 것이다. 야당의 주장을 수용한 것이었다. 이것은 개혁이 아니라 개악이나 다름없었다. 국민연금 소득대체율은 2007년 2차 연금개편 때 이전의 60%에서 2028년까지 40%로 단계적으로 떨어지도록 해놨는데 이를 다시 50%로 올린다는 것이다. 이렇게 되면 받는 사람 입장에서는 좋겠지만, 모두 세금에서 나가야 하는 돈이므로 미래 세대에게 부담이 된다.

애초에 공무원연금을 개혁하자고 한 것은 연금 적자를 메우는 데 들어가는 세금부담을 줄이기 위해서였는데, 공무원연금 개혁을 통해 만든 세수절감분으로 국민연금 소득대체율을 10%포인트 높인다면 세금 부담은 오히려 더 커진다. 그야말로 조삼모사나 다름없었다.

이걸 개혁이라고 국민 앞에 내놓을 수는 없었다. 박 대통령은 2015년 5월 4일 청와대 수석비서관회의에서 "국민연금의 소득대체율을 조정하는 것은 국민께 큰 부담을 지우는 문제"라고 지적했다. 여론도 비판적이었다. 이에 새누리당은 국민연금 소득대체율 50% 인상을 번복했다. 야당은 반발했지만 여야는 물밑 작업을 이어나갔고 결국 5월 29일 공무원연금 개정안이 통과됐다. 공무원연금 개혁의 성공은 합의기구를 만들어 추진하면서도 박 대통령의 추진력과 설득력이 무엇보다 주효했던 결과로 볼 수 있다.

국회에 공무원연금개혁위원회가 구성되었지만, 여야 간 대립과 공무원 사회의 반발로 개혁 시도가 실패할 상황이 벌어지고 있었다. 이러한 난항에 돌파구를 마련한 사람은 박 대통령이었다. 박 대통령은 공무원연금 개혁이 하루라도 늦어질수록 그 피해는 국민 모두에게 돌아간다는 사실을 국민에게 알리는 것이 시급하다는 점을 강조했다.(안종범, 2022)

공무원연금 개혁이 결국 정치적 부담이 돼서 2016년 총선 패배에 영향을 줬다는 평가도 나온다. 박 전 대통령은 회고록에서 "그럼에도 그런 것을 해야 한다는 게 대통령의 책무이자 운명"이라고 했다. 그러면서 "결국 대통령이 결심하고 책임지고 추진할 수밖에 없다. 이것을 안 하고 미뤄뒀다면 지금쯤 얼마나 가슴을 치면서 자책했겠나 싶다"고 덧붙였다.

미완의 노동개혁

노동개혁은 노동자의 권익을 실질적으로 보호하면서 노동시장을 안정시키는 것을 목적으로 한다. 기업이 근로자들을 정규직으로 채용해도 부담이 늘지 않는다는 확신이 있을 때 비로소 노동시장이 제대로 작동한다고 할 수 있다. 박근혜 정부의 노동개혁은 그런 차원에서 노동시장을 유연화시키고, 실업대책을 공고히 하고, 노동자들의 능력 개발을 위해 정부와 기업이 나서서 직업 교육과 훈련을 적극적으로 수행하는 적극적 노동시장 정책을 지향했다.

유럽 국가들은 이미 오래전부터 이러한 적극적 노동시장 정책을 추진해서 성공적으로 정착시켰다. 하지만 우리는 여전히 과거 유럽 국가들이 취했던 노조 중심의 경직적 노동시장을 고수하고 있었다.

박근혜 정부는 노동개혁의 추진을 위해 노사정 대타협에 총력을 기울였다. 노무현 정부 당시 노동부 장관을 역임한 김대환을 경제사회발전노사정위원회 위원장으로 영입하여 노사정이 집중적으로 머리를 맞대고 논의를 거듭했다. 노동개혁을 위한 노력은 노조와의 대화에서부터 시작되었다. 민노총은 불참했어도 한노총은 적극적으로 협상에 임했다. 2015년 8·15 경축사에서 박근혜 대통령도 강력한 노동개혁 의지와 함께 이를 국민에게 호소하려는 간절한 소망을 피력했다. 1년여에 걸쳐 전문가 토론과 공론화, 노사정 간의 집중교섭과 결렬, 냉각기를 거쳐 2015년 9월 13일 마침내 노사정 대타협안이 도출되었다. 노사정위 최종 의결일을 기준으로 '9·15 노사정 대타협'이라 부를 만했다.

노사정위원회에 노동계 대표로는 한국노총이 참여한 가운데 사용자 측과 정부 등 3자가 합의한 대타협안은 청년고용 활성화, 노동시장 이중구조 개선, 사회안전망 확충과 '통상임금·실근로시간 단축·임금제도 개선' 등 3대 현안 해법, 노사정 파트너십 구축 등 선진 목표를 제시했다.

박근혜 대통령은 대타협안을 기초로 첫째, 노동 관련법을 개정하는 노동개혁 5법을 추진하고, 둘째, 대타협 정신을 바탕으로 기금을 조성해서 청년 일자리를 안정적으로 만들어내고 청년들의 직업능력을 지속적으로 개발하는 '청년희망재단'을 만들고자 하였다.(안종범, 2022)

하지만 대타협에 참여했던 한국노총이 국회의 입법화 과정에서 박근혜 정부의 양대지침(저성과자 일반해고, 취업규칙 변경요건 완화) 추진에 반발, 2016년 1월 19일 합의 파기를 선언하고 노사정위원회를 탈퇴하고 말았다.

한국노총은 정부의 노동개혁 입법과 일반해고 및 취업규칙 불이익 변경요건 완화 등 이른바 2대 지침과 관련해 전면 재검토 수준의 정부 입장 변화를 요구했다. 하지만 고용노동부가 이를 거부하면서 입장 차를 좁히지 못했다. 정부는 정년이 60세로 연장된 데 따른 고용 위축에 대비해야 한다는 논리를 내세웠다. 즉, 임금피크제를 도입하고 저성과자에 대한 해고요건을 명확히 함으로써 새로운 일자리 창출을 유도한다는 것이었다. 반면 한노총은 "양대 지침으로 사용자들이 손쉽게 노동자들을 해고할 수 있게 됐다"며 반발했다.

그럼에도 9·15 노사정 대타협은 그동안 우리 노동시장이 경직되고 일자리 기회가 공정하게 주어지지 못한 여러 원인들, 특히 노동시장 이중구조를 바로잡는 데 함께 노력하자는 데 접근했다는 점에서 의미가 크다. 입법화에 성공했다면 고용 경직성과 노동 양극화 완화에 적잖이 기여했을 것이라는 점에서 아쉬움을 남기는 대목이다.

국민이 안전한 나라와 사회통합

박근혜 정부가 내세웠던 '국민행복'이라는 국정기조의 구성요소로 빼놓을 수 없는 것이 '국민안전'과 '사회통합'이었다. 하지만 국민안전이라는 국정과제에 커다란 균열을 내며 깊은 상처를 남긴 것이 세월호 참사다. 근현대사 교과서 국정화는 국가정체성을 확고히 해야 한다는 명분으로 시작했지만, 추진과정에서 극심한 국론갈등으로 목표달성에도 실패하고 사회통합에 역행하는 후유증만 남기고 만 사례다.

'세월호 7시간' 논란

세월호 참사는 진도 앞바다에서 여객선이 침몰하면서 수학여행을 떠난 단원고 학생 등 304명이 희생된 사건이다. 2014년 4월 16일에 발생한 이 참사는 박근혜 대통령 재임 기간에 벌어졌던 일들 가운데 가장 처참했던 사건이라 할 수 있을 것이다.

박 전 대통령도 회고록에서 "세월호 침몰사고로 단원고 학생을 비롯한 304명의 희생자가 발생하고, 국민 여러분께 큰 상처를 남기게 된 점에 대해 다시 한번 진심으로 사과드린다. 이 참사에 대해서는 당시 국정을 책임졌던 내가 누구보다 큰 비판을 받아야 한다고 생각해 왔다"고 밝혔다. 그러면서 16일 오전부터 중앙재난안전대책본부에 방문하기까지의 상황을 시간대별로 자세히 설명했다.

세월호가 기울어진다는 신고가 119에 접수된 것은 이날 오전 8시 54분, 대통령이 휴대전화를 받지 못해 직원이 들고 온 보고서를 읽고 사태를 인지한 건 10시 20분이었다. 세월호는 이미 9시 30분쯤 복원력을 상실했고, 10시 30분에는 거의 침몰한 상태였다. 그런데 11시쯤 방송 자막에 '전원 구조'가 떴다. 안도했다. 11시 20분 구조된 숫자가 적었지만 따져 묻지 않았다. "너무 안이한 판단이었다." 오후 1시 7분쯤 '370명 구조'로 보고됐으나 2시 50분엔 김장수 안보실장이 청천벽력 같은 보고를 했다.

"죄송합니다. 190명을 추가로 구조했다는 것은 중복 보고입니다. 잘못된 보고입니다."

박 대통령은 그제야 뭔가 크게 잘못됐다는 것을 깨닫고 중앙재난안전대책본부(이하 중대본)에 가기로 결정했지만, 방문은 다시 2시간 가까이 지체되었다. 그는 스스로도 이 지체된 순간을 "가장 후회스러운 순간"이라고 꼽았다.

"빨리 중대본으로 가야 했지만 교통 문제로 지연됐고, 호출한 적도 없는 미용사가 와서 머리 손질을 했다. 가장 후회스러운 순간 중 하나였다."

박 전 대통령에게 안보실로부터 첫 보고가 들어간 오전 10시 20분부터 중대본에 모습을 드러낸 오후 5시 15분까지의 이른바 '세월호 7시간' 동안 박 전 대통령의 행적을 놓고 많은 의혹이 제기돼 왔다. 대형 인명사고가 난 것을 확인한 뒤에도 즉시 중대본으로 가지 않고 지체된 연유가 무엇이냐 하는 것이다.

일각에서는 박 전 대통령이 자신의 국회의원 시절 비서실장이자 최순실(개명 후 최서원) 씨의 전 남편인 정윤회 씨와 모처에서 밀회를 즐겼다, 프로포폴에 취해 있었다, 굿을 하고 있었다 등의 억측이 사실처럼 떠돌았다. 이 때문에 세월호 구조가 늦어지거나 방기됐다는 소문이 확산하면서 민심이 악화했다. 당시 청와대에서는 "사실이 아니다"라면서도 구체적인 해명을 내놓지 않았다.

박 전 대통령은 회고록에서 "세월호 7시간에 (나와 관련해) 제기된 의혹들이 아무런 근거 없는 날조였으나, 일일이 해명하려 애쓰지 않았다. 그 때문에 (사실이 아닌 것들이) 사실처럼 받아들여져 사회분열과 혼란의 악순환이 발생했다"고 술회했다.

회고록에 따르면 2014년 3월 말~4월 초중순은 박 대통령에게 가장 바쁜 시기 중 하나였다. 3월 24~25일 네덜란드 헤이그에서 열리는 핵안보정상회의 참석과 한미일 정상회담, 이어진 3일간의 독일 순방을 마치고 돌아와 3월 31일부터 4박 5일 일정으로 재외공관장 회의가 열렸다. 4월 8일에는 방한한 토니 애벗 호주 총리와 한·호주 정상회담을 가졌고, 14일에는 21명의 대사에게 신임장을 수여하는 등 일정이 이어졌다. 무리하게 몸을 축내기보다 하루 정도만 일정을 비우고 휴식을 취하는 게 좋겠다는 정호성 비서관의 건의를 받아들여 하루 동안 관저에 머무르면서 업무를 보는 편이 낫겠다고 판단한 게 바로 운명의 날인 4월 16일이었다는 것이다.

당시 박 대통령은 이날을 공식휴가로 생각한 반면 정 비서관은 비공식적 자체 휴일 정도로 생각해서 연가신청을 하지 않았던 것 같다는 게 박 전 대통령의 회고다. 이 같은 혼선이 세월호 사고가 일어난 뒤 "왜 본관에 가지 않고 관저에 머물렀느냐"는 야당의 여러 의혹이 제기되는 단초가 된 것이었다.

또 하나의 의문점은 이날 최서원 씨의 청와대 방문이었다. 일각에서는 세월호가 침몰하자 박 대통령이 당황해서 '최 원장'에게 대책을 물어보려고 긴급히 호출했다는 주장도 했다. 하지만 최 원장의 방문은 그전에 예정돼 있었다는 게 박 전 대통령의 회고다. 최 원장은 그전부터 가끔 개인적으로 사용하는 화장품이나 속옷 등 일상용품을 대신 구입해 가져다주곤 했다. 박 대통령이 정치 일정으로 따로 시간을 내기도 쉽지 않거니와 이런 것을 대신해줄 가족이 없었기 때문에 전부터 알고 지낸 그녀에게 부탁했다는 것이다.

그런데 공교롭게도 이날 세월호 침몰 사고가 발생했다. 평소 같으면 최 씨의 방문을 취소시켰을 것이다. 그녀와 개인적 용무를 볼 시간이 어디 있겠는가. 그런데 이날 사고가 너무 큰 데다 구조 상황이 정확히 파악이 안 돼 발을 구르다 보니 최 씨를 만나기로 한 것을 까맣게 잊고 있었다. 그런 것에 신경 쓸 겨를조차 없었다는 것이다. 대통령이 방문을 취소시키지 않았으니 그녀는 예정된 시각(오후 2시 15분)에 맞춰 청와대 관저에 도착했다.

일부 언론에서는 사고 당일 박 전 대통령이 최 씨의 전 남편(2014년에 이혼) 정윤회 씨와 만나고 있었다는 루머까지 거론하며 의혹을 확산시켰다. 박 전 대통령은 이에 대해 "아무리 언론의 자유가 있다고는 하지만 이렇게 말도 안 되는 이야기까지 써도 되는 건가. 청와대 시스템에 대한 기본적 이해가 있다면 이런 칼럼은 쓸 수가 없었을 것이다"라고 강하게 반박했다.

하지만 당시 대통령의 저간의 사정은 국민에게 제대로 설명되지 못했고, 온 나라가 초상을 당한 분위기 속에서 국민의 생명을 보호하고 안전에 관해 최종, 최고의 책임자인 대통령이 제대로 상황보고도 받지 못하고, 중대본에도 뒤늦게 나타났다는 점에서 여론의 비판이 빗발쳤다. 게다가 중대본에서 "구명조끼 입었다는데 그렇게 찾기 어렵습니까"라고 물은 대목도 전후 맥락 파악이 안 된 소치인 것으로 비쳐지면서 국민의 분노를 가중시켰다.

뒤늦은 사과와 갈등의 장기화

박근혜 대통령은 2014년 4월 29일 국무회의에서 세월호 참사에 대해 공식 사과했다. 같은 달 16일 세월호가 침몰했으니, 참사 발생 14일 만에야 박 대통령은 '죄송'이라는 말을 꺼낸 셈이다. 박 대통령은 애초 '여기서 밀리면 끝'이라는 정치적 위기감에 사과에 부정적이었다. 그러나, 그렇게 버티다가 더 밀렸다. '박근혜 탄핵'은 '최순실 국정농단'이 결정타였지만, 세월호 참사로 시작된 민심 이반이 이미 불씨를 키워가고 있었다고 볼 수 있다.

박 대통령은 뒤늦은 첫 사과로 여론이 가라앉지 않자 20일 뒤 또 대국민 담화를 해야 했다. 눈물을 흘리고 고개를 숙였지만, 여론은 이미 돌이킬 수 없었다. 첫 사과에서부터 '내 탓이오'보다 '적폐청산'을 강조하는 등 진정성을 인정받지 못했던 탓에 여론의 반발을 자초했다. 미국의 언어학자 에드윈 L. 바티스텔라 서던오리건대학 교수가 쓴《공개 사과의 기술》에 따르면 공인의 사과는 적당한 평계나 어물쩍한 변명, 능숙한 자기변호여서는 안 된다. 불충분한 사과는 새로운 빌미를 만들거나 사과 요구로 회귀하는 상황을 초래할 수 있다는 것이다. 아론 라자르 미국 매사추세츠 의대 교수도 《사과 솔루션》에서 "사과는 정직·관대·겸손·헌신·용기가 필요한 행동"이라고 말했다.

이런 면에서 박근혜 대통령의 사과는 잘못에 대한 사회적 공유를 통해 공통의 이해를 촉진하는 대화에 실패한 것으로 볼 수 있다. 박근혜 대통령의 불충분하고 미흡했던 사과가 세월호 참사를 국민적 트라우마로 키우는 데 한몫했다는 시각도 있다.

그러나 다른 한편에서는 당시 박근혜 정부가 야권의 정치 공세에 너무 무르게 대응해 결국 탄핵의 빌미를 줬다는 지적도 있다. 당시 박 전 대통령은 어쨌든 눈물을 흘리며 참사를 공식 사과했고, 해양경찰 전격 해체에 나서는 등 나름 파격 조치를 했다. 이주영 해양수산부 장관은 팽목항에 내려가 유가족들과 136일간 함께 지냈다. 이런 노력에도 참사를 정치적으로 이용하려는 세력은 뚜렷한 증거도 없이 박 전 대통령의 세월호 7시간 의혹 같은 음모론을 제기하며 정권을 흠집내는 데만 골몰했다.

세월호 참사 1주기 때도 박 전 대통령이 추모 행사에 참석할지 이목이 쏠렸다. 박 전 대통령은 2015년 4월 16일 1주기 당일 추모행사에 참석하지 않고 중남미 4개국 순방 차 콜롬비아로 출국했다. 대신 출국 하루 전날 전남 진도 팽목항을 찾았다. 하지만 합동분향소 문은 닫혀 있었고, 헌화와 분향은 할 수 없었다. 유족들도 만나지 못했다. 박 대통령이 온다는 소식을 듣고 분향소를 폐쇄한 것이다. 서로 소통이 원활하게 이뤄지지 않으면서 불신이 쌓였던 것이다.

박 대통령은 당초 사건 다음 날이었던 2014년 4월 17일 실종자 가족들이 모인 진도 실내체육관을 찾아 필요한 조치를 하고, 자신과 직접 연결할 고리로 정무수석비서관을 남겨 놓으려 했다. 그러나 주변 반대로 거둬들였다.

만일 이후에라도 직접이든 정무수석 같은 참모를 통해서든 유족들을 자주 찾아가 위로하고 상처를 어루만지고 세밀하게 챙기는 등의 조치를 했더라면 상황이 좀 달라졌을지도 모른다. 그렇게 하지 못함으로써 유가족과 청와대 사이에 거대한 불신의 벽이 생겼고, 그 틈을 야당과 시민단체들이 메웠다. 이 때문에 유가족과 정부 사이엔 점점 간극이 벌어졌다. 이것이 거대한 사회적 갈등으로 번졌다는 점에서 박근혜 정부의 세월호 사후관리는 아쉬움을 남기는 대목이다.

실패한 국정교과서 추진과 근현대사 논란

박근혜 대통령이 2015년 10월부터 추진된 역사교과서 국정화에 힘을 쏟게 된 계기는 통합진보당(이하 통진당) 사태의 충격 때문이었다.

거리낌 없이 친북적 행태를 보이는 통진당 같은 세력이 원내에 진입할 수 있는 사회 분위기가 조성된 것은 근현대사 교육이 영향을 끼쳤다고 본 것이다. 6·25 전쟁을 북한의 불법 남침이 아니라 남북한 공동 책임으로 서술하는 일부 역사교과서의 내용이 사회 전반에 영향을 줬다는 것이 당시 보수층의 생각이었다. 자유나 다양성을 강조하며 설령 자유민주주의 이념에 배치되는 주장이 나와도 '뭐, 그럴 수도 있지'라고 방치하는 공간을 악용해 통진당 같은 세력이 득세했다고 본 것이다.

사실 역사교과서에 대한 논란은 이전부터 있었다. 2002년부터 시행된 7차 교육과정에서 중·고교 국사 과목 중 근현대사를 따로 빼내어 국정이 아닌 검인정檢認定으로 전환하고 나서부터 역사교과서를 둘러싼 보혁 논쟁이 벌어졌다. 일부 교과서가 6·25 전쟁을 남침이 아닌 무력충돌로 기술하고 주체사상을 긍정적으로 설명하면서 정작 대한민국 건국 세력에 대해선 부정적으로 기술했다는 논란이 거세게 일어났다. 2011년부터는 한국사 전 과정이 검인정제로 전환됐고, 이는 논란의 불길에 기름을 부은 격이 됐다.

7차 교육과정이 시작된 2000년대 초반은 중국이 동북공정으로 고구려 역사를 중국사에 편입시키며 우리 역사를 흡수하려는 야욕을 본격화하던 때였다. 일본도 역사교과서에서 태평양전쟁 때 저지른 범죄를 축소하려는 극우적 목소리가 강해졌다. 그 어느 때보다도 역사에 대한 관심과 올바른 교육이 필요한 때였다는 것이다. 그런데 우리는 한국사 과목을 고교 입시에서 선택과목으로 바꾸고 일부 공무원 임용시험에서도 제외하는가 하면, 정부의 검정을 통과한 역사교과서가 이념적 편향성 논란이 벌어져 이념 논쟁의 장이 되고 있었다. 특히 일부 교과서의 기술에 나타난 건국 과정에 대한 폄훼와 북한 정권에 대한 긍정적 묘사를 자라나는 세대에게 그대로 교육하는 것은 있을 수 없는 일이라고 박 대통령은 생각했다. 학생들이 대한민국이 잘못 태어난 나라이고 민족의 정통성이 북한에 있다는 식으로 배우는 것은 곤란하니 이런 내용을 바로잡아야겠다고 생각한 것이다.

실제 2013년 6·25 전쟁 63주년을 앞두고 한 언론사에서 실시한 여론조사 결과 고교생 응답자 중 69%가 6·25 전쟁을 북침으로 알고 있다는 보도가 나오기도 했다. 박 대통령은 석 달 후인 9월 17일 국무회의에서 "학생들이 보게 될 역사교과서에 역사적 사실관계가 잘못 기술되는 일이 없어야 한다"며 대책 마련을 지시했다.

이때까지만 해도 박 대통령은 한국사 교과서를 국정화로 해야겠다는 확신은 없었다고 회고했다. 다양성과 자율성을 존중하는 교육이 중요하다는 생각이었다는 것이다. 그러나 한국사 교과서를 만드는 집필진은 대개 전국교직원노동조합(이하 전교조)이거나 민족문제연구소 등에 연결된 특정 인맥으로 구성돼 있어 대책 마련이 어렵다는 보고가 올라오면서 생각이 달라지기 시작했다.

"검인정제로 전환하면서 '역사교과서가 무려 7종이나 되기 때문에 다양한 관점에서 역사를 배울 수 있다'고 선전했지만, 실제로는 집필진의 80%가 편향된 역사관을 가진 특정 인맥으로 구성되어 있기 때문에 실은 7종으로 구성된 하나의 좌편향 교과서인 셈이었다. 북한에 대해선 긍정적 이미지를 줄 수 있는 사진을 골라 쓰고, 주체사상을 설명하면서 '주체적으로 수립한 사회주의 사상'이라고만 적고, 비판적 평가는 다루지 않는 식이었다. 교육부에서 '이런 기술은 너무 편향적이니 내용을 수정해 달라'고 명령해도 집필진은 반발하며 소송으로 맞섰다. 검인정제로 전환한 뒤 10여 년 동안 역사교과서 집필진과 전교조, 출판사들이 카르텔을 형성하면서 역사서술의 균형과 다양성이 오히려 파괴됐다는 것이다."(박근혜, 2024)

그런 와중에 일어난 '교학사 역사교과서 파동'은 한국사 교과서 국정화를 고려하게 된 결정적 전환점이 됐다. 2013년 8월 교학사에서 만든 고교 한국사 교과서가 검정을 통과했는데, 학계에선 식민지 근대화론을 긍정하고 이승만·박정희 정부에 대한 부정적 내용이 축소됐다며 연일 비난을 쏟아냈다. 그러자 교학사 교과서를 채택했던 학교들이 이런 분위기에 눌려 결정을 잇따라 철회하고, 결국 채택률은 0%가 됐다. 박 대통령은 이처럼 자율적 선택이 무시되고 특정 성향의 역사관이 강요된다면 차라리 국정화가 낫겠다는 생각으로 기운 것이다. 2015년 7월 22일 삼청동 총리공관에서 열린 고위당정청회의에서는 하반기부터 국정교과서에 대한 준비 작업을 추진하기로 결정했다. 교과서의 국정화 전환은 법 개정이 필요하지 않고, 교육부 장관의 고시를 통해 가능했다.

하지만 국정교과서 추진은 강력한 반발에 부딪혔다. 2015년 10

월 12일 교육부가 행정예고를 통해 한국사 교과서를 국정으로 전환하겠다고 발표하자 야당과 전교조 등은 '독재 시대로의 회귀'라며 교사 1만 명이 참여하는 반대 집회 등을 열고 조직적 저항으로 맞섰다. 또 교과서 집필진에 대한 인신공격도 이어져, 일부는 경찰에 신변보호 요청을 했다.

국정교과서는 2016년 11월 완성됐다. 기존 교과서는 '대한민국은 정부 수립'이라고 돼있고, 북한은 '조선민주주의인민공화국 수립'으로 서술됐다. 정통성이 마치 북한에 있는 것처럼 다루었지만, 새 국정교과서는 이를 '대한민국 수립' '북한정권 수립'으로 바꿨다. 6·25 전쟁의 책임에 대해서도 검정교과서들은 남북한 공동책임으로 몰고 간 경우가 많은데, 국정교과서는 북한의 불법남침 때문에 발발했다고 분명하게 서술했다. 일각에서 우려했던 친일문제는 축소하지 않고 그대로 유지했다. 독립운동에 대해서는 무장독립 위주로 서술한 검정교과서와 달리 외교적 노력과 여성들의 활약상도 보완했다.

이때는 공교롭게도 최순실 국정농단 사태로 나라가 혼란에 빠져들고 있을 때였다. 국정 동력은 나날이 떨어졌고, 전교조 등은 국정교과서에 '적폐 교과서'라는 딱지를 붙였다. 2017년 5월 대선에서 승리한 문재인 정부는 출범 3일 만에 국정교과서 폐기를 지시했다. 박 전 대통령은 "그토록 초고속으로 폐기한 것은 민주당 측에 국정교과서가 얼마나 눈엣가시 같은 존재였는지를 말해주는 것"이라고 비판했다.

박 전 대통령은 "나라의 앞날을 위해, 자라나는 세대를 위해 정말 중요한 일이라는 신념을 갖고 임했던 일이기에 지금도 후회는 없다. 다만 당시 애써 만든 국정교과서가 국민들로부터 제대로 평가받을 기회마저 얻지 못했다는 점은 안타까움으로 남아 있다"고 했다. 하지만 박 전 대통령이 지적한 당시 한국사 교과서의 편향성 문제에 대해서는 인식을 같이하면서도 역사교과서를 국정화로 환원하는 것은 시대에 맞지 않는다는 비판이 당시 보수층 내에서도 없지 않았다. 더욱이 박 대통령이 탄핵의 파고에 휩쓸리며 국정동력을 잃는 바람에 한국사 교과서 국정화는 대통령의 강한 의지에도 불구하고 빛을 보지 못한 채 유실되고 말았던 것이다.

한반도 신뢰프로세스

박근혜 대통령의 인생은 북한과 떼려야 뗄 수 없는 관계다. 만 16세 때 북한은 아버지 박정희 대통령을 시해하려고 특수부대를 청와대 부근까지 내려 보냈고, 그로부터 6년 뒤엔 북한의 사주를 받은 암살범의 흉탄에 어머니를 잃었다.

개인적으로 큰 고통을 준 북한이지만 박 대통령은 정치를 시작했을 때부터 남북관계가 언제까지나 과거의 대결과 충돌에만 머물러선 안 된다고 생각했다고 한다. 2002년 5월 방북해 김정일 국방위원장을 만난 것도 그런 이유에서였다.

사실 아버지 박정희 대통령도 강력한 반공정책을 폈지만, 북한과 평화공존의 계기를 만들기 위한 노력도 안 한 게 아니다. 평화통일 원칙에 합의한 1972년 7·4 남북공동성명이나, 남북한 동시 유엔가입을 제안했던 1973년 6·23 선언이 그런 노력의 일환이었다. 육영수 여사가 흉탄에 쓰러지던 1974년 8월 15일에도 박 대통령은 경축사에서 '남북 상호불가침 협정' 체결과 '남북 자유총선거에 의한 통일' 같은 획기적 대북 제안을 발표하였다.

박근혜 대통령의 공식적인 대북 구상은 2009년 5월 미국 스탠퍼드대학 연설을 통해 처음으로 윤곽을 선보였다. 박 대통령은 당시 연설에서 '북한의 위기 조성 → 협상과 보상 → 또다시 위기 재발 → 협상과 보상'이란 악순환을 끊기 위해 기존의 틀을 넘는 포괄적 구상, 즉 남북한과 미·중·러·일이 참여하는 동북아 평화협력체를 만들자고 제안했다.

이어 18대 대선을 1년여 앞두고 2011년 8월 미국의 외교전문지 〈포린 어페어스 Foreign Affairs〉에 "새로운 한반도를 위하여"라는 제목의 기고문을 싣고 "남북한이 서로에 기대하는 바를 이행하게 만드는 '신뢰외교 Trust politik'가 필요하다"고 말했다. 박 대통령은 "한국은 북한의 도발에 단호하게 대응해야 한다. 그러나 동시에 남북관계 개선을 위한 새로운 가능성 또한 열어놓아야 한다"며 '균형정책 Alignment Policy'를 제시했다. 단호한 입장이 요구될 때는 더욱 강경하게 대응하고 협상을 추진할 때는 매우 개방적으로 나서자는 게 균형정책의 요지였다.

이렇게 진전된 박 대통령의 대북 구상은 대선후보 시절 발표한 '한반도 신뢰프로세스'로 집결됐다. 박근혜 대선후보는 2012년 11월 8일 '서울외신기자클럽' 기자회견에서 "한반도 신뢰프로세스를 가동하고자 한다"며 "북한의 도발에 대해선 자위권의 범위 내에서 모든 가능한 수단을 강구하되 북한에 대한 인도적 지원을 계속하고 경제·사회·문화 교류를 호혜적으로 업그레이드하겠다"는 계획을 밝혔다. '한반도 신뢰프로세스'는 유동적 상황에서도 북극성처럼 변함없이 바라볼 수 있는 대원칙으로 마련한 것이다. 북한의 도발은 어떤 경우에도 단호히 대처·응징하지만, 북한이 대화로 나온다면 인도적 지원과 경제교류를 확대하면서 신뢰를 쌓겠다는 구상이었다.(박근혜, 2024)

개성공단 인력 철수

이 같은 박근혜 대통령 대북정책의 첫 번째 시험대가 개성공단 인력 철수 문제였다. 북한은 박 전 대통령의 당선 직후 각종 도발로 긴장 수위를 끌어올렸다. 당선인 시절인 2013년 2월 12일 3차 핵실험을 강행한 데 이어 정전협정 백지화 선언(3월 5일), 개성공단 북한 노동자 철수(4월 8일) 발표가 이어졌다. 새 정부를 테스트해 보려는 듯한 양상이었다.

북한의 '길들이기'에 맞서 박 전 대통령은 개성공단 철수라는 강공으로 거침없이 맞불을 놨다. 김정은 정권은 공단 폐쇄 협박을 하면 군사훈련 축소·연기와 같은 유화적 조치를 보여줄 것으로 기대했을지 모르겠지만, 아무리 협박해 봐야 얻을 게 없다는 사실을 깨닫도록 하는 게 한반도 신뢰프로세스의 출발점이었던 것이다. 북한에 끌려 다닐 수는 없으며, 어려운 때일수록 원칙을 지켜야 한다는 박 대통령의 생각은 확고했다.

박 대통령은 2013년 4월 26일 개성공단의 인력 철수를 지시했다. 통일부가 개성공단 문제를 협의할 남북당국 간 실무회담 개최를 제의하며 '응하지 않을 경우 중대한 조처를 하겠다'고 발표한 지 하루 만에 내린 조치였다. 강공 작전은 효과를 봤다. 북한은 6월 6일 개성공단 정상화를 위한 회담을 먼저 제안했고 9월 공단은 재가동됐다.

2014년 1월 1일 김정은 북한 국방위 제 1위원장(당시)은 신년사에서 "북남 사이 관계 개선을 위한 분위기를 마련해야 한다"며 "남조선 당국은 자주와 민주, 조국통일을 요구하는 겨레의 목소리에 귀를 기울이고 북남 관계 개선으로 나와야 한다"고 말했다. 불과 그전 달만 해도 보수단체의 북한 규탄 시위를 문제 삼아 국방위원회 명의로 전화통지문을 보내 "예고 없이 남한을 타격하겠다"고 협박한 것과는 사뭇 달라진 기류였다.

이에 박 대통령은 전년도에 취소됐던 이산가족 상봉을 다시 제안해보기로 했다. 인도주의적 교류는 남북관계를 풀어나갈 수 있는 첫 단추이기 때문이다. 박 대통령은 1월 6일 신년 기자회견에서 "북한이 이산가족 상봉으로 첫 단추를 잘 풀어서 남북관계에 새로운 계기를 만들었으면 한다"고 밝힌 뒤 곧바로 북측에 전통문을 보냈다. 당시 기자들과의 문답에서 "국민 중 '통일비용이 너무 많이 들지 않겠는가, 굳이 통일할 필요가 있겠느냐'고 생각하는 분들도 계시지만 한마디로 통일은 대박"이라는 말도 했다.

그 이후 '통일은 대박'이란 표현이 시중에 화제가 됐다. 표현의 출처를 놓고 이런저런 낭설이 떠돌았다. 사실은 2012년 신창민 중앙대 명예교수가 쓴 책의 제목이 '통일은 대박'이었다. 대통령 취임 후에 그 책을 볼 기회가 있었는데 통일이 됐을 경우 남북 주민이 갖게 될 여러 가지 편익들이 잘 정리돼 있었다. 또한 '통일은 대박'이란 표현이 워낙 압축적으로 통일의 당위성을 설명한 것이어서 회견 때 인용했다는 게 박 대통령의 설명이다.(박근혜, 2024)

북한은 2013년과 달리 이산가족 상봉에 협조적으로 나왔다. 한

때 '키 리졸브' 한미 합동 군사훈련을 구실로 북한이 이산가족 상
봉을 제고하겠다고 으름장을 놓기도 했다. 그러나 박근혜 정부가
어떤 경우에도 안보는 절대로 타협하지 않는다는 걸 못 박자 북한
도 더는 억지를 부리지 못했다.

　이산가족 상봉은 2월 20~25일 금강산 면회소에서 2박 3일씩
두 차례에 나눠 진행됐다. 2010년 10월 18차 이산가족 상봉 이후
3년 4개월 만이었다. 1차로 남측 이산가족 상봉 신청자 82명이 금
강산에서 북한 가족 178명과 만났다. 2차에선 북측 신청자 88명이
남측 가족 372명과 만났다. 60년을 기다렸지만 정을 나눌 수 있는
시간은 11시간에 불과했다. 그리고 또다시 기약 없는 이별을 했다.

북한의 목함지뢰 도발과 핵실험 재개

2015년 목함지뢰 도발 사태 때는 남북 간 긴장이 준전시 상태에 달
할 만큼 남북관계가 요동쳤다. 목함지뢰 사건은 2015년 8월 4일 파
주 1사단 11연대 관할 DMZ에서 목함지뢰 3개가 잇따라 터져 수색
작전 중이던 하재헌·김정원 하사가 다리를 잘리는 중상을 입은 사
건이다. 처음에 군 당국은 폭우 때문에 예전에 묻어 놓은 우리 지뢰
가 유실돼 사고가 난 것으로 생각했다. 그런데 합동조사 결과 현장
에서 북한의 목함지뢰에 쓰이는 부품들이 발견됐다. 현장 지형은 남
쪽이 높고 북쪽이 낮기 때문에 북한 지역에 매설한 지뢰가 우연히
우리 쪽으로 떠내려 왔을 가능성은 없었다. 북한군이 몰래 군사분계

선을 넘어와 남측 철책 문 앞에 목함지뢰를 매설했던 것이다.

2010년 연평도 도발처럼 북한의 공격이 명백한 상황이면 즉각 응징을 가하면 된다. 하지만 지뢰 도발은 진상이 뒤늦게 드러나기 때문에 어떤 수위로 대응해야 할지 복잡해진다. 어떻게 대응할지를 놓고 김관진 당시 국가안보실장 주재로 국가안전보장회의NSC가 열렸다. 회의에서 북한이 가장 꺼리는 대북 확성기 방송을 재개하는 방안이 거론됐다. 확성기를 통한 대북 방송은 북한이 대북전단과 함께 굉장히 민감하게 반응하는 사안이었다. 외부와 차단된 북한 주민들에게 생생한 정보가 유입돼 민심을 흔들 수 있기 때문이다. 그들이 최고 존엄이라며 신성시하는 김정은 위원장의 치부가 드러나기 때문에 그들에게는 이것을 듣는 자체가 불경이며, 고역인 것이다. 대북 확성기는 2004년 남북합의에 따라 철거됐다가 2010년 천안함 사건 이후 재설치됐지만 실제 방송은 하지 않고 있었다. 이 신형 확성기는 휴전선에서 수십km 떨어진 곳에서도 방송이 들리는 고성능이었다.

박 대통령은 회의 뒤 김 실장으로부터 확성기 방송 재개 방안을 보고받고는 즉각 승인했다. 북한이 만약 확성기를 겨냥해 추가 도발을 하면 망설이지 말고 단호히 대응하라고 지시했다.

8월 11일 오후부터 우리 군이 가진 대북 확성기 10곳 중 중서부 전선 2곳에서 확성기를 통한 대북방송이 재개됐다. 이에 북한은 8월 20일 오후 3시 53분과 4시 12분 두 차례에 걸쳐 경기도 연천군 중면 일대에 포격도발을 해왔다. 대북 확성기를 위협한 것이다. 우

3군 사령부에서 북한 도발에 대한 단호한 대응을 지시하는 박근혜 대통령(2015. 8. 21.)

리 군은 K9 자주포를 동원해 휴전선 이북으로 29발이나 대응사격을 했다. 북한군이 다시 도발할 엄두도 못 내게 하는 압도적 대응이었다. 박 대통령은 이를 보고받고 군의 적극적 대응을 치하했다.

북한군 총참모부는 8월 20일 오후 5시쯤 전통문을 보내 "48시간 이내 대북심리전 방송을 중지하지 않으면 군사적 행동을 개시한다"고 협박했다. 이에 박 대통령은 그다음 날인 8월 21일 전투복 차림으로 용인의 3군 사령부를 방문해 "어제 대응한 것처럼 앞으로도 북한이 도발하면 현장지휘관의 판단에 따라 가차 없이 단호하고 즉각적으로 대응하라"고 지시했다.

그런 상황에서 21일 오후 북한의 김양건 대남담당 비서가 전통문을 보내 "21일이나 22일 판문점에서 김관진 국가안보실장과 일대 일 접촉을 하자"고 제안했다.

목함지뢰 사건과 대북 확성기 방송 재개 그리고 뒤이은 북한의 연천군 포격 도발로 남북관계가 얼어붙은 2015년 8월 22일 오후 6시 30분 판문점 평화의집에서 북한의 김양건 비서와 황병서 총정치국장, 우리 측 김관진 안보실장과 홍용표 통일부 장관의 '2+2' 고위급 접촉이 시작됐다. 1차 접촉은 뚜렷한 성과 없이 새벽 4시 15분까지 이어졌다. 2차 접촉은 23일 오후 3시 30분에 재개됐다. 당시 박근혜 대통령에게 협상 상황을 수시로 보고하던 김관진 안보실장은 북한이 목함지뢰 도발에 대해 모르는 일이라며 발뺌과 버티기로 일관하자 "그럼 협상은 이걸로 결렬"이라며 문을 박차고 나섰다. 박 대통령은 김 실장이 판문점으로 떠나기 전 북한이 끝까지 사과를 거부하면 협상을 결렬시켜도 상관없다는 지침을 준 바 있다.

그때 북한의 김양건 노동당 비서가 황급히 따라 나와 김 실장의 팔을 붙잡으며 "결렬은 무슨 결렬"이라고 만류했다. 결국 북한은 물러섰다. 2차 접촉은 25일 0시 55분에 끝났는데, 김관진 실장과 황병서 총정치국장이 6개 조항의 공동보도문을 발표했다. 보도문 제2항은 "북측은 최근 군사분계선 비무장지대 남측 지역에서 발생한 지뢰 폭발로 남측 군인들이 부상당한 것에 대해 유감을 표명하였다"는 내용이었다. 그동안 북한이 자신들의 도발에 대해 공식 문서로 사과를 표시하는 경우는 거의 없었다. 사과하더라도 도발의 주체는 불분명하게 처리했다. 북한이 자신들을 주어로 해서 사과문을 낸 것은 목함지뢰 도발이 처음이었다. 대북 확성기 방송은 "비정상적 사태가 발생하지 않는 한"이란 전제를 달아 중단하기로 했다. 즉 북한이 또다시 수상한 일을 벌이면 언제든지 재개할 수 있다는 경고를 남겨둔 것이다.

2016년 1월 1일 북한이 내놓은 신년사에서 김정은 국방위원회 제1위원장은 "진실로 민족의 화해와 단합, 평화와 통일을 바라는 사람이라면 누구와도 대화하겠다"고 밝혔다. 또 경제 건설을 강조하면서 이전까지 강조하던 핵무력 건설을 함께 한다는 이른바 '병진 노선'에 대한 언급도 없었다. 북한의 변화와 남북관계의 해빙을 기대하는 조심스러운 전망이 나오기 시작했다.

박 대통령도 2016년 1월 5일 새해 첫 국무회의에서 "최근 북한도 8·25 합의 이행 의지를 밝히고 있는 만큼 민족 동질성 회복을 위한 민간 통로 확대와 이산가족 문제 해결 등 남북관계 정상화에 힘써 주기를 바란다"고 말했다. 다만 "올해는 외교·안보적으로도 중요한 전환기인 만큼 한순간도 긴장의 끈을 놓아서는 안 될 것"이라는 점도 빼놓지 않았다. 북한의 변화와 개방을 그 어느 누구보다도 바랐고, 대통령이 되기 전부터 이를 강조해 왔지만 그렇다고 북한의 변화를 너무 쉽게 낙관해도 곤란하다는 것을 알았기 때문이다.

그리고 북한은 박 대통령의 염려를 확인이라도 시켜주듯 이튿날 (6일) 오전 10시 30분 함경북도 길주군 풍계리에서 4차 핵실험을 감행했다. 북한 측은 새로운 형태의 수소폭탄이라고 주장했다.[5] 북한은 2016년 1월 7일 자 〈노동신문〉에서 김정은 국방위원회 제1

위원장이 2015년 12월 15일 첫 수소탄 시험 진행 명령을 하달한 데 이어 2016년 1월 3일 최종 명령서에 서명했다고 보도했다.

김관진 안보실장을 통해 보고받은 박 대통령은 대북경계태세를 격상하도록 하는 한편 오후 1시 30분 청와대에서 NSC 회의를 주재했다. 회의 분위기는 무거웠다. 2013년 1월 이후 3년 만의 핵실험 도발이었다. 1~3차 핵실험 때와 달리 주변국에 대한 사전 통보가 일절 없었다. 북한의 핵 도발이 점점 대담해질 것이라는 점이 명확해졌다.

이에 박 대통령은 "김정은이 꺼리는 모든 것을 총동원하겠다"는 결심을 밝혔다. 2014·2015년 이산가족 상봉이 2년 연속 이어지면서 남북 해빙 무드를 기대했던 만큼 충격파도 컸다. 박근혜 전 대통령은 "그전까진 한 가닥 기대를 포기하지 않았지만 4차 핵실험을 보면서 김정은 정권과 의미 있는 대화가 과연 가능할 것인지에 대해 깊은 회의감이 몰려왔다"고 회고했다. 박근혜 정부는 북한의 4차 핵실험에 대한 대응조치로 2016년 1월 8일 대북 확성기 방송을 전면 재개하기로 결정했다.

3년 만의 북한 핵실험 재개는 박근혜 정부의 대북정책을 근본부터 뒤흔들었다. 군은 이틀 만에 북한당국이 가장 싫어한다는 대북 확성기 방송을 전면 재개했다. 방송은 소녀시대의 〈소원을 말해 봐〉, 아이유의 〈마음〉 같은 인기 K팝이나 북한체제를 비판하는 내

---

5   이후 국방부는 수소폭탄은 아닌 것으로 파악했다.

용으로 구성됐다.

박 대통령은 2016년 1월 남북 화해와 협력의 상징인 개성공단도 전면 중단하기로 결심했지만, 공식발표는 2월 10일로 미뤘다. 개성공단 철수를 단행할 때 기업인을 비롯한 우리 국민이 행여라도 인질이 되지 않도록 하기 위한 것이었다. 그래서 1월에 1, 2차에 걸쳐 출입제한 조치를 내놓아 개성공단 체류 인원을 조금씩 줄인 뒤 공단 내 인원이 최소화되는 설 연휴 기간을 택해 단계적으로 완전히 철수토록 한 것이다. 군에서는 북한군의 예상치 못한 도발에 대비해 전방부대 포대를 개성공단 일대로 조준하는 등 우리 측 차량이 남쪽으로 철수하는 동안 경계태세를 강화했다.

국정리더십 대담 3: 유일호(전 부총리 겸 기획재정부 장관)
"탄핵 정치적으로 시작돼 …
경제민주화 · 창조경제 절반의 성공"

유일호 전 경제부총리 겸 기획재정부 장관은 조세연구원장과 한국개발연구원 KDI 교수 출신으로 18, 19대 국회의원과 박근혜 대통령당선인 비서실장을 지냈다. 박근혜 정부에서 국토교통부 장관에 이어 부총리 겸 기획재정부 장관, 국무총리 직무대행까지 지냈고, 현재 안민정책포럼 이사장을 맡고 있다. 유 전 부총리는 "박근혜 정부가 경제민주화 공약과 관련해 순환출자의 고리를 끊고, 창조경제를 내세운 경제혁신, 공무원연금 개혁, 기초연금제 도입 등에서 각각 절반의 성공을 거두었다"고 자평했다.

신뢰받는 정부를 표방했던 박근혜 대통령이 헌정사상 탄핵으로 물러난 첫 대통령이 된 원인은?

탄핵은 정치적으로 시작된 것이다. 절차상으로도 잘못됐다. 정책을 잘못해 그런 게 아니다.

최순실 국정농단이 탄핵 사유가 됐는데, 비선정치를 조기에 차단하지 못한 이유는?

그게 과연 비선정치였는지는 잘 모르겠다. 그 사람이 어디까지 관여했는지는 몰라도 과연 그게 탄핵을 할 만큼 잘못인지 … . 저희는 사과 정도로 끝날 것이라고 봤지만, 어쨌거나 그게 박 대통령 리더십에 오점을 남긴 게 아쉽다.

청와대와 당의 소통 부재가 여권 분열로 이어졌는데.

양쪽에 문제가 있었던 것 아닌가 싶다. 대통령이 되면 본인이 옳다는 확신을 갖게 되는 것 같다. 누구 책임이 더 큰가 얘기하고 싶지는 않지만, 소통에 문제가 있었다는 건 부인할 수 없는 사실이 되어 버렸다.

2016년 총선에서 한때 180석까지 바라본다던 새누리당이 1당도 빼앗기는 패배를 했다. '배신의 정치' 심판론, 국회 심판론을 펴며 '진박 공천'을 했던 박 전 대통령이 되레 심판을 당했는데.

국민들께 그렇게 보인 것 아니겠나. 예컨대 소통의 문제부터 시작해 많은 갈등이 생겼는데, 갈등의 당사자는 어느 쪽이든 예뻐 보이겠

나. 너무 안이하게 보고 자만했던 결과가 아니었나 싶다.

경제민주화 공약의 이행 성과와 정치경제에 미친 영향은?
저는 그래도 꽤 했다고 본다. 이전까지는 통상 사회양극화, 경제양극화를 줄인다는 개념 정도였는데, 2012년 대선 때부터 재벌개혁이 중심 주제가 됐다. 순환출자 지배구조의 개선에서 성과가 있었다. 상호출자를 금지하고, 신규 순환출자를 금지하는 것만으로도 순환출자 고리를 끊어내는 데 상당한 기여를 했다.”

창조경제와 경제혁신의 성과를 어떻게 보시는지.
방향이 애매하다고들 했지만 그렇지 않다. 더 이상 통용되지 않는 추격형 경제에서 선도형 경제로 바꾸자는 것이었다. 서비스산업발전법 등 구체적 수단이 국회에서 다 막혀 버렸지만, 요즘식으로 말하자면 반도체, AI 등 첨단 전략산업의 토대를 놓기 위해 경제체질이 바뀌어야 한다는 것이었다. 절반의 성공은 했다고 본다.

우여곡절 끝에 공무원연금 개혁이 이뤄졌고, 공약보다 축소되긴 했지만 기초연금 확대도 이뤄졌는데.
공무원연금 개혁은 ‘더 내고 덜 받는’ 방향성 면에서 맞는 개혁이었다. 국민을 상대로, 정치권을 상대로 적극 소통·설득한 결과 성과를 낼 수 있었다. 기초연금은 국민연금과의 연계 면에서는 불완전했지만, 논의만 무성했던 것을 처음으로 시작에 들어가는 결단을 한 것이다. 복지의 토대 확충이라는 면에서 큰 의미가 있다."

노동개혁이 상당한 협의가 되다가 미완으로 끝난 원인은?

거의 타결이 됐다가 한국노총이 막판에 틀어버려 아쉽게 됐다.

세월호 참사 대응에서 실패한 이유와 아쉬운 점은?

참사 대응 매뉴얼이 제대로 없었던 것이다. 자신은 혼신을 다해서 대응했지만, 대통령으로서 책임을 다하지 않았다는 여론몰이에 당한 듯싶다. 물론 최종 책임은 정부에, 대통령에 있다고 하지만 원인 제공을 한 건 아닌데. 어린 학생들이 희생되고 난 뒤라 국민감정을 자극하고 … 여하튼 책임론에서 헤어나기 힘들었다.

논란 속 강행된 국정교과서는 결실을 보지 못한 채 끝났는데.

당시 우리 근현대사를 서술한 교과서의 편파성은 심각했다. 그걸 바로잡자는 것이었는데, 정치란 게 국민감정이, 여론이 중요하다. 국정화 이러니까 무슨 유신 때로 돌아가느냐는 비판이 많았고, 참 어려운 것이었다. 나중엔 자율 선택으로 가긴 했지만, 우리가 추진방법을 좀 달리했어야 하지 않나 생각이 든다.

소결

박근혜 전 대통령은 2004년 총선에서 탄핵 역풍으로 풍전등화에 놓였던 한나라당을 기사회생시키고 확고한 대권주자 입지를 굳혔다. 여기엔 '원칙과 신뢰'의 정치인이라는 이미지가 바탕이 됐다. 전임 이명박 대통령이 성과와 실적을 중시하는 중도실용주의에 가까웠다면, 박근혜 대통령은 원칙과 신뢰를 트레이드 마크로 안정감과 보수정체성을 밑천으로 하는 정치인으로 인식돼 있었다.

박근혜 정부가 공무원연금 개혁을 이루고, 노동개혁에 대해서도 일부나마 성과에 근접했던 것은 원칙과 신뢰에 바탕한 일관성이 설득력을 발휘했기에 가능했다. 하지만 산이 높으면 골이 깊다. 임기 초반 청와대 문건 사건으로 비선실세 논란의 한 자락이 드러났지만, 여당 대표나 원내대표와도 수평적 관계에서 소통하기보다는 수직적·폐쇄적 관계로 일관한다는 지적이 적지 않았다. '문고리 권력'으로 불리는 소수 측근 비서들이나 일부 '쩐박(진짜 친박)' 의원들을 제외하곤, 심지어 내각이나 청와대 참모들조차 대통령과 소통·접근이 쉽지 않다는 애로를 자주 토로하곤 했다.

2014년 세월호 참사 당시 온갖 확인되지 않은 루머와 마타도어들이 악의적 목적으로 박 전 대통령에게 가해졌다. 그렇다 해도 시중의 일반적인 국민 정서와 동떨어져 있는 듯한 인식과 발언으로 민심을 악화시킨 것은 본인의 국정리더십 문제였다. 고분고분하지 않는 김무성 당대표, 유승민 원내대표와 불편한 관계가 된 끝에 국무회의에서

'배신의 정치' 심판을 국민에 호소했다. 2016년 총선 때 비박(비박근혜)계를 공천 배제하는 친정親政 체제 강화를 시도했다. 여권 내부와 불화의 결과는 총선 참패로 나타났다.

여권이 분열된 가운데 최순실 국정농단 사건이 터졌을 때, 여당에서조차 대거 탄핵에 가담하는 사태가 벌어졌다. 이는 결국 박 대통령의 탄핵 파면으로 이어졌다. 한때 위기에 빠진 보수를 구한 잔다르크로 추앙받았던 박근혜 대통령의 부침과 영욕을 한눈에 보여주는 대목이다.

제4장

진영의 정치·팬덤 리더십과 양극화

문재인 정부

문재인 전 대통령은 퇴임사에서 "아무도 흔들 수 없는 나라를 만들었다"고 자평했다. 문재인 정부는 이를 뒷받침하듯 역대 최대 분량의 국정백서를 냈다. 22권 11,944쪽에 달한다. 문 전 대통령은 퇴임을 앞두고 손석희 전 앵커와의 방송인터뷰에서 "경제성과에 대해 온당한 평가를 받아야 한다"며 "공정 정의 평등을 가늠할 지표는 객관적으로 좋아졌다"고 했다.

실제 2018년 한국의 국민총소득GNI은 31,349달러로 30-50클럽(1인당 국민총소득 3만 달러 이상, 인구 5,000만 명 이상)에 가입했다. 미국, 독일, 일본, 영국, 이탈리아, 프랑스에 이어 세계 7번째다. 2021년 세계 군사력 지수를 평가하는 GFP Global Fire Power에서 세계 6위의 국방력을 가진 나라로 평가됐다. 문재인 정부 출범 당시 11위에서 4년 만에 5계단을 뛰어오른 것이다.(문재인 대통령 비서실, 2022)

다른 한편 문재인 정부 5년은 이념과 정치논리의 거대한 실험장과 같았다. 거침없이 진보좌파 이념의 실험으로 내달렸던 5년이라 할 수 있다. 소득주도성장, 비정규직 제로, 최저임금 급속 인상, 탈원전, 부동산 규제 등에서 '우리 이니 맘대로' 다 해본 5년이었다.

약자 보호를 내세운 정책을 밀어붙였지만, 되레 약자가 힘들게 되고 국민에 고통을 주는 역설도 적지 않았다. 최저임금을 급격하게 올린 결과 저임금 일자리가 사라지고 하위층 소득이 줄어들었다. '저녁 있는 삶'을 보장해준다며 주 52시간제를 도입했지만, 추가 근로를 못해 월급봉투가 얇아진 저소득 근로자들이 퇴근 후 투잡을 뛰는 사례가 속출했다. 기간제 비정규직이 2년마다 직장에서 내몰리고, 저소득층 소득이 줄어드는 등 가난한 사람이 더 가난해지는 현실을 겪기도 했다. 이 같은 '소득주도성장' 정책은 자영업자의 몰락과 일자리 쇼크, 소득 양극화를 초래했다. 종부세 중과 등 규제 위주의 부동산 정책은 집값과 전·월세 가격을 폭등시켰다.

국민주권의 촛불민주주의 실현

문재인 대통령이 2017년 5월 10일 취임사를 통해 말했다.

"저는 감히 약속드립니다. 2017년 5월 10일 이날은 진정한 국민통합이 시작되는 날로 역사에 기록될 것입니다."

문 대통령은 박근혜 정부를 탄핵으로 무너뜨린 촛불혁명의 뜻에 따라 민주주의의 불가역적 공고화를 이룬다는 명분 아래 반인권적 잔재와 권위주의 문화를 타파하고 더 발전한 민주주의를 만드는 일을 필연적인 국정과제로 내세웠다.

문재인 정부는 이 같은 적폐의 청산이야말로 촛불정신의 구현일 뿐만 아니라 진정한 국민통합의 전제 조건이라고 강조했다. 실제 문재인 대통령의 취임 첫해 지지율이 70%를 웃도는 수치를 보인 것도 적폐청산 작업에 대한 여론의 지지가 적지 않았음을 보여준다. 국정농단 사건으로 훼손된 국정운영의 공적 가치와 공공성을 복원하고 국민의 신뢰 회복과 유사비리 재발방지를 위해 적폐를 철저히 청산하고자 노력했다.(국무조정실, 2021)

하지만 적폐청산의 장기화에 따른 정치보복 논란과 정치·사회적 갈등도 적지 않았다. 2019년 1월 한국사회 갈등해소센터가 발표한 '2018 한국인의 공공갈등 의식조사'에 따르면, 응답자 10명 중 9명은 '우리 사회에서 집단 간 갈등이 심각하다'고 답했다. 응답자 가운데 절반은 '문재인 정부에서 사회적 갈등이 늘었다'고 답했다.

적폐청산과 반부패 개혁

문재인 대통령은 2017년 19대 대선 때부터 '적폐청산'을 공약으로 내걸었다. 그의 1호 공약이 '이명박·박근혜 9년 집권 적폐청산'이다. 문 대통령의 공약집 첫 페이지에는 "박근혜·최순실 국정농단 적폐를 청산하겠습니다"라고 쓰여 있다.

문재인 정부 정권인수위 역할을 한 국정기획자문위원회도 100대 국정과제를 선정하면서 '적폐의 철저하고 완전한 청산'을 1번 과제로 꼽았다. 적폐청산의 첫 단추는 주요 권력기관장 임명에서 시작됐다. 문 대통령은 취임 당일인 2017년 5월 10일 두 차례의 남북정상회담을 막후에서 주도한 서훈 전 국정원 차장을 국정원장 후보자로 지명했다. 국정농단의 온상으로 전락한 국정원을 전면 개혁해 고도의 전문성을 갖춘 정보전문기관으로 환골탈태시키겠다는 의지를 담은 인사였다.

그다음 날에는 대통령민정수석비서관에 조국 서울대 법학전문대학원 교수를 임명했다. 보수정권에서 사실상 검찰권을 틀어쥐고 권력기관 장악의 핵심 축 역할을 했던 민정수석 자리에 진보성향이 뚜렷한 법학자를 발탁한 것이다. 개혁 인사로 관심을 모았던 것은 윤석열 서울중앙지검장의 발탁이었다. 윤 지검장 인사 발표가 났을 때 청와대 출입기자들 사이에서는 짧은 탄성이 터져 나오기도 했다. 박근혜 정부 당시 국정원 댓글 사건 수사를 맡았다가 좌천됐던 윤석열 검사를 일약 서울중앙지검장에 중용한 것은 문 대통령의 적폐청산 의지가 얼마나 강한지 보여주는 대목이었기 때문이다.

청와대는 각 부처별로 '적폐청산 TF'를 만들도록 지시했다. 법적으로 공식 권한이 없는 대통령비서실장(임종석)이 "적폐청산 부처별 전담반 구성 현황과 운용 계획을 회신하라"는 공문을 발송했고, 각 부처는 조직적으로 전임 정부 시절을 '적폐'로 규정한 뒤 '청산' 작업에 착수했다.

국정원은 발 빠르게 국정원 개혁발전위원회(위원장 정해구)를 설치해 조직개혁과 적폐청산에 나섰다. 국내 정보담당관IO: Intelligence Officer 제도를 폐지하고 국내정치와의 절연을 선언했다. 서훈 원장과 개혁발전위는 국정원 메인 서버를 열어 사안들을 선별적으로 끌어내 일체의 방어권 허용도 없이 국정원 직원 400여 명을 조사하고 40여 명을 사법처리했다. 개혁발전위는 2017년 12월 21일 활동을 마무리할 때까지 6개월간 33차례 회의를 개최하며 국정원 개혁방안을 논의했다. 적폐청산 TF와 협조해 국정원 댓글 사건 등 15대 정치개입 의혹 사건[1]에 대한 처리방향을 권고했다. 국정원은 개혁발전위의 권고를 받아들여 원세훈 전 국정원장 등 전직 국정원 직원 4명과

---

1 ① 추명호 국정원 전 국장의 청와대 비선 보고, ② 남북정상회담 대화록 유출, 노무현 전 대통령 검찰 수사 관여, ③ 박원순 서울시장 제압 문건, ④ 보수단체 지원 의혹, ⑤ 블랙리스트 작성 관여, ⑥ 2012년 대선 관련 댓글 게재 등 정치 관여, ⑦ 국정원의 세월호 실소유 여부 및 여론 조작, ⑧ 〈세계일보〉가 보도한 비선실세의 정치개입, ⑨ 국정원 직원(필명 '좌익효수')의 댓글 공작, ⑩ 채동욱 전 검찰총장 신상정보 유출, ⑪ 유우성 간첩 조작 사건, ⑫ 헌법재판소 등 사법부 사찰, ⑬ 해킹 프로그램 RCS를 통한 민간인 사찰 사건, ⑭ 세월호 참사 관여 의혹 등.

민간인 50명을 검찰에 수사의뢰했다.

교육부는 국정교과서 발행, 문체부는 블랙리스트 작성, 외교부는 한일 일본군위안부 합의, 통일부는 대북정책과 북한인권 정책, 환경부는 4대강 사업 추진을 조사하고 관계 공무원들을 징계하는 수단으로 TF를 운영했다. 산업부, 과기부 등 각 부처들도 저마다 경쟁적으로 적폐청산TF를 추진했다.

검찰은 박근혜·최순실 국정농단 사건 수사에 박차를 가했다. 국정농단의 주범이자 박근혜 정부의 비선실세로 알려진 최순실 씨는 물론이고 안종범 전 대통령경제수석비서관, 신동빈 롯데그룹 회장 등이 줄줄이 기소됐다. 특히 특정범죄가중처벌법상 뇌물수수, 직권남용 권리행사방해, 강요, 공무상 비밀누설 등 13개 혐의로 구속된 박근혜 전 대통령의 혐의를 입증하는 데 주력했다.

이명박 전 대통령에 대해서는 BBK 주가조작 사건과 이 대통령 실소유주 의혹이 제기된 자동차 부품업체 다스의 비자금 의혹, 국가정보원 특수활동비 의혹 등을 전방위 수사했다. 이 대통령의 측근인 김진모 전 민정비서관과 김백준 전 총무기획관, 이병모 청계재단 사무국장 등을 구속하고 아들 이시형 씨, 큰형 이상은 다스 회장, 작은형 이상득 전 의원 등 친인척까지 광범위하게 수사했다.

적폐청산 작업은 사법부에 대해서도 벌어졌다. 이른바 '사법농단 심판'이었다. 검찰은 2019년 2월 양승태 전 대법원장을 구속기소했다. 박병대·고영한 전 대법관 등과 함께 사법부 역점 사업이었던 상고법원 도입과 법관 재외공관 파견 등에서 청와대, 외교부 등의 지원을 받아낼 목적으로 일제 강제징용 피해자 소송 등 재판에 부당하게 개입했다는 혐의였다. 한마디로 재판을 로비수단으로 활용했다는 것이다.

또한 법원행정에 비판적이거나 부담을 준 판사들을 '물의 야기 법관' 등에 포함시키는 '법관 블랙리스트'를 작성해 문책성 인사 조치를 검토하는 등 인사상 불이익을 줬다고 했다. '정운호 게이트'에 연루된 법관 수사진행 상황 및 향후 계획 등 수사정보를 수집하고 그 결과를 문서로 작성해 보고하게 하는 등 부당하게 조직을 보호하고 법관 비위를 은폐하려 했다는 혐의도 더해졌다. 적용된 죄목은 직권남용 권리행사 방해, 공무상 비밀누설, 특정범죄가 중처벌법 등에 관한 법률상 국고손실 등이었다.

사법부 수장에 대한 피의자 조사와 구속은 모두 헌정사상 초유의 일이었다. 시민단체의 고발을 접수한 검찰은 2018년 6월 서울중앙지검 특수부에 사건을 재배당해 수사가 본격화됐다. 윤석열당시 서울중앙지검장이 수사를 지휘했고, 한동훈 3차장검사가 수사팀장을 맡았다. 문 대통령은 2018년 9월 사법부 70주년(법원의 날) 행사에 이례적으로 참석해 '재판 거래' 의혹 수사에 사법부가 협조해야 한다는 취지의 발언을 했다. 이에 당시 김명수 대법원장은 "수사에 적극 협조하겠다"고 호응했다. 전·현직 판사 100여 명이 줄줄이 검찰에 불려가 조사받은 뒤 기소되거나 징계에 회부됐다. 일부 판사들은 참고인 신분인데도 공개 소환돼 포토라인에 서야 했다.

이 과정에서 사법 권력의 대대적 교체가 일어났다. 이 사건으로 수사를 받은 법관 상당수가 법원을 떠났다. 우리법연구회와 국제인권법연구회 출신들이 줄줄이 대법관이 되고 법원행정처와 각급 법원을 장악했다. 2017년 11월 이후 대법관 후보추천위원회에 일선 법관 총 10명이 참여했는데, 이 가운데 7명이 인권법연구회, 1명이 우리법연구회, 1명이 젠더법연구회 소속이었다. 이들이 장악한 대법원은 종전 판례를 뒤집고 전교조를 합법화했다.

하지만 검찰이 양 전 대법원장을 구속기소한 지 4년 11개월만인 2024년 1월 26일 내려진 1심 판결에서 양 전 대법원장은 47개 혐의에 대해 모두 무죄를 선고받았다. 함께 재판에 넘겨진 박병대·고영한 전 대법관에게도 모두 무죄가 선고됐다. 1심 재판은 총 1,810일이 걸렸고, 재판만 291차례 열려 역대 최다 기록을 세웠다. 재판부는 재판개입 혐의의 대표 사례로 지목된 '강제징용 재상고 사건 재판 개입'과 관련해 "검찰이 제출한 증거만으론 재판 개입이 있었다고 보기 어렵다"고 판시했다. '판사 블랙리스트' 혐의에 대해서도 "법원 사무기구 핵심 및 예규 직무 수행을 위한 것으로, 의무 없는 일을 하게 한 것이 아니다"고 판단했다.

양 전 대법원장은 결심 공판 최후진술에서 "사법부가 정치권력에 의해 이렇게 대규모로 노골적이고 끔찍한 공격을 당해본 적이 없다"고 말했다. 애초에 문재인 정부가 법원 주류세력을 교체하기 위해 주문한 정치적 수사였다는 평가가 적지 않다. 실제 양승태 사법부가 청와대를 설득하기 위해 만들었다는 문건에 나온 판결의 상당수는 상고법원 추진 방침이 거론되기 전에 이미 판결이 끝난 사안이었다. 확정 판결이 나온 재판에 개입한다는 것도, 어느 조직이든 다 갖고 있는 인사자료를 블랙리스트라고 하는 것도 성립되기 어려운 얘기였다.

정치권력이 밀어붙인 사법농단 수사로 문재인 정부 시절 김명수 체제하의 사법부에서 정치화가 심화됐다는 지적도 끊이지 않았다. 사법농단을 맹비난하던 판사들은 법복을 벗자마자 문재인 대통령의 비서관으로 가거나 민주당 국회의원이 됐다. 사법 관료화를 막기 위한 개혁이라며 벌인 사법부 적폐청산의 광풍은 결과적으로 재판 지연 등 사법부 본연의 기능과 신뢰 훼손을 초래했다.

국정농단 사건과 전직 대통령 수사

각 부처에 신설된 '적폐청산위원회'는 법원의 확정판결을 받은 사건들에 대한 재조사를 진행했다. 수사권이 없는데도 디지털 포렌식 기법을 동원해 각종 정보를 열람했다. 국가정보원도 서훈 국정원장 취임 이후 '적폐청산 TF'를 출범시켜 27개 의혹 사건을 지정하고 전면 조사 작업에 들어갔다. 2017년 8월 '적폐청산' 1호로 '국가정보원 댓글 사건' 재수사에 착수했다. 국정원의 수사의뢰를 받은 서울중앙지검이 별도 수사팀을 꾸려 민간인을 동원한 댓글공작 등 이명박 정부 시절 국정원의 각종 불법 정치공작과 정치개입 의혹을 규명했다. 전현직 임직원 350여 명이 검찰수사를 받았고, 그 가운데 원세훈 전 국정원장을 비롯해 46명이 기소돼 재판을 받았다. 국정원 사건과 닮은꼴인 국군사이버사령부의 정치개입 의혹 수사가 뒤따랐다.

박근혜 정부에서 국정원이 청와대에 특수활동비를 뇌물로 상납한 의혹이 새로 불거져 남재준·이병기·이병호 등 해당 시기 국정원장 3명이 모두 구속됐다. 국정원장 3명을 모두 감옥에 보낸 것은 세계에서 전례가 없는 일일 것이다. 국정원의 특활비 지원은 과거 정부에서도 관행처럼 있었고, 국정원장이 청와대의 지시를 거부하기도 어려웠을 것이다. 더욱이 이들의 혐의인 국고손실죄는 회계 관계 직원에게만 적용된다. 국가정보 수장이 회계직원이 될 순 없다. 이들은 평생 군인·외교관·정보원으로 일하면서 안보 최일선을 지켜왔고, 대통령의 지시를 따랐을 뿐이다. 개인 비리도 없었는데 적폐몰이 대상으로 몰려 가혹한 처벌을 받았다. 국정원 개혁을 명분으로 한 적폐몰이 수사로 국정원 간부 40여 명이 줄줄이 감옥에 갔다.

검찰은 2017년 12월 '세월호 보고 시간 조작 의혹' 규명을 위해 대통령기록관을 압수수색했다. 이 사건은 '박근혜 정부가 2014년 4월 16일 세월호 사고 당시 최초 대통령 보고 시각을 오전 9시 30분에서 오전 10시로 조작했다'고 청와대가 발표하고 수사를 의뢰하면서 촉발됐다. 박근혜 대통령에게 참사를 보고한 시각 등을 허위로 작성한 답변서를 국회에 제출한 혐의로 1·2심에서 유죄가 선고됐던 김기춘 전 대통령비서실장은 2022년 11월 대법원에서 무죄판결을 받았다. 김장수·김관진 전 국가안보실장도 무죄가 확정됐다.

해양수산부가 세월호 참사 특별조사위원회(이하 특조위) 활동을 방해했다는 사건도 부처 내 자체 조사결과가 검찰로 넘어와 사법 처리 되었다. 서울동부지검은 2018년 3월 특조위 활동 방해를 지시한 혐의로 조윤선 전 정무수석과 이병기 전 대통령비서실장, 안종범 전 경제수석 등을 재판에 넘겼다. 역사교과서 국정화 진상조사위원회도 박근혜 정부의 역사교과서 국정화 시도를 국정농단으로 규정하고 관여한 실무 직원들까지 수사의뢰를 하라고 교육부에 권고했다.

2007년 대선 과정에서 불거졌던 자동차부품업체 다스의 실소유주 의혹도 적폐청산의 칼날을 피해가지 못했다. 서울중앙지검과 서울동부지검 수사팀은 3개월의 수사 끝에 이명박 전 대통령이 다스의 실소유주라고 결론짓고, 다스를 고리로 하여 발생한 부정한 금품거래와 경영비리 등 책임을 이 전 대통령에게 물었다. 이명박 대통령은 결국 뇌물수수, 횡령, 배임, 직권남용 등 혐의로 구속돼 2018년 4월 재판에 넘겨졌다.

이 전 대통령에 대한 수사는 노무현 전 대통령에 대한 이명박 정권의 검찰 수사 및 노 전 대통령의 비극적 최후와 무관치 않다는 해석을 낳았다. 박근혜 전 대통령 수사는 문 대통령 취임 전부터 진행된 일이었지만, 이 전 대통령에 대한 수사는 전적으로 문재인 정부의 의지로 시작된 것이다. 노무현 정권 사람들은 주군을 지키지 못했다는 회한에 몸부림쳤다. 노무현 대통령의 민정수석, 비서실장을 지낸 정치적 동지 문재인 대통령은 "나는 지금도 그분(노 전 대통령)의 유서를 수첩에 갖고 다닌다"고 자서전《운명》에서 밝힌 바 있다.

이른바 국정농단 사건과 관련해서는 박근혜 전 대통령, 안종범 전 경제수석은 물론이고 이재용 삼성전자 부회장, 신동빈 롯데그룹 회장 등 재계 인사들도 기소돼 유죄 판결을 받았다. 적폐청산을 내세운 수사 과정에서 이재수 전 국군기무사령관, 변창훈 검사, 정치호 변호사, 조진래 전 의원, 김인식 KAI 부사장 등 5명이 극단적 선택을 했다. 수십 년간 쌓아온 군인의 명예와 공직자의 자부심이 한순간에 무너지며 한을 남긴 채 비극적으로 삶을 마감했다. 박근혜 전 대통령 탄핵 수사를 시작으로 문재인 정부 5년 내내 전직 대통령 2명, 비서실장·국정원장·장관 등 200명 이상을 구속했다. 조사를 받은 사람은 900명이 넘었고, 전 정권 사람들이 받은 징역형의 합계는 100년을 넘었다.

신(新)적폐와 조국 수사

문재인 정부는 '적폐청산'을 한다면서 스스로 새로운 적폐를 쌓기도 했다. 문재인 정부의 초대 환경부 장관을 지낸 김은경 씨는 재직 시절 전임 정부 때 임명된 산하 공공기관 임원들에게 사퇴 압박을 가했다는 '환경부 블랙리스트' 사건과 관련, 직권남용 혐의로 기소돼 1심에서 징역 2년 6개월을 선고받고 법정 구속됐다. 문재인 정부에서 대통령균형인사비서관을 지낸 신미숙 씨는 징역 1년 6개월에 집행유예 3년을 받았다. 두 사람은 2022년 1월 대법원에서 유죄가 확정 선고됐다.

2018년 지방선거 때는 문재인 대통령의 30년 지기인 송철호 후보를 울산시장에 당선시키기 위해 청와대 7, 8개 부서가 동원돼 선거에 개입했다는 사건이 발생했다. 임종석 당시 대통령비서실장과 한병도 정무수석은 당내 경쟁자였던 임동호 최고위원의 경선 출마를 막기 위해 1급지로 불리는 고연봉 공공기관장 자리를 제안하며 출마를 만류한 의혹을 받았다. 청와대는 경찰에 상대당 후보 수사를 사주하고, 경찰은 실제 송 후보의 상대인 김기현 후보의 공천이 당에서 확정 발표된 날 사무실을 압수수색하는 등 손발을 맞춘 듯한 움직임을 보였다. 선거에 개입했다는 혐의로 재판에 넘겨진 황운하 당시 울산경찰청장과 백원우 전 청와대비서관은 1심에서 징역 3년과 징역 2년형이 선고됐으나, 항소심에선 무죄가 선고됐다.

문재인 정부는 집권 초부터 적폐 인사로 찍어놓은 강규형 전 KBS 이사를 쫓아내기 위해 온갖 수법을 동원했다. 감사원을 동원해서 강 전 이사가 재임기간 동안 327만 원을 법인카드로 부당 사용했다고 폭로하기도 했다. 재임 2년이면 한 달에 13~14만 원 꼴이다. 심지어 김밥 한 줄 2,500원의 카드 결제까지 트집 잡았다. 방송 장악의 일환으로 KBS 내부에는 '진실과 미래위원회'라는 조직을 만들어 반대파를 숙청하기도 했다

문재인 정부는 적폐청산 수사를 이끄는 검찰의 수장으로 박근혜

정부 시절 국정원 댓글사건을 수사하다 좌천됐던 윤석열을 서울중앙지검장으로 발탁하고 이후 검찰총장으로까지 임명했으나, 정작 윤석열 검찰총장과 극단적으로 대립했다. 그 결과 윤 총장은 야당의 대선후보가 되고 마침내 정권을 교체하는 선봉장이 됐다.

문재인 대통령이 당초 윤 총장을 서울중앙지검장에 파격 발탁한 것은 그가 '사람에 충성하지 않는' 강골 검사였기 때문이었다. 지난 정권의 적폐를 성역 없이 수사해줄 것으로 기대했던 것이다. 윤 총장은 예상대로 박근혜 정부의 적폐청산 수사를 이끌었다. 박근혜 전 대통령뿐만 아니라 이명박 전 대통령까지 구속하는 등 기대 이상의 성과를 거두었다.

하지만 그를 다시 검찰총장으로 수직 상승시킨 이후 윤 총장이 문재인 정부의 황태자 소리까지 들을 정도로 살아 있는 권력이었던 조국 전 법무부 장관 일가에 대해 같은 잣대로 성역 없는 수사의 칼을 들이대면서 사달이 났다. 2019년 8월 9일 문재인 대통령이 조국 민정수석비서관을 법무부 장관에 임명하면서 시작된 '조국 게이트'는 권력 핵심의 가면 뒤에 숨어 있던 586 운동권의 실체를 생생히 드러내는 계기가 됐다. 조 전 장관이 서민에겐 '가붕개'(가재, 붕어, 개구리)로 살라면서 자녀 스펙을 만들려 반칙을 일삼고, 자식을 외고 특목고에 보내고, 부동산 재테크를 하는 등 특권과 반칙이 드러난 것이다. 이 사건은 진보좌파 586 권력집단에 대한 환상이 깨지고 내로남불의 위선적 실상이 드러나는 계기가 되기도 했다.

소통 · 통합의 대통령 약속

문재인 정부는 당초 100대 국정과제 가운데 하나로 '365일 국민과 소통하는 광화문 대통령'을 내세웠다. 대선 때는 "대통령 집무실을 청와대에서 광화문 인근으로 옮기고 퇴근길에 남대문시장에 들러 시민들과 소주 한잔 같이할 수 있는 대통령이 되겠다"고 약속했다. 문재인 대통령은 2017년 취임식에서도 "국민과 수시로 소통하겠다. 주요 사안은 언론에 직접 브리핑하고 때로는 광화문 광장에서 대 토론회를 열겠다"고 했었다.

문재인 정부는 대통령 집무실의 광화문 이전을 위해 2018년 2월 유홍준 전 문화재청장을 자문위원으로 위촉하여 광화문 대통령시대의 준비 작업에 착수하였다. 하지만 유 자문위원은 2019년 1월 "광화문 인근에서 청와대 본관, 영빈관, 헬기장 등의 대체 부지를 찾을 수 없다"고 밝혀 사실상 공약 이행 불가를 선언했다. 인위적으로 기획된 행사 말고는 퇴근길 시민들과 소주 한잔 같은 수시 소통 행보도 사실상 없었다. 기자간담회도 엄밀하게 말하면 임기 5년 동안 10번이 전부였다.

경청하는 대통령이 되겠다는 약속도 현실과는 달랐다. 2019년 11월에는 20대 청년이 단국대 천안캠퍼스에 문재인 대통령의 정책을 비판하는 대자보를 붙였다가 건조물 침입죄로 기소됐다. 이 청년은 정권이 바뀐 직후 무죄판결을 받았다. 문 대통령은 자신을 비난하는 전단을 대학에 뿌린 30대 청년을 모욕죄로 직접 고소했다. 지하철역에서 대통령 비판 전단을 돌리던 50대 여성은 경찰에 팔이 꺾이고 수갑이 채워진 채 끌려갔다.

2021년 9월에는 민주당이 잘못된 언론 보도에 대해 징벌적 손해 배상을 물리겠다며 언론중재법을 밀어붙였다. 비판 언론에 재갈을 물릴 수 있다는 점에서 '언론재갈법'으로 불리기도 한 이 법안은 민주국가에선 처음 있는 일이란 비판을 받았다. 세계 언론 단체들이 모두 반대했다. 유엔 인권이사회 특별보고관은 우리 정부에 서한을 보내 '언론자유 위축'에 따른 인권 침해를 경고하기도 했다.

스스로 내세운 개혁의 언어들과 달리 자신들의 문제에 대해서는 철저히 외면하는 이중적 태도로 '내로남불'이라는 신조어를 낳으며 민심 이반을 재촉하였다. 2019년 검찰개혁을 명분으로 고위공직자범죄수사처법(공수처법)을 처리할 때도 민주당은 야당의 반대에도 불구하고 강행처리했다. 2020년 총선을 앞둔 민주당은 국회 절대다수 의석을 노리고 비례대표용 위성정당을 창당했다. 친여 군소야당들을 끌어들여 준연동형 비례대표제를 도입하는 선거법 개정안을 강행처리 해놓고는 정작 스스로 만든 선거법마저 누더기로 만들어버린 것이다. 이 과정에서 국회선진화법은 무력화됐다. 2012년 도입된 국회선진화법은 다수당의 입법 독주를 막고 소수당의 의견을 반영하기 위해 숙의를 거치라는 취지로 만들어졌다. 하지만 이 같은 법정신은 다수의 힘을 앞세운 민주당에 의해 짓밟혔다.

진영정치와 집단사고

문재인 정권이 남긴 진영정치의 후유증은 컸다. 전임 정권 탄핵으로 탄생하여 정권 초기 압도적 지지를 받았던 문재인 대통령은 충분히 탈 진영, 탕평 정치를 할 수 있었다. 그러나 문 대통령은 그렇게 하지 않았다. 지지층 목소리만 듣는 대통령이 돼 버렸다는 지적이 끊이지 않았다. 그러면서 민주당 내 극성 팬덤의 마녀사냥식 조리돌림 문화는 더 강해졌다.

문 대통령은 취임하자마자 "국민의 집단지성과 함께 나아가는 것이 성공하는 길"이라고 했다. 집단지성 collective intelligence은 다수의 개체가 서로 협력 또는 경쟁하는 과정을 통해 얻게 된 집단의 지적 능력을 의미한다. 그러나 정치의 영역에선 같은 부류끼리 모여 오류를 강화하는 집단사고 group think로 이어지는 경우가 많다. 비례위성 정당을 만들 때도 '당원 집단지성에 묻겠다'며 전당원 투표에 부친 결과 74%가 찬성했다. 박원순 전 서울시장, 오거돈 전 부산시장의 성추행 사건으로 치러진 보궐선거에 당헌을 고쳐 후보자를 낼 때도 그랬다. 같은 당 의원에게 퍼붓는 문자폭탄을 '집단지성의 발현'이라고 주장한 사람도 있다.

문 대통령은 2017년 대선후보로 확정된 뒤 '지지자들이 상대 후보에게 18원 후원금, 문자폭탄, 비방댓글 등을 보내는 것에 대해 어떻게 생각하느냐'는 질문을 받았다. 그는 "치열하게 경쟁하다 보면 있을 수 있는 일이다. 경쟁을 더 흥미롭게 만들어주는 양념 같은 것이다"라고 답변했다. 팬덤의 문자폭탄 문제점을 비판하기보다는 감싼 것이다. 각 진영의 극단적 지지자들의 활동은 한국 정치에서 중도층과 상식적인 지지자를 피로하게 하고, 결국 악화가 양화를 구축해 정치공론장을 황폐화시켰다는 비판을 받고 있다.(김진표, 2024)

문 대통령에게는 어떤 일을 해도 무조건 지지하는, 이른바 '대깨문'이라고 불리는 세력이 있었다. 처음에는 이들의 존재가 우군으로 느껴질 수도 있다. 자신의 잘못을 남 탓으로 돌릴 수 있고, 국정수행의 동력이 될 수 있는 지지율을 높게 유지할 수 있기 때문이다. 하지만 어느 순간 그 지지자들은 문 대통령 자신의 행동을 제약하는 족쇄가 되어 버린 듯했다. 조국 전 법무부 장관의 임명이 그런 사례다. 진보개혁의 상징처럼 된 조국을 법무부 장관으로 지명한 뒤 감당키 어려운 의혹들이 쏟아졌지만, 문 대통령은 그를 내치지 못했다. 문재인 정부의 도덕성과 신뢰의 몰락도 여기에서 시작됐다고 할 수 있다.

문재인 정부가 집권한 이유는 박근혜 정부의 국정농단 때문이었다. 그렇다면 국정농단의 원인인 제왕적 대통령제와 권력남용의 문제를 개선해야 하는 숙제를 안고 있었다. 그런데 문 정부는 제왕적 대통령은 그대로 둔 채 정적 청산에만 열을 올렸다. 열성 지지자를 동원해 언론을 공격하고 공수처를 만들고 법무부 장관이 수사 지휘를 남발했다. '내로남불'이라는 신조어를 옥스퍼드 사전에 등재시켰고, 인적청산과 국론분열의 길로 빠져들었다.

임기 내내 정의를 독점한 것처럼 행세하며 편을 가르고 상대를 악마화했다. 이 같은 방식으로 '40% 콘크리트 지지층'을 결집하는 데는 성공했을지 모른다. 그러나 그 과정에서 '50% 콘크리트 비토층'을 만들었다. 임기 말 역대 정권에 비해 높은 지지율을 유지하면서도 5년 만에 정권을 빼앗긴 전략적 패착도 여기에 있다고 봐야 할 것이다.

소득주도성장론과 확장적 재정정책

한국은 글로벌 금융위기 이후 코로나가 덮쳐온 2020년 한 해만 빼놓고 11년간 세계 평균을 밑도는 성장에 그쳤다. 일시적 현상이 아니라 경제의 성장 능력 자체가 가파르게 쪼그라들고 있다는 얘기다. 성장능력을 회복하려면 구조개혁을 통해 경쟁력을 높이고 경제에 혁신과 활력을 불어넣는 길밖에 없다. 국가시스템 전반에 걸친 구조개혁만이 성장동력을 키울 수 있다.

문재인 정부는 경제·사회 정책에서 시급한 구조개혁 과제를 제대로 손대지 않았다는 비판을 받고 있다. 세금을 풀어 진통제만 놓아주는 포퓰리즘 처방으로 나랏빚을 불려놓고 재정 대응능력도 소진시켰다는 것이다. 임기 초부터 최저임금의 급격한 인상, 일자리 정책 등 소득주도형 성장정책 집행에 세금을 썼다. 하지만 그 결과는 당초 의도와 달리 실질적인 일자리의 확충이나 양극화 해소, 소득개선에 이르지 못한 채 사실상 실패로 귀착됐다는 비판이 적지 않았다.

'일자리 정부'와 공공주도형 일자리 정책

'일자리 창출'은 문재인 정부의 1호 공약이었다. '일자리 정부'를 표방하고 출범한 문재인 정부의 임기 첫날인 2017년 5월 10일. 문 대통령은 대통령 직속 기구인 일자리위원회를 만들라는 1호 업무지시를 내렸다. 이에 따라 범정부적 일자리정책 협업을 위해 2017년 5월 일자리위원회가 설치되었고, 2021년 3월 말까지 신산업 일자리, 청년·여성 고용정책 등 58개 일자리 정책을 발표하였다. 특히 2017년 10월에는 일자리정책 5년 로드맵을 마련하였다. 이 로드맵에 따라 혁신적 창업환경 조성, 상생형 지역일자리 확산 등 민간의 일자리 창출 역량을 강화하기 위한 정책과 더불어 민생현장 공무원 충원, 공공부문 정규직 전환 등 공공부문 일자리 81만 개 창출 정책이 추진되었다.

2020년까지 소방관, 사회복지공무원, 유치원·특수교사, 근로감독관 등 국민의 안전과 생명을 지키는 현장 민생 공무원을 97,000명 충원하였다. 또한 인구구조가 급격히 고령화되고 맞벌이 가구가 증가함에 따라 보육·요양·보건 등 공공부문 사회서비스 일자리 34만 개 창출을 추진했다. 실제 2020년까지 239,000개의 사회서비스 일자리를 창출하였다.

그 결과 코로나19 위기 이전인 2019년 고용률은 66.8%로 최고였고, 청년, 여성, 고령자 등 고용 취약계층의 고용률도 높아졌다. 임시·일용 근로자가 아닌 상용직의 비중 또한 2019년 69.5%로 역대 최고 수치를 기록했고, 저임금 근로자 비중은 17%로 통계 작성 이래 가장 낮았다. 2017년 5월부터 2021년 12월까지 모두 86만 5,000개의 일자리를 창출했고, 2021년 12월 기준 취업자수(2,757만 명)와 고용률(67.4%)은 모두 사상 최고를 기록했다고 자평하고 있다.(문재인 대통령 비서실, 2022)

2020년 코로나19가 일자리에 미치는 부정적 영향을 최소화하기 위해 문재인 정부는 25.5조 원 규모의 일자리 예산을 신속하게 집행하는 한편 4차례 추경을 통해 14조 원 규모의 특단의 대책을 마련하여 고용안정에 총력을 기울였다. 우선 고용유지지원금을 대폭 확대해 노사의 고용유지 노력을 지원했다. 2020년에 7만 2천 개 사업장의 77만 명에게 2.3조 원의 지원금이 지급되었다. 이는 지원금액 기준으로 2019년 대비 34배에 이르는 것이었다. 특히 코로나19의 피해가 집중된 여행업, 항공업 등 8개 업종을 특별고용지원 업종으로 지정하여 고용유지를 집중적으로 지원했다.

다음으로 특수형태 근로종사자, 프리랜서 등 기존 고용안전망의 사각지대에서 소득감소로 고통받는 이들을 위해 긴급고용안정지원금 등 생계지원을 실시했다. 특히 프리랜서, 미취업 청년, 일반 택시 기사, 무급 휴직자 등 270만 명에게 3조 원이 지급됐다(국무조정실, 2021)

하지만 문재인 정부의 일자리 정책은 민간의 일자리 창출을 뒷받침하기보다는 정부가 세금으로 직접 일자리 사업을 현금으로 지원하는 공공주도형이었다. 한마디로 "정부가 최대 고용주가 돼야 한다"는 정책에 따라 공공일자리 수를 5년 사이 40만 개 이상 늘렸다. 일자리 예산도 5년 새 2배로 늘어 2021년엔 30조 원을 넘어섰다.[2]

이 같은 고용 통계는 세금으로 분식됐다는 비판을 초래했다. 문

---

2   반면, 같은 기간 500대 민간기업의 일자리는 8만 명 증가하는 데 그쳤다.

재인 정부는 악화된 경제지표를 만회하기 위해서 고용 분야에 막대한 재정을 퍼부었다. 2018년 10월·12월 국무회의에서 예비비 561억 4,600만 원을 지출 의결해서 초단기 일자리 1만 8,859개를 양산한 사례가 대표적이다. 천재지변과 같은 비상상황에 써야 하는 '국가비상금(예비비)'을 퍼부어서 덩굴뽑기, 철새감시 같은 '눈속임 일자리' 만들기에 나선 것이다. 정부가 예비비를 일자리에 쓴 것은 10년 사이에 처음 있는 일이었다.

주 1시간 이상만 일하면 통계상 취업자로 잡힌다는 것을 악용해 일자리라고 할 수 없는 공공 알바 자리를 대거 양산했다. 이렇게 급증한 공공 일자리의 질은 낮고 지속가능하지 않은 것이었다. 이런 세금 일자리를 매년 100만 개씩 만들었다. 임신·질병 등으로 시간제근무를 하는 근로자를 비정규직 통계에서 제외했고, 코로나 때문에 집에서 쉬는 공공근로 인력을 실업자 아닌 취업자로 분류하는 편법도 동원했다.

일자리 같지 않은 초단기 세금 알바를 양산하면서 고용숫자를 늘리기에만 주력한 결과 2017년 96만 명이던 주 15시간 미만 단기 취업자 수는 2021년 150만 명을 넘어섰다. 2013~2017년에 늘어난 취업자 중 주 15시간 미만 비율은 연평균 9.9%였지만 2018~2022년엔 45%로 뛰어올랐다. 정권이 교체된 뒤 2021년 재정지원 일자리 사업을 점검한 결과, 169개 사업 가운데 중복, 낮은 취업률 등의 이유로 '개선·감액'이 필요하다고 판정 내린 사업이 70개 (41%)에 달할 정도였다.

문재인 정부 임기 말인 2022년 4월 통계청의 고용통계에서 취업자수는 1년 전보다 86만 명 늘어난 것으로 집계됐다. 하지만 윤석열 정부 출범 직후인 5월 12일 기획재정부는 "(정부가 만든) 직접일자리와 고령취업자 비중이 너무 높다"고 밝혔다. 세금으로 대량생산한 노인 알바 일자리가 대부분임을 실토한 것이다. 기재부도 인정한 것처럼 2022년 4월 고용통계에서 늘어난 신규취업자의 절반인 42만 명이 60세 이상 고령자였다. 그 상당 부분이 휴지줍기·풀뽑기·새똥닦기 등 출석부에 사인만 해도 월 수십만 원씩 주는 아르바이트 자리다. 불 켜진 대학 강의실을 찾아다니며 불을 끄는 '에너지 절약 도우미', '제로페이 홍보 안내원' 등 역할이 모호하고 소액급여를 받는 일자리를 만드는 데 수십억 원의 예산이 투입됐다.

문재인 정부의 일자리 정책은 고용이라기보다는 노인복지 사업에 가까웠다. 60대 이상 노년층에게 일주일에 몇 시간 일하게 하고 용돈 수준 현금을 쥐어주는 것이 대부분이었다.

이처럼 재정을 통한 일자리는 지속가능하지 않다. 제대로 된 양질의 일자리는 민간 기업이 만들 수 있다. 문재인 정부 5년간 주 40시간 이상 일하는 풀타임 일자리는 200만 개가 사라졌다. 문재인 정부 4년간 주 36시간 이상 근무하는 풀타임 일자리도 185만 개가 사라진 것으로 나타났다. 도소매업에서 67만 개, 제조업에서도 35만 개가 사라졌다.

그럼에도 임기 말까지 "고용 회복세"라고 자화자찬했다. 일자리의 주축인 제조업과 주 40시간 이상 풀타임 정규직 등 양질의 일자리가 수십만 개가 사라지고 청년 체감실업률이 사상 최악을 기록했는데도 "고용이 나아져 다행"이라고 했다. 일자리를 없앤 정부가 마치 '일자리를 늘린 정부'인 것처럼 국민을 호도했다는 비판을 받았다.

1만 원 최저임금제의 역설

문재인 정부는 일터 내 저임금 근로자의 근로조건 보호 및 생활안정에도 역량을 집중하였다. 저임금 근로자 비중을 줄이는 동시에 경제·고용 등 여건을 고려하여 최저임금을 합리적으로 결정하고, 현장안착을 지원하고자 하였다.(국무조정실, 2021)

문재인 정부에서 시간당 최저임금은 6,470원에서 9,160원으로 41.6% 급증했다. 최저임금위원회는 2018년 최저임금을 시급 7,530원으로 전년 대비 16.4%, 2019년 최저임금을 8,350원으로 전년 대비 10.9%, 2020년 최저임금은 8,590원으로 전년 대비 2.87%로 인상하였다. 2021년 최저임금은 코로나 여파로 인한 불가피한 상황을 고려하여 8,720원으로 전년대비 1.5% 인상하는 방안을 심의하였다.

최저임금 인상 과정에서 소상공인, 영세기업인들의 경영상 부담을 완화하기 위해 일자리 안정자금을 통해 2018년에 총 65만여 개 사업장, 264만 명의 노동자에게 2조 5,465억 원을, 2019년에는 총 83만여 개 사업장, 노동자 344만 명에게 2조 9,165억 원을, 2020년에는 총 83만 개 사업장, 노동자 360만 명에게 2조 6,610억 원을 지원하였다. 최저임금 상승으로 인한 기업들의 인건비 상승 부담을 덜어주고 노동자들의 고용안정을 지원한다는 취지에서였다. 2021년에도 1조 2,966억 원의 예산을 편성하여 185만 명의 노동자에게 지원한다는 계획을 추진했다.

일자리 안정자금 제도는 문재인 정부가 '최저임금 1만 원' 공약을 실현하기 위해 2018년 최저임금을 16.4% 올리며 시작됐다. 커진 인건비 부담에 영세자영업자들의 경영난과 직원 줄이기 등이 우려되자 정부가 유례없이 재정을 동원해 올라간 최저임금 일부 금액을 사업주에게 보전해줬다. 국민의힘 임이자 의원이 2022년 9월 고용노동부에서 제출받은 자료에 따르면 일자리 안정자금으로 지급된 금액은 2018년 첫 도입 후 사업이 종료된 2022년 6월까지 9조 2,070억 원으로 집계됐다. 사업 운영을 위한 비용까지 더한 예산은 총 10조 3,194억 원이었다.

이를 통해 연평균 339만 명의 근로자를 고용한 사업주들에게 매년 2조 원 가량이 지원됐다. 일자리 안정자금은 도입 첫해에 근로자 30인 미만의 자영업자나 기업에 고용한 근로자 1명당 월 13만 원씩 지원했다. 사업주는 근로자에게 매달 최저임금 이상, 230만 원 미만의 월급을 지급하면 지원금을 받을 수 있었다. 1인당 지원금은 2019년 월 15만 원까지 올랐다가 매년 감소해 2022년 1인당 월 3만 원 지급으로 끝났다.

이 사업은 도입 초기부터 논란이 됐다. 정부의 최저임금 인상 정책으로 민간의 인건비 부담이 커지자 이를 보조금으로 지원했기 때문이다. 또 정부는 도입 첫해인 2018년 사업을 한시적으로 운영하겠다고 여러 차례 강조했지만, 이듬해인 2019년에도 최저임금이 10.9% 오르자 매번 연장한 끝에 결국 2022년 6월에야 종료했다.

급격한 최저임금 인상 정책 때문에 10조 원의 나랏돈을 썼지만 국내 고용시장은 더 나빠졌다는 분석도 나온다. 한국조세재정연구원이 2022년 4월 발표한 보고서에 따르면 2018, 2019년 최저임금의 급격한 인상으로 10인 이상 제조업의 고용이 3.11% 감소한 것으로 나타났다. 인건비 부담으로 직원을 줄이는 자영업자가 늘면서 2019~2021년 '고용원 있는 자영업자'는 연평균 11만 명 감소한 반면 '고용원 없는 자영업자'는 7만 명 증가했다.

최저임금제의 효과를 놓고는 논란이 끊이지 않았다. 집권 초 급격한 최저임금 인상으로 기업 파산과 고용 참사가 벌어졌던 것이다. 소득주도성장을 내세운 최저임금의 급속한 인상으로 연간 취업자 증가폭은 5,000명대로 곤두박질치고 하위 20% 계층의 근로소득이 37%나 급감했다는 통계도 있다.

그럼에도 문재인 정부는 기준·계산법을 바꾼 통계를 별도로 만들고는 "최저임금 인상의 긍정적 효과가 90%"라고 주장했다. 5분위 배율, 지니계수 등 소득분배 관련 지표가 일제히 악화하자 조사 방식을 변경해 시계열 비교가 원천 차단되기도 했다.

급격한 최저임금 인상의 부작용을 막기 위해 도입했던 일자리 안정자금에 4년 반 동안 약 10조 원이 투입됐지만, 해당 지원을 받은 근로자 10명 중 3명이 중도 퇴사했던 것으로 나타났다. 최저임금 인상 이후 저소득층의 일자리 안정을 위해 막대한 예산을 썼지만 정작 근로자들의 근로조건 향상 효과가 크지 않았다는 얘기다.

정부의 일자리 안정자금 지원을 받아 고용된 근로자의 30%(연평균 102만 명)는 사업주가 지원금을 받고 있는 도중에 일을 그만둔 것이다. 물론 원래 저소득 근로자들은 퇴사나 이직 비율이 높은 편이라는 고용부 관계자의 설명도 있다. 하지만 정부가 재정을 동원해 지속가능하지 않은 일자리를 유지한 것이 문제였다고 전문가들은 지적한다. 정부 지원금 없이는 최저임금도 맞춰주기 어려운 회사라는 걸 알기 때문에 직원들이 쉽게 떠난다[3]는 것이다.

문재인 정부 초기에 최저임금을 너무 급격하게 올리지만 않았어도 10조 원이라는 돈을 쓸 필요가 없었을 것이다. 결국 '시급 1만 원' 공약도 달성하지 못하고 세금만 낭비했다는 지적이 나온다.[4] 차라리 10조 원을 들여서 저임금 근로자들에게 제대로 된 재취업 교육을 했다면 더 나은 일자리를 얻는 효과가 있었을 것이다. 실제 문재인 정부는 임기 초반 2년간 최저임금을 29%나 올렸지만, 임기 전체 인상률은 평균 7.3% 정도다. 박근혜 정부(7.4%)보다도 낮다. 임기 후반 3년에는 인상률을 3%로 낮췄기 때문이다.

---

3 임채운 서강대 경영학과 명예교수
4 김인영 한림대 정치행정학과 교수

문재인 정부가 급속히 인상한 최저임금을 감당 못 한 소상공인과 중소기업이 급증하면서 5년간 임금체불 규모는 7조 원에 이르렀다. 같은 기간 일본의 체불액보다 14배나 많은 액수다. 문재인 정부가 두 해 연속으로 최저임금을 16.4%, 10.9% 올리는 등 5년간 총 42% 인상하면서 임금을 제대로 주지 못한 곳이 속출했다. 저소득 근로자를 돕겠다며 밀어붙인 정책이 임금체불 사태를 야기한 셈이다.

최저임금 과속 인상의 부작용은 특히 서민경제 곳곳에서 나타났다. 직원을 내보내고 무인기계로 교체하거나 가족으로 대체하는 곳이 늘어나면서 소상공인·자영업 일자리가 줄어들었다. 주 15시간 일을 시키면 주휴수당을 주게 하는 법규까지 강행되면서, 근무시간을 주 15시간 미만으로 쪼개는 편법고용이 성행해 일자리를 되레 불안정하게 만들었다. 주휴수당은 근로기준법의 유급주휴일 규정에 따라 지급되는 임금으로, 주 15시간 이상 일하면 하루치 일당을 더 주는 제도다. 최저임금 인상으로 자영업자와 소상공인의 부담이 커지면서 주휴수당을 지급하지 않으려고 15시간 미만으로 노동자를 고용하는 '쪼개기 계약'도 성행했다.

법정 최저임금을 못 지키고 그보다 낮은 임금을 주는 사례도 급증했다. 2017년 266만 명이던 최저임금 미만 근로자가 2021년 321만 명으로 늘어 전체 임금근로자의 15.3%를 차지했다. 최저임금을 위반하면 고용주가 3년 이하 징역 또는 2,000만 원 이하 벌금형을 받는데도 적지 않은 소상공인이 법을 지키지 못했다. 애초 지키기 어려운 법을 만들어 많은 소상공인을 범법자로 내몬 셈이다.

주 52시간제와 비정규직의 정규직화

문재인 정부는 OECD 38개국 중 가장 오래 일하는 나라 가운데 한 곳이라는 오명에서 벗어나야 한다고 강조했다. 이를 위해 2018년 3월 노동시간 단축을 담은 개정 근로기준법을 공포했다. 그해 7월부터 먼저 300인 이상 기업과 공공기관부터 법정근로시간을 1주 최대 52시간으로 제한하는 '주 52시간제'를 도입했다. 정규 근로시간(주 40시간)에 연장근로(주 최대 12시간)까지 근무시간이 1주 52시간을 넘지 못하도록 한 것이다. 주 52시간제는 이후 법 적용을 받는 기업과 기관을 단계적으로 늘려 2021년 7월부터는 전면적으로 시행되고 있다. 다만 예외적으로 직원 30인 미만 기업에 한해 노사 합의로 주 60시간까지 연장근로를 허용하는 8시간 연장근로제를 2021년 하반기부터 2022년 말까지 1년 6개월 동안 한시적으로 허용했다.

주 52시간제 시행 결과 임금근로자의 연간 근로시간(상용 5인 이상 사업장)은 2017년 2,014시간에서 2020년 1,952시간으로 줄었다. 주 52시간 이상 일하는 취업자의 비율도 20.9%에서 2021년 11.4%로 감소했다.

이 과정에서 중소기업의 인건비 부담과 근로자 임금의 감소에 대한 문제제기가 있었다. 직장에서 줄어든 수입을 만회하기 위해 퇴근 후 아르바이트를 뛰는 사람이 늘어나면서 근로시간이 실제로는 오히려 늘어난 경우가 속출했다. 기존 직원에게 연장근로를 시킬 수 없게 되는 사업자로선 납품 등을 맞추려면 새로 사람을 더 뽑아야 하고 그만큼 인건비 부담이 늘어나게 됐다. 영세업체들은 안 그래도 극심한 구인난에 시달리는데 추가 채용하기도 쉽지 않으니 최악의 경우 생산을 줄여야 한다. 노와 사 모두 손해를 보게 되는 것이다.

문재인 정부는 그럼에도 52시간제 시행을 촉진하기 위해 일하는 시간을 줄여 새 일자리를 만든 기업에는 '신규 채용 인건비'와 '재직자 임금 감소분 보전비용'을 일부 지원했다. 근무체계 개편이 필요한 사업장에 전문가 컨설팅을 지원하고, 노동시간을 조기에 단축한 기업에는 공공조달 가점을 부여했다.

기업의 노동수요가 단기간에 급증하거나 재해·재난, 기타 경영 환경 급변에 대비하기 위한 장치로 경제사회노동위원회는 '탄력근로제' 개편에 합의했다. 탄력근로제는 일이 많은 주(일)의 근로시간을 늘리는 대신 다른 주(일)의 근로시간을 줄여 평균적으로 법정 근로시간(주 40시간) 내로 근로시간을 맞추는 근무제도이다. 2021년부터 시행되고 있는 개정 근로기준법은 탄력근로제의 단위기간을 3개월에서 6개월로 확대하고, 신상품·신기술의 연구개발 업무에 대한 선택근로제 정산 기간을 1개월에서 3개월로 확대했다. 그러나 근로기준법상 탄력근로제는 사전에 노사 서면합의가 있어야 하므로 급변하는 경영 여건에 대응하기 어렵고, 노조가 강성인 사업장은 '그림의 떡'이라는 지적이 끊이지 않았다.

이처럼 2018년 7월 주 52시간 근로제가 시행되면서 산업현장 곳곳에서 기업들의 피해가 속출하고 있다는 비판이 잇따랐다. 신고리 원자력발전소 5·6기 건설에 참여한 구산토건·어드밴건설 등 한국수력원자력의 9개 협력사가 윤석열 대통령에게 2022년 11월 제출한 진정서에 따르면 이들 협력사는 주 52시간제 시행 이후 모두 517억 원의 손실을 입었다고 한다. 주 52시간제가 되면서 근로시간 감소에 따른 소득 급감을 우려한 숙련공이 대거 이탈했고, 잔류 근로자들은 임금보전을 해 달라며 파업했다. 업체들은 하루 근로시간이 10시간에서 8시간으로 줄었는데도 일당을 감액하지 못했다는 것이다. 게다가 공사기간이 길어지면서 업체들은 추가 인건비 보전을 수차례 요구했지만 한수원은 정부방침이 바뀌어야 한다며 거부했다.

주 52시간 근무제 시행 이후 상당수 근로자들이 근무시간 이외에 배달업 등을 하는 '투잡족'으로 전환하기도 했다. 잔업과 특근이 감소하면서 각종 수당 등 소득이 줄었기 때문이다.

여기에다가 최저임금 급등으로 부담이 커진 자영업자들이 본업 외에 부업을 뛰는 사례도 속출했다. 이른바 '투잡족'은 2016년 40만 9,000명에서 2021년 50만 6,000명으로 5년 새 10만 명 가까이 늘었다. 2003년 관련 통계를 작성하기 시작한 이래 최대치다. 직원을 둔 자영업자도 2021년에는 2016년에 비해 17.5% 줄었고, 직원이 없는 '나 홀로 사장'은 같은 기간 4.4% 늘었다. 우리 사회의 고용 여력과 고용의 질이 동시에 악화된 것이다. 주 40시간 이상 일하는 풀타임 일자리가 200만 개 사라진 반면, 단기 일자리는 240만 개나 늘어나는 초유의 고용 대란이 벌어졌다. 중소기업중앙회가 중소 조선업체 근로자 300명을 대상으로 설문조사한 결과 55.0%는 "주 52시간 근무제 이후 삶의 질이 나빠졌다"고 응답했다. 73.3%는 "임금이 감소했다"고 답했다. 감소한 임금은 월평균 60만 1,000원이라고 답변했다.

취업자 중에서도 상대적으로 안정된 일자리라 할 수 있는 제조업 취업자수는 2021년에 2016년보다 21만 6,000명(4.7%) 감소했다. 반면 정부 공공일자리 사업 분야인 공공행정·국방 및 사회보장행정과 보건업 및 사회복지서비스업(보건복지)의 취업자수는 81만 2,000명(28.3%) 증가했다.

문재인 정부는 공공부문 비정규직을 정규직으로 전환하고, 비정규직 비율을 OECD 평균수준으로 감소시킨다는 공약에 따라 각종 비정규직 감소 방안을 추진하였다. 취임 직후 인천국제공항공사를 찾아 공공기관 비정규직 제로 정책을 선언했다. 2017년 '일자리정책 5년 로드맵'을 발표하여 비정규직 남용방지 및 차별해소를 위한 정책방향을 제시했다. 이후 5년 동안 370개 공공기관에서 비정규직 10만 1,720명을 정규직으로 전환했다.

먼저 '상시·지속적 업무는 정규직으로 고용한다'는 원칙 아래, 공공부문부터 비정규직의 정규직 전환을 추진했다. 2017년 7월 관계부처 합동으로 '공공부문 정규직 전환 가이드라인'을 발표하였다. 이에 따라 기관별 전환모델, 임금체계 설계, 이해관계 조정을 위한 전문가 컨설팅 제공, 현장지도 등을 실시하여 2021년 12월말까지 865개 기관에서 비정규직 근로자 20만 3,199명의 정규직 전환이 결정됐다. 채용절차를 거쳐 실제 19만 7,866명이 정규직으로 고용되었다. 이는 2020년 기준 계획인원의 96.8%에 해당하는 수치다. 이 중 14만 4,347명(73%)은 기관에 직접 고용되었으며, 5만 1,752명(26.2%)은 자회사 방식으로, 1,767명(0.9%)은 사회적 기업 등 제3섹터 방식으로 전환되었다.

민간기업의 자율적인 정규직 전환을 유도하는 정책도 병행했다. 비정규직을 정규직으로 전환하는 기업에는 임금상승분 등의 일부를 1년간 지원(정규직 전환 지원금)하고, 중소·중견기업에는 정규직 전환 근로자 1인당 최대 1,000만 원의 세액공제 혜택을 지원했다. 공공조달 시장에서도 정규직 전환 우수기업에 가점을 부여하도록 했다. 그 결과 민간부문을 포함한 전체 노동시장에서도 비정규직 근로자와 정규직 근로자 간의 임금격차가 줄었고, 비정규직 근로자의 사회보험 가입률이 상승하는 등 처우 개선 효과가 나타났다고 문재인 정부는 주장했다.(문재인 대통령 비서실, 2022)

그러나 비정규직 문제 해결을 내걸었던 문재인 정부 5년 동안 비정규직은 되레 대폭 늘고 정규직과 비정규직간 임금 차이는 커지는 등 일자리 양극화가 심화됐다. 최저임금 과속 인상으로 기업들이 신규 채용을 줄이면서 대졸이상 고학력자와 20대의 비정규직 증가가 두드러졌다. 공공기관 비정규직 '제로(0)' 정책을 내세웠지만 결과는 실패였다. 문재인 정부에서 비정규직 근로자수는

150만 명이 늘어 사상 처음 800만 명을 돌파했다. 문재인 정부가 출범한 2017년 비정규직 근로자수는 657만 명이었는데, 2년 뒤인 2019년에 87만 명이 늘었다.

2019년 10월 발표된 통계청의 '경제활동인구조사 근로형태별 부가조사 결과'에서 8월 기준 비정규직은 1년 전보다 86만 7,000명 늘어나고 정규직은 1년 전보다 35만 3,000명 줄어든 것이었다. 2010년 관련 통계 집계 이후 처음으로 정규직이 줄었고, 비정규직 증가폭은 역대 최대였다. 지나치게 빠르게 최저임금을 올린 부작용이란 비판이 많았다. 당시 통계청은 "조사 변경에 따른 착오"라고 해명했다. 강신욱 통계청장은 "예전 기준으로는 정규직에 포함됐던 35만~50만 명 정도가 조사 방식의 변화로 비정규직에 새로 포함됐기 때문에 단순비교가 어렵다"고 반박했다. 기획재정부·고용노동부·청와대도 비슷한 해명을 쏟아냈다. 하지만 한두 가지 설명 문항 개편으로 비정규직이 갑자기 수십만 명 늘어나는 일은 있을 수 없다고 통계청장을 지낸 유경준 국민의힘 의원은 반박했다. 더욱이 경제활동인구조사 근로형태별 부가조사 질문지는 전년도와 동일했던 것으로 나타났다.

이와 관련, 윤석열 정부 출범 이후 이뤄진 검찰 수사 결과 문재인 정부 당시 고용과 소득 통계가 조작된 혐의가 파악됐다. 2019년 10월 김상조 정책실장, 황덕순 일자리수석 등은 비정규직 근로자가 전년보다 약 86만 명 급증했다는 통계조사 결과 발표를 앞두고 통계청 직원을 불러 보도자료에 담을 내용을 직접 지시한 것으로 조사됐다. 자신이 비정규직인 것을 뒤늦게 알아 과거 설문과 다르게 비정규직으로 응답했다는 '병행조사 효과'를 보도자료에 담도록 한 것이다. 결국 통계청 직원은 '비정규직 근로자가 86만 7,000명 증가했다'는 내용을 보도자료에서 삭제하고 '2018년 통계와 비교 자체가 불가하다'는 내용을 담은 것으로 나타났다.

집권 4년여 만인 2021년 10월 통계청 조사에서 비정규직 근로자수는 150만 명 늘어난 806만여 명으로 나타났다. 2020~2021년 사이에만 64만 명 늘었고, 전체 임금 근로자에서 비정규직이 차지하는 비율도 같은 기간 2.1%포인트 늘어난 38.4%였다. 반면 정규직 근로자는 9만여 명 줄어든 1,292만 명이었다.

특히 열악해진 취업 환경에서 20대가 가장 큰 피해자가 됐다. 문재인 정부 출범전인 2016년 20대 임금근로자 가운데 비정규직 비율은 32%였지만 2021년엔 40%였다. 10명 중 3명이 비정규직이었는데 문재인 정부 말에는 4명이 비정규직 꼴이 된 것이다. 대졸 이상 고학력 비정규직도 2021년 사상 최대인 284만 명을 기록했다. 문재인 정부 4년 동안 70여만 명 늘어난 수치다. 정규직과 비정규직간 월 임금 격차는 156만 원으로 2004년 통계작성 이래 가장 커졌다.

소득주도성장론과 양극화 심화

문재인 정부에서 시장소득의 분배지표는 악화됐다. 시장소득 5분위 배율은 2015년 10.41배에서 2020년 11.37배로, 상대적 빈곤율은 19.5%에서 21.3%로 높아졌다. 5년간 시장소득의 분배지표는 개선되지 않았다.

신한은행이 2022년 발간한 〈보통사람 금융생활 보고서 2022〉에 따르면 2021년 상위 20%의 월평균 가구 총소득은 948만 원으로 181만 원인 하위 20%의 5.23배에 달했다. 2018년의 경우 하위 20%의 월평균 가구 소득이 185만 원, 상위 20%가 892만 원으로 그 격차는 4.83배였다. 문재인 정부가 추진했던 소득주도성장은 최저임금의 급격한 인상 효과는 있었지만, 최저임금이 올라가면서 오히려 일자리를 잃은 사람들이 늘었다. 이것이 소득에서의 양극화 심화로 나타났던 것이다. 소득 하위 20%의 근로소득이 30% 이상 급감해 소득격차가 최악으로 벌어지기도 했다. 소득 하위층은 정부 지원 없이는 생계를 유지할 수 없는 '세금 의존층'으로 전락하고 말았다.

문재인 정부에서 저소득층은 오히려 부동산을 팔아 생활비를 마련한 것으로 보인다. 2018년 총자산 하위 20%의 평균 부동산 자산은 703만 원이었지만, 2021년엔 490만 원으로 줄었다. 반면 총자산 상위 20%의 경우 부동산 자산은 같은 기간 8억 8,138만 원에서 12억 2,767만 원으로 늘었다.

부채 구조도 저소득층에게 더욱 열악해졌다. 가구소득 하위 20%의 경우 2021년 월 181만 원을 벌면서 부채는 평균 4,852만 원인 것으로 나타났다. 하위 20%는 월소득의 26배에 달하는 빚을 지고 있었다. 2018년만 해도 이 비율은 14배 정도였다. 반면 소득 상위 20%의 경우 빚이 평균 1억 4,183만 원으로 월소득(952만 원)의 15배 정도였다. 2018년 이 비율이 12배 정도였던 것을 감안할 때 잘사는 사람일수록 빚을 더 안정적으로 관리한 셈이다. 결국 문재인 정부의 잘못된 부동산 정책과 소득주도성장 정책으로 사회에서 가장 취약한 계층만 피해를 본 것이다.

문재인 정부가 2018년 최저임금을 6,470원에서 7,530원으로 단번에 16.4% 인상하자 일자리 증가 규모는 예년평균(40만 명)의 4분의 1 수준인 9만 7,000명으로 쪼그라들었다. 최저임금 인상이라는 '선한 의도'가 불평등 확대라는 '나쁜 결과'로 귀결된 것이다.

소득을 늘려서 소비와 성장을 이끈다는 소득주도성장은 마치 '마차가 말을 끄는 것'처럼 비현실적이다. 과도한 최저임금 인상을 견디지 못한 자영업자와 소상공인들이 줄도산하고 제조업 등의 질 좋은 일자리가 대량으로 사라졌다. 일자리의 질이 악화되면서 근로소득 의존도가 높은 중하위 계층이 훨씬 큰 타격을 받았다. 직장 휴폐업·정리해고 같은 원인으로 어쩔 수 없이 일을 그만둔 퇴직자가 크게 늘었다.

전국경제인연합회가 통계청 마이크로데이터를 분석한 결과에 따르면, 비자발적 퇴직자수는 2016년 125만 8,000명에서 2021년

157만 7,000명으로 25.4% 증가했다. 비자발적 퇴직자는 직장 휴폐업과 명예·조기퇴직, 정리해고 등의 이유로 실직 상태인 사람을 말한다. 특히 2021년 비자발적 퇴직자 비율은 전체 퇴직자의 47.8%에 달했다. 퇴직자 절반이 원치 않는데도 회사를 그만뒀다는 뜻이다.

이처럼 소주성의 부작용이 갈수록 심화되는데도 정부는 실패한 정책을 수정하고 전환하지 않고 세금으로 메꾸는 땜질처방으로 일관했다. 세금으로 일자리도 만들고 지갑도 채워주겠다며 온갖 명목으로 현금을 뿌렸다. 정부와 지자체가 남발한 현금 복지 사업이 무려 2,000종에 이른다. 5년간 120조 원의 고용창출 예산을 썼지만 생겨난 일자리는 휴지줍기, 새똥닦기 등 노인 용돈벌이 아르바이트 400만 개가 대부분이었다. 몇 개월 유지되다 사라지는 가짜 일자리만 양산해놓고는 "고용이 회복됐다"고 주장했다. 매년 100조 원씩 빚을 내 '국가부채 1,000조 원 시대'를 열고도 문재인 정부 5년간 연평균 성장률은 2.3%에 그쳐 역대 정부 최하위였다. 정부는 코로나 탓을 하지만 코로나 사태 이전부터 경제성장에 제동이 걸렸다.

문 대통령은 퇴임 전 손석희 씨와 한 인터뷰에서 소주성에 대해 "성과적인 측면이 많은데 부작용만 지나치게 부각됐다"고 했다. 실패를 인정하지 않은 것이다. 하지만 이재명 대표의 민주당이 2022년 3·9 대선 이후 당의 강령에서 소주성을 삭제한 것을 보면 민주당도 정책실패를 인정한 것으로 보인다.

김형기 경북대 명예교수(경제학)도 소득주도성장에 대해 "케인스 이론 중 하나인 '임금 주도 성장'에 영향을 받은 것"이라면서 "그러나 혁신을 통한 성장, 일자리 창출 없이 단지 서민을 위한다는 명분과 이념으로 서민을 더욱 고통 속에 빠뜨린 실패한 정책이었다"고 평가했다.(김윤덕, 2024)

신재생 에너지 확대와 탈원전 정책

문재인 정부는 신재생에너지 비중을 70%로 늘리고, 2030년까지 온실가스 배출량을 2018년 대비 40% 감축한다는 포부를 밝혔다. 2021년에는 2030년 국가온실가스 감축목표NDC를 확정하면서, 신재생에너지 발전 비중을 30.2%, 원전 비중을 23.9%로 잡은 바 있다. 그러나 임기 내내 폭주하다시피 탈원전 정책을 추진하면서 태양광·풍력 등 신재생에너지 확대 정책을 무리하게 추진한다는 비판을 받았다. 세계 최고의 기술력을 가진 원전사업을 후퇴시키고 에너지 수입도 급증해 전기료 상승의 기폭제가 됐다는 그늘을 남겼다.

태양광 · 풍력 등 신재생 에너지 확대

재생에너지 확대라는 불가피한 방향성에도 불구하고 문재인 정부가 지나친 속도로 무리하게 추진한 정책은 곳곳에서 후유증을 남겼다. 2017~2020년 8,955ha의 멀쩡한 논밭이 태양광 시설로 둔갑했다. 축구장 12,542개의 넓이(2,708만 평)에 해당한다.

문재인 정부 시절 산을 깎아 만든 '산지山地 태양광' 중 55%가 산사태 위험에 노출된 것으로 드러났다고 2022년 국정감사 때 안병길 국민의힘 의원이 산림청과 국무총리실 산하 정부출연연구기관인 한국환경연구원KEI에서 받은 자료에서 확인됐다.

2022년 9월 국무조정실 정부합동 부패예방추진단이 전국 226

개 지자체 가운데 12곳을 샘플로 뽑아 태양광 등 전력산업기반기금 지원사업 운영에 대한 점검조사를 벌였다. 그 결과 위법·부당사례가 2,267건이나 적발됐다. 액수로는 2,616억 원대였다. 여기에 대출지원 사업을 포함시켜 총 2조 1,000억 원의 사업비를 들여다봤다. 그 가운데 12%, 2,616억 원의 위법 부적정 사례가 나왔다. 문재인 정부 5년간 태양광·풍력 사업 지원금 12조 원에서 12%의 비율을 적용할 경우 1조 4,000억 원이 불법 부실 집행된 것으로 추정되는 것이다. 태양광 대출 지원사업은 17%가 사업비를 부풀렸거나 하지도 않은 공사를 했다고 속여 대출금을 받아낸 경우였다.

이렇게 자기 부담을 최소로 줄이거나 아예 자기 돈은 넣지도 않고 태양광을 설치한 후 생산 전기를 비싼 값에 한전에 팔아 대출금을 갚아나가면 결국 자기 사업비는 한 푼도 없더라도 태양광 사업이 가능했다는 것이다. 가짜 버섯재배·곤충사육 시설을 만들어 그 지붕에 태양광을 설치하는 방식으로 농지를 불법 전용한 경우도 많았다. 지자체들은 발전설비 주변 지역 지원금을 타낸 후 다른 지역 마을회관을 짓는 데 돈을 쓰거나, 사업을 잘게 쪼개 수의계약 대상으로 만든 뒤 특정 업체에 몰아주곤 했다.

문재인 정부의 에너지 정책이 태양광 카르텔을 먹여 살렸다는 비판이 적지 않았다. 당시 서울시가 발주한 베란다형 미니 발전소 사업의 45%를 친여 업체 3곳이 싹쓸이해 특혜 논란을 불렀다. 고려대 총학생회장 출신의 운동권 대부, 열린우리당 청년위원장 출신 등이 주도하고 설립한 조합들이었다.

국내에서 추진 또는 검토되고 있는 해상풍력 사업은 40여 곳에 이른다. 해상풍력은 어업활동에 지장을 주고 경관을 훼손시키는 문제 때문에 곳곳에서 주민들의 반대에 부딪혀 있다. 송전문제도 불투명하다. 그럼에도 사업자들이 100만 원 또는 1,000만 원 수준의 자본금을 투자해 수천 배 대박을 터뜨리고 있다. 획기적 아이디어나 기술도 없이 그저 정부에서 사업권을 따낸 후 사업은 하지도 않고 사업권을 외국에 팔아 떼돈을 버는 것이다. 정교한 정책적 검토 없이 탈원전, 재생에너지로 치달은 데서 나오는 후유증이었다.

태양광과 풍력은 모두 전기 생산을 인위적으로 결정할 수 없다는 공통점이 있다. 구름이 끼거나 해가 지면 태양광 발전기는 작동하지 않는다. 바람이 불지 않으면 풍력 터빈은 돌지 않는다. '간헐적 에너지'로 불리는 이런 특성 때문에 태양광과 풍력은 거대한 배터리가 있는 에너지 저장장치ESS가 필요하다. 아무리 크게 만들어도 ESS 용량에는 한계가 있을 수밖에 없기에 LNG 발전을 백업 설비로 둔다.

문재인 정부가 탈원전과 함께 신재생 에너지를 확대한 결과 LNG 발전 비중이 크게 늘 수밖에 없었다. 전력거래소에 따르면 LNG 발전 비중은 문 정부 첫해인 2017년 22.6%였으나 2021년에는 30.4%로 증가했다. LNG는 원전보다 발전단가가 5배 넘게 비싸다. 탈원전에 신재생에너지를 키운다며 결국 LNG 발전 비중을 키우는 일에 자칭 환경주의자들과 문재인 정부가 앞장선 셈이다.

물론 태양광이나 풍력도 에너지 안보와 탄소중립에 꼭 필요한

에너지이기는 하다. 에너지 다변화에 도움이 된다. 재생에너지만 인정하자는 국제적인 '알이백_{RE100}' 캠페인 때문에 기업의 해외진출에 꼭 필요하기도 하다. 태양광발전에 필요한 패널 값 폭락과 기술 발전으로 비용이 급속히 줄어들면서 세계적으로 태양광 발전의 용량이 급속히 팽창하고 있는 것도 사실이다. 태양광산업 기반과 미래 기술력을 꾸준히 발전시키고 용량도 늘려나가야 하는 것은 맞는 방향이라고 본다. 문제는 문재인 정부가 체계적 전략 없이 탈원전의 대안이라며 앞뒤 가리지 않고 밀어붙인 것이다. 감시도 점검도 부족한 채 아무나 돈을 갖다 쓰면 되는 도덕적 해이가 만연했다. 태양광 핵심 원료는 중국에서, 풍력장비는 유럽 등에서 들여오다보니 보조금 지원금을 쓰면서도 중국과 유럽 기업들의 매출과 고용만 늘려주는 꼴이 됐다.

그럼에도 문재인 정부는 7% 수준인 재생에너지 전력을 2050년엔 60~70%까지 늘리겠다는 무모한 탄소중립 정책을 세웠다. 문재인 정부의 계획대로 '2030년 온실가스 40% 감축'을 실현하려면 태양광·풍력 설비를 8년 동안 5배로 늘려야 한다. 국토가 아수라장이 될 것이다.

우리로선 원자력만큼 경제적, 환경적이고 에너지 안보에 기여할 에너지원이 없으며, 한국에서는 원자력을 무탄소 전원으로 충분히 활용하는 게 유리하다. 값싼 무탄소 전원인 원자력을 배제하고 태양광이나 풍력 등만 쓰겠다는 이른바 RE100 캠페인은 미국, 유럽 기업들에게는 그리 어려운 일이 아닐 수 있지만, 한국 입장에선 탄소 중립과 더 멀어지게 하는 족쇄가 될 수도 있다. 더욱이 원자력 전기의 온실가스 배출량은 풍력과 비슷하고 태양광과 비교할 때 4분의 1밖에 되지 않는다. 유럽연합^{EU}이 2022년 7월 원자력을 친환경 전력으로 인정하고 원전을 녹색분류체계$_{Green\ Taxonomy}$에 포함시킨 것도 이 때문이다.

이념적 · 교조적 탈원전 정책

문재인 정부는 원전 위주의 발전정책을 친환경 중심으로 전환한다는 명분 아래 '탈원전' 정책을 강력히 밀어붙였다. 신고리 5·6호기 공사를 중단시켰고, 신한울 1·2호기와 월성 1호기 등 원전 5기를 가동 중단 또는 폐쇄했다. 정비를 이유로 한꺼번에 10기 이상의 원전을 세우기도 했다. 이 때문에 2018년엔 원전가동률이 65%까지 떨어지기도 했다.

탈원전 정책은 문재인 대통령이 취임 직후인 2017년 6월 19일 고리 1호기 영구정지를 선포하면서 본격화되었다. 문 대통령은 선포식에서 "원전 중심의 발전 정책을 폐기하고 탈핵시대로 가겠다"고 선언했다. 이른바 에너지 전환 원년의 선포였다.

이어 신고리 5·6호기 공론화(2018년 7~10월)를 통해 에너지 전환에 대한 여론형성에 나섰다. '에너지 전환 로드맵(2017년 10월)'과 '제8차 전력수급기본계획(2017년 12월)', '제3차 에너지기본계획(2019년 6월)', '제9차 전력수급기본계획(2020년 12월)' 등을 통해 장기적 에너지 전환(원전의 단계적 감축과 재생에너지 확대)의 구체적 추진계획을 제시하였다.

2017년 10월 탈원전 로드맵 발표에서는 공론화 과정을 거쳐 공사 재개로 결정된 신고리 5·6호기를 제외하고는 신규 원전 6기의 백지화를 발표했다. 대상은 신한울 3·4호기와 천지 1·2호기, 그리고 건설장소와 이름이 미정인 나머지 2곳이었다. 신한울 3·4호기와 천지 1·2호기에 이때까지 이미 지출한 금액은 약 3,400억 원이었다. 신한울 3·4호기에 설계 용역비 등 2,700억 원, 천지 1·2호기는 일부 부지 매입비용 등 700억 원이 들어간 상태였다.

2010년 착공한 신한울 1호기는 당초 2017년부터 상업운전을 할 예정이었다. 신한울은 아랍에미리트UAE에 수출한 원전과 같은 APR-1400 노형으로, 핵심설비를 국산화한 한국형 원전이다. 3세대 원전 중 최첨단으로 설계수명을 기존 40년에서 60년으로 늘렸다. 2019년 8월 미국 원자력규제위원회NRC로부터 설계인증을 취득하며 안전성도 입증 받았다.

그러나 경주 지진에 따른 용지 안전성 평가와 문재인 정부의 탈원전 정책 등으로 공사가 지연됐다. 2020년 4월 완공된 뒤에도 탈원전 인사들이 포진한 원자력안전위원회(이하 원안위)가 비행기 충돌 위험, 북한의 장사정포 공격 등 납득하지 못할 이유를 들어 운영허가를 차일피일 미루며 발목을 잡았다. 이 바람에 15개월 만인 2021년 7월에야 조건부 시운전 허가를 받았다. 늑장 허가를 내준 원안위가 안전성 확보를 조건으로 내건 탓에 다시 1년 5개월 만인 2022년 12월에야 상업가동에 들어가게 됐다.

신한울 1·2호기 정상가동 지연으로 인한 경제적 피해는 눈덩이처럼 불어났다. 국민의힘 한무경 의원실에 따르면 신한울 1·2호기 가동이 5년간 미뤄지면서 사업비는 2조 3,451억 원이 증가했다. 준공지연에 따른 추가 전력비용 3조 4,004억 원을 합하면 6조 원에 가까운 손실이 발생할 셈이다. 막무가내식 탈원전 기조 속에 건설이 중단된 신한울 3·4호기 매몰비용은 7,000억 원에 달한다.[5]

문재인 정부는 또 노후 원전 수명연장을 금지하고, 월성 1호기는 전력수급 안정성 등을 고려해 조기 폐쇄키로 하는 등 원전의 단계적 감축이 진행되었다. 한국수력원자력 이사회는 2018년 6월 조작논란을 빚은 경제성 보고서를 바탕으로 월성 1호기에 대해 영구폐쇄를 결정했다. 이어 2019년 2월 영구정지 운영허가변경을 신청했고, 같은 해 12월 영구정지 결정이 내려졌다.

이에 앞서 국내 최초 상업용 원전인 고리 1호기는 2017년 6월 영구 정지되었다. 강원, 삼척, 대진 원전 전원개발사업 예정구역은 2019년 6월에, 경북 영덕의 천지 원전 전원개발사업 예정구역은 2021년 4월에 지정 철회되었다. 천지·대진 단지에는 1.5GW 용량 각각 2기씩 모두 4기의 원전을 건설한다는 계획이었다. 천지 원전은 부지 매수가 한창 진행되던 단계였다.

---

5 신한울 1호기는 윤석열 정부 들어 2022년 12월부터 상업운전에 들어갔고, 신한울 2호기는 2024년 4월 상업운전을 개시했다. 신한울 3·4호기는 2024년 10월 30일 착공행사가 열렸다.

천지 1·2호기와 대진 1·2호기는 모두 박근혜 정부 때 일부 용지까지 사들여 놓았던 곳이지만 백지화된 것이다.

김수현 전 사회수석비서관은 문재인 청와대의 탈원전 정책 컨트롤타워인 '에너지전환 TF'의 팀장이었다. 문재인 정부의 국정기획자문위원회는 2017년 7월 월성 1호기 조기 폐쇄, 원전 설계 수명 연장 금지, 신규 원전 백지화를 내용으로 하는 방안을 산업부 국정과제로 확정했다. 이에 따라 청와대에 김수현 당시 사회수석을 팀장으로 두고 기후환경비서관, 산업정책비서관 등 총 7명을 팀원으로 하는 에너지전환 TF가 만들어졌다. 이 TF는 탈원전 정책 추진을 위해 국회와 언론의 비판에 대응하고, 산업부 등 관련 부처의 전략 수립과 추진 상황을 점검하는 역할을 맡았다고 한다.

문미옥 전 과학기술보좌관은 2018년 4월 청와대 내부 보고 시스템에 '(월성 1호기 방문 결과) 외벽에 철근이 노출되어 정비를 연장한다'는 취지의 보고서를 올렸다. 그러자 문재인 당시 대통령이 '월성 1호기의 영구 가동 중단은 언제 결정할 계획인가'라는 댓글을 직접 달았다. 이 내용이 산업부에도 알려지면서, 산업부가 한수원에 월성 1호기 가동 중단을 지시했다고 검찰은 보았다. 김수현 전 수석과 문미옥 전 과학기술비서관, 나아가 장하성 전 정책실장 등 문재인 정부의 청와대 인사들이 월성 원전 조기 폐쇄에 관여했다는 시각이다.

월성 원전 1호기 조기 폐쇄 과정에 대한 감사원 감사 결과 월성 1호기를 계속 가동할 경우의 경제성이 불합리하게 낮게 평가됐던 것으로 드러났다. 이른바 경제성 축소·조작 논란이다. 이 감사 과정에서 피감기관과 정권 내부의 반발이 극심했다. 최재형 당시 감사원장은 2020년 10월 국정감사에서 "이렇게 저항이 심한 감사는 재임 중 처음"이라고 토로했을 정도다.

한무경 국민의힘 의원실과 한국수력원자력에 따르면 문재인 정부에서 탈원전 정책으로 가동이 지연되거나 조기 폐쇄된 신한울 1·2호기, 새울 3·4호기(신고리 5·6호기), 월성 1호기 등 원전 5기가 제대로 가동됐다면 한전은 6조 9,701억 원을 아낄 수 있었다고 추산했다. 원전 5기가 생산하지 못한 전력량은 387억 kWh(킬로와트시)이다. 이걸 원전으로 만들었다면 2조 395억 원을 한수원에 정산하면 됐지만 이들 원전이 가동되지 못해 9조 96억 원을 비싼 LNG발전사에 지불해야 했다. 원전이 제때 돌아가기만 했어도 한전 적자 7조 원을 줄일 수 있었다는 얘기다.

탈원전 추진은 문재인 대통령이 과학보다는 원전의 위험성을 과장한 괴담 수준의 신념에 사로잡힌 데서 출발했다고 해도 크게 틀리지 않을 것이다. 문 대통령은 고리 1호 영구정지 기념식에서 "일본 후쿠시마 원전 사고로 1,368명이 사망했다"고 한 적이 있다. 실제 방사능으로 사망한 사람은 한 명도 없었다. 민주당은 월성 원전에서 삼중수소가 유출됐다며 "월성 원전 폐쇄가 불가피했음이 확인됐다"고 주장했다. 실제로는 삼중수소 유출이 없었던 것으로 확인됐다.

문재인 정부와 탈원전론자들은 "국내 원전 중 30년 이상 된 노후

원전이 7기, 평균 연수가 27년에 이른다"며 마치 우리 원전이 낡아 위험하다고 주장했다. 하지만 2022년 현재 전 세계 원자로 439기의 평균 가동 연수는 30.7년이고 3기 중 2기가 30년 넘게 운영되고 있다. 미국은 원전 93기 중 88기의 가동기간을 60년 이상으로 연장했다. 이 가운데 6기는 2080년까지 연장 가동한다는 방침이다. 후쿠시마 사태를 겪은 일본도 11년 만에 친親원전으로 돌아섰다.

문재인 정부의 무리한 탈원전 정책으로 세계 최고 수준이었던 국내 원자력 생태계는 붕괴됐고 원전 수출 역시 애로를 겪었다. 대학은 원자력공학 전공 학생을 찾기가 어려워졌고, 관련 산업의 고급 인력들은 중국 등 해외로 떠났다. 폐업한 관련 기업들도 생겨났다. 국내 일감이 없어지고 수출도 어려워지는 등 산업생태계가 무너지는 시련을 겪은 것이다. 큰 원자력 기업인 두산중공업의 경우 매출액이 56%가 줄고, 협력업체는 30%가 감소되는 등 타격을 입었다.

세계적 에너지난 와중에도 우리나라에 안정적 전력공급이 가능한 것은 원전 덕이 크다. 원전 없이는 탄소중립은 불가능하다고 해도 과언이 아니다. 경제성 측면에서도 전기 1kwh(킬로와트시)를 만드는 데 원전은 65원, 석탄은 91원, 태양광은 126원이 필요하다. 원전의 적극적 활용과 재생에너지와의 조화를 통해 에너지 안보와 탄소중립 모두를 달성해나가는 조화로운 전략이 필요하다고 본다.

투기억제형 부동산 정책과 집값 상승

문재인 정부는 주택가격 안정화를 위해 모두 28차례에 걸쳐 부동산 대책을 내놨지만 부동산시장 안정화라는 정책목표는 달성하지 못했다. 서울 아파트 매매가격은 90% 이상, 전셋값은 40%가량 폭등해 이른바 '미친 집값'을 만들었다. 그 결과 청년층은 '영끌투자'에 내몰렸다. 노무현 정부에서 경제부총리를 지낸 김진표 전 국회의장은 회고록에서 "집값을 잡으려는 노력이 집값을 폭등시키는 결과를 낳았다"며 "부동산을 이념적으로 접근해 노무현 정권과 똑같은 실수를 저질렀다. 부동산으로 정권을 두 번 뺏긴 것이다"라고 썼다. (김진표, 2024)

김수현 전 청와대 정책실장은 자신의 책 '부동산은 끝났다'에서 '집 소유자는 보수적 투표 성향을 보이고, 그렇지 않은 경우는 진보적 성향이 있다'고 언급했다. 이 때문에 진보 블록을 유지하기 위해 주택소유를 어렵게 만드는 정책에 정권 내내 매달린 것 아니냐는 비판을 낳았다.

문재인 정부의 부동산 정책은 '투기 억제를 통한 가격 안정', '도심 내외를 막론한 주택공급', '서민 주거복지' 등 3가지로 진행됐다. 문재인 정부가 부동산 정책의 1차 과제로 삼은 것은 투기억제를 통한 가격안정화였다. 실수요 중심 시장을 조성하기 위해 다주택자·법인 등의 투기적 추가 매수에 대한 세제·금융 규제를 강화하고, 주택 단타 거래나 과세 우회를 위한 법인 활용 매수에 대해서는 취득·보유·

양도 과정에서 세부담을 강화했다. 고가주택 구입 시 주택담보대출비율LTV 축소, 투기지역 및 투기 과열지구 총부채상환비율DTI 축소, 총부채원리금상환비율DSR 도입, 투기지역 및 투기 과열지구 내 시가 15억 원 초과 아파트 대출금지 등 주택구입 시 자부담 비율을 높여 과도한 수익실현을 예방하고자 하였다.

풍선효과와 집값 통계 왜곡 논란

문재인 정부는 집권 초기부터 규제지역 지정을 주택 투기를 몰아낼 수 있는 강력한 무기이자 해당 지역만 정밀 폭격할 수 있는 스마트 폭탄이라고 홍보했다. 문재인 정부 초기 서울과 경기도 일부, 부산·세종시에 머물렀던 규제지역은 문재인 정부 말기 강원·제주를 제외한 15개 광역자치단체, 111곳으로 급증했다. 행정구역상 전국 226개 시·군·구 중 절반가량을 규제지역으로 묶은 것이다. 면적으로는 8,800㎢로, 국토의 8.8% 수준이다.

규제지역은 집값 급등을 막는 소방수 역할을 목적으로 하는 것이었다. 하지만 문재인 정부 5년 동안 규제지역은 오히려 주변 지역 집값을 밀어올리는 풍선효과를 부추겼다. 집권 4년 차에는 아파트(서울 30평형대 기준) 가격이 79% 폭등하기도 했다. 하지만 문재인 대통령은 '상승률은 17%에 불과하다. 집값이 안정되고 있다'고 주장했다. 실제 2021년 국토부는 국가공인 통계인 한국부동산원 통계를 토대로 문 정부가 출범한 2017년 5월부터 2020년 12월

330

까지 서울 아파트값이 17.2% 상승했다고 발표했다. 같은 기간 KB 부동산 통계상 평균 매매가격(75%), 경제정의실천시민연합 조사 결과(79%)와 격차가 컸다. 국토부가 부동산원 주택가격 동향을 바탕으로 내놓은 2017년 5월~2020년 5월까지 3년간의 서울 아파트값 상승률도 14.2%(주택은 11.3%)에 불과했지만, 경실련이 같은 기간 민간조사 기관인 KB부동산 통계를 바탕으로 발표한 3년간 서울 아파트값은 52% 상승한 것으로 나타났다.

문재인 정부 5년 동안 서울 아파트값 변동률도 큰 차이를 보였다. 부동산원의 서울 주간 매매가격지수는 이 기간 19.3% 상승했지만, KB부동산 지수는 62.1% 올랐다. 두 지수 간 상승률 차이가 3배 이상 벌어진 것이다. 부동산원과 정부 관계자들은 KB부동산 지수와의 괴리에 대해 "조사 방식의 차이 때문"이라고 해명했다. 부동산원은 조사원이 실거래가 중심으로 '거래 가능 가격'을 도출하는 반면, KB부동산 통계는 '호가呼價' 중심이어서 시장 상황을 과잉 해석할 여지가 있다는 것이다. 하지만 실제로는 부동산원이나 KB부동산 모두 협력 중개업소 조사와 직원들의 보정 작업을 거쳐 '시장에서 거래 가능한 가격'을 도출하는 등 집계방식에 큰 차이가 없다. 과거 정부에서도 부동산원 통계와 민간통계가 일치하지는 않았지만 문재인 정부 때처럼 크게 격차가 난 적은 없었다. 전문가들은 "표본 등의 차이로 결과가 다소 다를 수 있지만, 이렇게 차이가 나기는 어렵다"고 말하고 있다.

두 통계 간에 괴리가 생긴 원인은 표본과 통계 작성방법 차이에 있었다. 부동산원 통계는 포괄하는 지역 범위가 넓지만 표본수가 적고 아파트 비율이 상대적으로 낮았다. 반면 KB부동산 통계는 지역 범위가 다소 좁지만, 표본 수가 많고 아파트 표본비율이 높았다.

국토부 발표는 고의가 의심되는, 표본수가 극히 적은 부동산원의 부실 통계에 근거한 것이었음이 뒤늦게 밝혀졌다. 부동산원 통계에서는 가격 급등 아파트를 고의로 누락하거나 상승분을 줄여 입력한 정황이 정권이 바뀐 뒤 감사원 감사에서 포착되기도 했다. 특히 '호가가 높다'는 이유로 일부 단지가 극단치outlier로 분류돼 누락·배제된 정황이 있었다.

정부가 폭등하는 집값에 대해 엉터리 수치를 고집하자 KB부동산은 17년간 해오던 집값 통계 작성을 일시 중단하는 일이 벌어졌다. 정부 압력에 굴복한 것이라는 해석이 쏟아졌다. 윤석열 정부 출범 이후 이뤄진 검찰 수사 결과 문재인 정부 당시 대통령정책실장과 국토교통부 장관 등이 주요 정책 발표나 선거 국면에서 주택가격 통계를 조작한 혐의로 무더기로 기소됐다. 국가통계 조작 혐의로 정부 당국자들이 재판에 넘겨진 것은 처음이었다. 김수현 전 사회수석비서관, 김상조 전 정책실장과 김현미 전 국토교통부 장관 등은 2018년 1월부터 2021년 8월까지 총 125회에 걸쳐 서울, 경기, 인천 주택 등의 매매 및 전세가격 변동률을 조작했다는 혐의를 받았다.

부동산원의 중간 조사 결과 통계인 '주중치'와 확정 통계보다 하루 먼저 나오는 '속보치'를 청와대가 볼 수 있는 시스템을 구상해 먼저 통계를 받아 본 다음, 원하는 통계 수치가 나올 때까지 재검토를 압박해 통계를 조작했다는 게 검찰 수사 결과다. 검찰에 따르면 2018년 8월 24일 김수현 당시 사회수석비서관은 8월 5주 차 서울 아파트 매매가격 변동률 '주중치'가 0.67%인 것으로 파악하고 이를 낮추도록 지시했다는 것이다. 이에 부동산원이 통계 표본을 조작해 같은 달 27일 '속보치'를 0.47%로 보고했고, 김 수석은 이를 '더 낮추라'고 지시해 28일 확정치는 0.45%로 공표됐다는 것이다. 서울 부동산 시장은 박원순 당시 서울시장이 같은 해 7월 10일 용산·여의도 개발 구상을 밝히면서 들썩이던 상황이었다. 검찰은 125회에 걸친 통계 조작이 이 같은 방법으로 이뤄졌다고 판단했다.

검찰 조사 결과 청와대·국토교통부 관계자들은 "확정치를 전 주 수준으로 낮춰라", "장관님이 보합은 절대 안 된다고 한다"는 등의 지시를 내린 것으로 파악됐다. 부동산원은 통계 유출에 대해 '중단해 달라'는 요청을 12번이나 했지만, 모두 거부당했다는 것이다. 이 과정에서 김상조 당시 대통령정책실장이 직접 나서 "(통계) 사전보고를 폐지하면 부동산원 예산 없어질 텐데, 괜찮겠냐"고 말했다는 증언도 검찰은 확보했다.

통계 조작은 부동산 정책 발표 전후나 선거 국면 등에 집중된 것으로 조사됐다. 특히 2020년 4월 총선을 앞둔 2019년 12월~2020년 3월에는 28회에 걸쳐 집값 상승 폭을 낮췄다는 게 검찰의 판단이다. 당시 부동산 시장은 2019년 12·16 대책에도 집값이 잡히지 않고 폭등하고 있었다. 이에 김 실장이 당정청 회의에서 규제 확대를 주장했지만, 총선을 의식한 여당이 이를 거절하자 통계 조작을 감행한 것으로 검찰은 보고 있다.

통계 조작이 이어지면서 문재인 정부 당시 부동산원의 서울 아파트 주간 매매가격 변동률은 KB부동산 통계와 최대 30.5%포인트까지 벌어지기도 했다. 이명박 정부와 박근혜 정부 때 최대 격차는 각각 0.86%포인트, 2.14%포인트에 불과했다.

하지만 당사자들은 재판과정에서 "통계조작은 없었다. 감사원과 검찰이 합작해 범죄로 조작한 사건이다"라고 반박했다.

'세금폭탄' 반발 부른 종합부동산세 중과세

문재인 정부가 집값을 잡기 위해 다주택자에게 집중 부과한 '규제 3종 세트'는 종합부동산세(종부세), 양도소득세, 취득세였지만, 그 가운데서도 가장 논란이 많았던 게 종부세였다.

이명박 정부 때 완화됐던 종부세는 문재인 정부 때 다시 강화됐다. 문 정부는 2018·2019·2020년 세 차례에 걸쳐 다주택자 중과율을 높이면서도 2009년에 만든 '공시가 6억 원' 부과 기준을 그대로 유지했다. 다만 1세대 1주택의 경우는 과세 기준을 11억 원까지 올렸다. 집값이 폭등하면서 과세 대상이 크게 늘었고, 중산층의 반감이 커졌기 때문이다.

문재인 정부 기간 종합부동산세 고지 인원 현황

연도	종부세 고지 인원(명)
2017년	332,000
2018년	393,000
2019년	517,000
2020년	665,000
2021년	931,000
2022년	1,195,340

국세청에 따르면 주택분 종부세 고지 인원은 문재인 정부 기간 꾸준히 늘었다. 1주택 종부세 과세 인원도 2017년 3만 6,000명에서 2022년 23만 5,000명으로 약 7배 늘었다. 강남 3구뿐 아니라 강북에서도 종부세 대상이 된 1주택자가 늘어나면서 징벌적 과세라는 비판이 거세졌다.

2018년 7월 6일에는 과세형평을 제고하고 부의 편중 현상을 완화하고자 종합부동산세 개편방안을 발표했다. 공정시장가액 비율을 인상하고, 과표 6억 원을 초과하는 구간의 세율을 0.1~0.5% 인상하며, 3주택 이상 보유자에게는 0.3%씩 추가 과세하는 방안이었다. 과표는 공시가격에 공정시장가액비율을 곱한 값으로 재산세는 과표를 기준으로 부과된다. 이후 부동산 세제 발표는 회를 거듭할수록 투기수요 억제에 초점이 맞춰졌다. 같은 해 9·13 부동산 대책에서는 다주택자의 주택담보대출을 전면 금지했다.

2019년에는 종부세 체계를 단일세율에서 다주택자 중과세율 체계를 신설하는 것으로 이원화했다. 부동산 규제지역인 조정대상지역의 2주택자에게 중과세를 매기고, 3주택 이상 소유자는 중과세 하는 등의 내용이었다.

2020년 11월 정부는 공시가격이 적정 가치를 반영하고 수직적 수평적 형평성을 확보할 수 있도록 부동산 공시법에 따라 '공시가 격 현실화 계획'을 수립·발표했다. 이 '공시가격 현실화 로드맵'에 서 시세의 70% 수준인 아파트 공시가격을 2030년까지 시세의 90% 수준으로 높이기로 했다. 공시가격 현실화율은 시세 대비 공 시가격의 비율을 말한다. 명목은 공시가격 '현실화'였지만 실제로 는 인상이었다. 세율을 올리지 않더라도 공시가격을 올리면 납세 자 부담은 커진다.

공시가격 현실화(인상)와 함께 공정시장가액비율(공시가격 대비 과세 비율) 인상 등이 함께 이뤄지며 국민의 조세 부담이 급격하게 증 가했다. 공시가격은 종합부동산세, 재산세뿐만 아니라 건강보험료 와 기초연금 등 67개 행정 제도의 기준으로 쓰인다. 공정시장가액비 율은 종부세나 재산세를 매길 때 과세표준에 곱하는 비율이다. 종부 세 공정시장가액비율은 정부가 60~100% 범위 내에서 시행령으로 조정할 수 있다. 공시가격이나 세율이 같더라도 공정시장가액비율 을 높이면 세금이 늘어나는 효과가 있다. 이 때문에 문재인 정부에서 는 종부세 인상수단으로 활용되기도 했다. 2008년부터 2018년까 지 10년간 80%로 유지됐던 공정시장가액비율은 2019년 85%, 2020년 90%, 2021년 95%로 꾸준히 인상됐다.

2020년 말 도입돼 해마다 공시가격을 끌어올린 '공시가격 현실화 계획'은 주택소유 국민에게 폭탄 수준의 급격한 보유세 증가를 초래하게 됐다. 시세 15억 원 이상 주택은 2025년까지, 9억 원 이상 15억 원 미만 주택은 2027년까지, 나머지 주택은 2030년까지 공시가격을 시세 대비 90%까지 현실화하겠다고 했다. 집값이 오르지 않아도 공시가격은 자동으로 오르고 보유세 부담 역시 따라 올라가도록 만든 것이다. 여기에 집값마저 큰 폭으로 오르면서 공시가격이 2021년 19%, 2022년 17% 폭등했다.

이에 따라 종부세 과세 대상자 역시 2017년 33만 명, 2019년 51만 명, 2020년 76만 명, 2021년 93만 명으로 급증하더니 2022년에는 처음으로 100만 명을 넘어 119만 명에 이르렀다. 집값이 고점이었던 전년도 기준으로 세금을 매겼기 때문이다. 종부세는 노무현 정부 시절인 2005년 '1% 미만 극소수 고가, 다주택 보유자들에게 물리는 부유세'로 투기를 억제하겠다며 도입한 제도다. 그런데 2022년의 종부세 과세 대상(119만 명)은 전국 주택 보유자의 8.1%에 이르렀다. 문재인 정부 첫해인 2017년(33만 명, 전국 주택 보유자의 2.4%)에 비해 3.6배 늘어났다. 종부세가 처음 도입되던 2005년에 비하면 18배나 늘어난 수치다. 서울만 따지면 집 가진 사람 5명 중 1명꼴(22.4%)이다. 종부세가 고액자산가가 아닌 일반 국민도 내는 세금으로 변질된 것이다. 집값 안정이란 목표는 달성하지 못하고 세금 부담만 늘렸다.

종부세 도입 당시였던 2004~2005년 기획예산처 차관·장관을 잇따라 지낸 변양균 전 청와대 정책실장에 따르면 처음 종부세 초기 과세대상은 최상위 0.5% 수준이었다. 나중에 확대하더라도 상위 1%를 넘지 않을 것으로 봤다. 종부세를 거둬 사회적 약자를 돕는다는 목적세 성격도 중요했다. 그런데 어느 순간 이런 취지가 다 사라지고 비싼 부동산을 가진 사람에게 '징벌적 세금'을 매기는 것으로 변질됐다는 것이다.(변양균, 2022)

특히 2022년 공동주택의 공시가격이 전년도보다 17.2% 급등하고 1주택자 추가공제가 무산되면서 초고가 주택보다 가격이 상대적으로 낮은 주택 보유자의 세금이 더 크게 오르는 '역진 현상'이 발생했다. 가령 2021년에 공시가 12억 원이었던 아파트는 2022년 공시가격이 14억 1,000만 원으로 뛰면서 과세표준(세금을 매기는 기준)이 95.8% 폭등했다. 같은 기간 공시가격 15억 원, 20억 원짜리 주택의 과세표준 증감률이 각각 4.2%, 13.0%에 그친 것과 대조된다. 또 대표적 종부세 납부 지역으로 여겨졌던 서울과 강남 이외에 지방과 비非강남 지역에서도 종부세 대상자가 늘었다.

전국적으로 종부세를 내는 1주택자도 크게 늘어났다. 2022년 종합부동산세 과세 대상 1주택자는 22만 명으로 전년도인 2021년(15만 3,000명)보다 43.8% 늘었고, 5년 전인 2017년(3만 6,000명)의 6.1배에 이르렀다. 종부세를 내는 1주택자들이 2022년 내야 할 세액은 2,400억 원으로 전년도(2,300억 원)에 비해 4.3% 늘었고, 5년 전(151억 원)과 비교하면 15.9배로 불어난 것으로 집계됐다.

종부세 납부 대상자와 세액이 이처럼 폭발적으로 증가한 것은 집값이 오르기 시작한 2018년 이후 정부가 종부세 부과 기준이 되는 공시가격, 공정시장가액비율, 종부세율을 동시에 모두 올렸기 때문이다. 공시가격은 2021년에 19%, 2022년에 17.2%씩 급등했다. 단일세율(0.5~2%)이었던 종부세율은 다주택중과가 도입되면서 다주택자는 1.2~6%로 1주택자(0.6~3%)의 2배로 뛰었다. 게다가 2022년 하반기 들어 집값이 급락하는데도 종부세는 전년도(2021년) 정점을 찍었던 집값을 토대로 매겨진 공시가격에 맞춰 부과되다 보니 집값보다 높은 공시가격을 기준으로 세금을 내는 황당한 지역이 속출했고, 억울한 납세자들 불만이 터져 나왔다.

이에 따라 종부세를 내지 못하겠다며 행정심판을 청구한 납세자가 문재인 정부 5년 사이에 95배가량 급증한 것으로 나타났다. 국무총리실 산하 조세심판원에 접수된 종부세 불복 심판 청구는 2017년 41건, 2018년 63건, 2019년 245건, 2020년 168건, 2021년 284건이었다가 2022년 10월까지 3,918건으로 증가했다. 문재인 정부 출범 첫해인 2017년과 비교하면 95배가량, 전년도인 2021년과 비교해도 14배가량 늘어난 것이다. 종부세 체납액도 2021년에는 5,000억 원에 달했다. 국회에 제출된 국세청의 종부세 납부 현황에 따르면 체납액은 2017년 1,701억 원, 2018년 2,422억 원, 2019년 2,761억 원, 2020년 2,800억 원으로 소폭 증가하다가 2021년 5,628억 원으로 최대 규모를 기록했다.

임대차 3법과 뒤늦은 공급정책

문재인 정부 주택정책의 난맥상은 임대사업자 정책에서도 뚜렷이 나타났다. 문재인 정부는 2017년 12월 전체 임차 가구의 70%에 달하는 사적 임대차 시장의 임차인들의 주거불안을 해소하고 다주택자의 제도권 편입을 위해 과거부터 지속적으로 운영해오던 '등록임대사업자 제도'의 활성화를 추진했다. 등록임대사업자 제도는 민간임대인이 주택 임대사업자로 등록하면 양도소득세나 종합부동산세·재산세·취득세 등에서 혜택을 주는 제도다. 대신 임대인은 의무임대기간 준수, 임대료 증액 제한과 같은 의무를 진다. '임대 등록 활성화 방안'을 통해 등록임대사업자는 의무임대기간 요건을 8년 이상으로 강화하고 임대료 인상폭이 5%로 제한되는 대신 종합부동산세 합산 배제, 양도세 중과 배제, 재산세 감면 3년 연장 등 혜택을 받도록 했다. 이를 통해 임차인이 안심하고 오래 거주할 수 있도록 하자는 취지였다.

그러나 문재인 정부는 집값이 급등하자 2020년 7월 주택 임대사업자를 '집값 상승의 주범'이라고 지목하며 아파트 등록임대제도를 사실상 폐지했다. 단기임대(5년) 및 아파트 장기일반(8년) 매입임대 등록을 금지시켰고, 그동안 주어지던 등록임대사업자의 세제 혜택을 대거 폐지한 것이다.

왜 그랬을까. 2018년 이후 다주택자의 투기적 매수에 대한 세부담 강화 등을 추진하면서 등록임대사업자에 대한 혜택이 상대적으로 우월하게 되자 등록임대사업자 제도는 조세부담을 우회하는 제도로 인식되기 시작했다. 2017년 활성화 방안 이행 결과, 개인 사업자 기준 2017년 98만 호 수준이던 등록 임대주택은 2020년 160만 호로 급증했다. 이것이 매물 잠김, 집값 상승의 원인이라는 지적이 제기되고, 등록임대라는 이유로 세제혜택을 주다 보니 갭 투자 등 투기로 시세차익을 노리고 주택을 사재기하는 폐단이 나타나고 집값 폭등을 부추기는 요인이 됐다는 평가가 나왔다.

이에 문재인 정부는 등록임대사업자 제도의 세제 혜택 등을 조정하기 시작했다. 2017년 김현미 국토교통부 장관 주도로 주택임대사업을 독려하는 방안을 쏟아내더니, 불과 1년 만에 정책을 뒤집은 것이다. 당초 정부는 등록임대사업자를 전·월세 공급자의 관점에서 장기간 주택을 임대하면 종합부동산세와 양도소득세 감면 등 여러 혜택을 부여했다. 그러나 집값이 숨 가쁘게 뛰자 돌연 과도한 혜택이라며 임대사업 등록 당시 약속한 혜택을 취소해 반발을 샀다. 임대사업자를 투기꾼 취급한 셈이다.

계약 갱신 청구권 제도 도입 등 임대차 3법 개정을 계기로 동일한 정책적 목표를 갖고 있는 단기 유형(4년 민간 등록임대제도)을 폐지하는 등 제도 정비를 했다. 임대등록 주택에서 아파트는 제외되고 단독·연립 주택에 대한 10년 임대등록사업만 남았다. 기존 4년, 8년 임대제도도 사라졌다. 이 과정에서 소급 과세 등 정책의 일관성 부족, 국민 신뢰의 훼손이라는 비판을 받았다. 다주택자는 급매물이나 미분양 물량을 사서 매매시장 급락을 막고 연착륙을 유도할 수 있다. 또한 전·월세시장에 임대주택을 추가 공급하는 역할도 할 수 있다. 따라서 등록임대사업자 제도는 폐단을 막되 긍정적 역할을 살려나가는 방향으로 발전시켜나갈 필요가 있을 것이다.

문재인 정부의 주요 부동산 정책 중에서는 공공임대주택을 빼놓을 수 없다. 2022년도 공공임대주택 예산을 무려 22조 1,000억 원을 책정해 놓았을 정도다. 하지만 공공임대주택은 숫자 늘리기에만 급급한 나머지 열악한 입지와 주택 품질 탓에 주거 취약 계층조차 외면하는 경우가 많았다. 공실률이 20%가 넘는 지역도 있었다. 예산만 낭비하고 LH 부채만 늘렸다는 비판을 받았다. 훗날 윤석열 정부가 공공임대 위주의 정책을 '공공임대와 공공분양' 정책으로 방향을 틀게 된 이유이기도 하다.

문재인 정부는 2020년 7월 사적 임대차 시장에서의 임차인 보호를 위해 이른바 임대차 3법(계약갱신요구권, 전·월세 상한제, 임대차 신고제)을 시행했다. 부동산 정책 실패를 감추려 전·월세 임대료를 5% 이상 못 올리게 하는 법이었다. 임대차 3법은 기본 계약 기간을 1년에서 2년으로 늘린 1989년 주택임대차 보호법 개정 이후 30여 년 만에 이뤄진 큰 제도 변화였다. 제도 도입 당시 1989년 임대기간 연장 때처럼 단기적 시장 불안, 거래 관행으로 인한 혼선 및 제도 정착의 어려움이 예상되었지만, 안정적 주거기간 보장, 임대료 급등 방지, 임차인 정보 비대칭성 해소를 통한 임차인 주거 안정을 명분으로 제도를 도입했다.

하지만 임대차 3법 도입 초기부터 혼선이 빚어졌다. 법이 만들어지자 집주인들이 자동 재계약에 대비해 미리부터 올린 돈을 받는 바람에 전·월세 가격이 폭등한 것이다. 재계약 때 전·월세를 5% 이상 못 올리게 금지한 임대차법 규정을 피해 집주인들이 신규계약의 전·월세를 대폭 인상한 것이다. 임대차 3법 시행 2년이 되는 2022년 8월부터는 계약 갱신 청구권을 행사한 기존 세입자들도 2년의 유예기간이 끝나면서 치솟은 전·월세를 한꺼번에 부담해야 하는 상황이 도래했다. 집주인 실거주를 통한 갱신 거절, 이중 가격 현상 등이 문제로 지적되기도 했다.

법안 도입 목적이었던 전세 가격 안정은 이뤄지지 않았다. 문재인 정부 5년간 전국의 전셋값 상승률이 41%에 이르렀다. 전세 가격은 문재인 정부가 임대차 3법을 도입한 2020년을 기점으로 급등하기 시작했다. 정부·여당이 무리하게 강행한 임대차 3법이 2020년 8월부터 시행되면서 그 이후에만 27%가 올랐다. 문재인 정부 5년간 전셋값 상승분의 70% 가량은 임대차법 시행 이후 오른 셈이다.

전·월세 임대료를 5% 이상 못 올리게 하는 임대차 3법을 강행했지만, 그 결과는 전세 거래 절벽과 전셋값 폭등이었다. 가격 통제에 의존하는 선심정책이 남긴 후유증이었다. 금융 취약계층을 돕는다며 최고 금리를 계속 내려 연 20%로 낮췄더니, 합법적 급전 대출시장은 쪼그라들고 연 400%대 불법 사채시장을 더 키우는 부작용을 낳은 것과 마찬가지다.

급등한 전세가격을 부담하지 못하는 전세 임차인들은 월세로 선회했다. 하지만 월세 가격도 만만치 않아서 무주택자의 어려움이 가중됐다.

문재인 전 대통령도 임기 말에는 부동산 정책의 실패를 부인하기 어려운 현실을 다음과 같이 토로했다. "부동산 정책의 성과는 가격의 안정이라는 결과로 집약되게 되는 것인데, 그것을 이루지 못했기 때문에 정말 부동산 부분만큼은 정부가 할 말이 없는 그런 상황이 되었습니다. 거기에 더해 LH공사의 비리까지 겹쳐지면서 지난번 보선을 통해 정말 엄중한 심판을 받았습니다. 정말 죽비를 맞고 정신이 번쩍 들 만한 그런 심판을 받았다 생각합니다."[6]

무엇보다 공급정책에서 실기失期한 것은 치명적이었다. 문재인 정부 4년 차에 실시한 8·4 대책은 처음으로 구체적인 수도권 공급 확대 방안을 제시했다. 부동산은 결국 수급의 문제인데, 공급이 충분하다고 주장하면서 부동산 관련 세제만 32차례나 뜯어 고친 것이다. 그 결과 부동산 세제는 전문가라는 세무사도 계산할 수 없는 누더기 세법이 되고 말았다.

문재인 정부는 주택공급 측면에서 3기 신도시를 포함하여 수도권 30만 호 등 중장기적 공급기반을 확충하고, 광역 교통망 등 연결성 강화로 서울 주거 수요의 분산을 유도했다. 2018년 9월 정부는 수도권에 1차 17곳 3만 5,000호 공급을 시작으로 총 30만 호의

---

6   문재인 대통령 취임 4주년 특별연설 질의응답 중에서(2021. 5. 10).

공급방안을 발표했다. 2차로 남양주, 하남, 인천, 과천 등 서울 도심까지 30분 내로 출퇴근이 가능한 수도권 대규모 택지에서 12만 2,000호, 중소규모 택지에서 3만 3,000호를 추가 확보했다. 3차로 고양, 부천 등에서 수도권 대규모 택지 5만 8,000호, 중소 규모 택지 5만 2,000호를 확보했다.

문재인 정부에서 국토교통부 장관을 지냈던 변창흠 전 장관은 "(문재인 정부에서) 실제 주택 공급량은 인허가량 수준이나 입주량 기준으로도 과거보다 훨씬 많았다"고 했다. 그러면서도 "물론 주택 공급량이 많더라도 많은 사람은 신도시보다는 기성 시가지에서 공급되기를 바라고, 또 그게 나한테 저렴한 가격으로 분양받을 기회가 주어지길 바라는데 이런 부분에서 세심한 배려가 부족했던 것"이라고 설명하고 있다.(문재인 대통령 비서실, 2022)

실수요가 많은 곳에서의 도시주택 공급은 여전히 부족했다는 점은 문재인 정부 관계자들도 부인하지 못하는 것이다. 여기에다 낡은 주택은 늘어만 가는데 신규 입주 물량이 줄어들고 있다는 점에서 주택공급의 불안정성이 자리 잡고 있었다. 이는 금리상승과 부동산 경착륙 등에 따른 부동산 가격의 일시적 진정에도 불구하고 언제든 집값을 들썩이게 만들 수 있는 불안요인이다.

통계청에 따르면 2021년 지은 지 20년 이상 된 노후주택 비율이 50%를 넘어섰다. 같은 해 총 주택은 1,881만 2,000가구로 1년 전보다 1.5%(28만 6,000가구) 늘어나는 데 그쳤다. 이는 1980년 이후 가장 낮은 연평균 주택 증감률이다.

부동산R114 조사 결과 2024년 서울 아파트 입주 물량은 1만 1,881가구로 이 회사가 1990년 관련 통계를 집계한 이후 최저치다. 2008년 금융위기 이후 미분양 여파로 2012년 서울 입주 물량이 역대 최저인 2만 336가구를 기록했을 때보다도 41%가량 적다. 규제로 일관했던 정부가 정권 말에 대규모 주택공급 계획을 내놓은 것도 이 때문이다.

한반도 평화프로세스와 남북정상회담

2017년 북한 김정은 국무위원장과 미국 도널드 트럼프 대통령이 막말을 주고받는 와중에 북한의 대륙간탄도미사일^{ICBM}, 중거리탄도미사일^{IRBM} 발사에 이어 6차 핵실험이 이어졌다. 그해 9월 미국은 B-1B 폭격기 편대를 북한 영공 직전까지 들여보내 북한의 간담을 서늘케 했다. 한반도는 이처럼 전운이 감도는 위기상황이었다.

문재인 정부는 남북관계를 복원하여 한반도 평화 정착과 남북관계 발전의 여건을 마련하는 것이 시급하다는 인식하에 완전한 비핵화와 항구적 평화 정착을 위한 '한반도 평화프로세스'를 추구하였다. 2015년 말 개성에서 열린 차관급 대화 이후 남북대화는 끊어진 상태였다. 미국 오바마 행정부는 '전략적 인내'로 사실상 대북 문제에서 한 발짝 떨어져 있는 전략을 취하고 있었다.

이러한 상황에서 문재인 대통령은 2017년 7월 독일 쾨르버재단의 초청으로 베를린을 방문해 새로운 한반도 평화비전을 발표했다. '베를린 구상'으로 불리는 '신新베를린 선언'이다. 앞서 김대중 전 대통령은 2000년 3월 9일 '베를린 선언'을 통해 민간차원에서 진행되어 온 남북 협력을 당국 차원의 교류협력으로 확대하여 남북관계의 획기적 발전을 도모하겠다고 국제사회에 천명한 바 있다. 이는 그해 6월 13일부터 15일까지 평양에서 열린 첫 남북정상회담을 위한 남북 간 교섭이 시작되는 계기가 됐다. 문 대통령은 '신 베를린 선언'에서 북한체제의 안전을 보장하는 한반도 비핵화,

남북정상회담(2018. 4. 27.)

종전과 한반도 평화협정 체결, 한반도 신경제 구상, 이산가족 상봉
과 민간교류 지원 등을 제시했다. 북한의 붕괴를 바라지도, 흡수통
일을 추진하지도, 인위적 통일을 추구하지도 않을 것이라는 이른바
'대북 3노No 원칙'도 재확인했다. 이에 북한이 호응하면서 2018년
1월 남북 연락채널이 복원되고 남북고위급회담이 개최되는 등 2년
여 만에 남북대화가 재개되었다.

  북한이 화답할 명분과 계기가 필요했던 상황에서 극적 전환을
가져온 건 평창 동계올림픽이었다. 2018년 1월 김정은 국무위원
장은 신년사를 통해 평창 동계올림픽 참가 의사를 밝히고 남북관
계 복원 의지를 천명했다. 김영남 최고인민회의 상임위원장과 김
여정 노동당 부부장이 2018년 2월 평창 동계올림픽에 참석하는
등 평화의 봄 분위기를 연출했다. 이를 계기로 특사 교환 등을 거

쳐 남북정상회담이 개최되었고, '판문점 선언'이 합의되었다.

남북정상이 합의하고, 남북고위급회담에서 정상회담 합의사항에 대한 분야별 이행상황을 종합점검하고, 향후 추진방향을 협의하는 '정상회담-고위급회담-분야별 실무회담' 체계가 마련되었다. 이처럼 활발한 남북대화로 2018년 1년 동안 3차례의 정상회담, 5차례의 고위급회담, 분야별 실무회담까지 포함하여 총 36차례의 남북회담이 개최되었다.(국무조정실, 2021)

남북정상회담과 '전쟁 없는 한반도'

평창 동계올림픽을 계기로 조성된 평화무드 속에서 2018년 4월 27일 판문점 우리 측 지역인 '평화의 집'에서 남북정상회담이 개최되었다. 남북 정상은 남북관계의 개선, 군사적 긴장완화, 한반도 비핵화 및 평화체제 구축 등 남북 간 제반 현안에 대해 허심탄회하게 논의한 뒤 '한반도의 평화와 번영, 통일을 위한 판문점 선언'을 함께 발표하였다. 분단 이후 북한 최고지도자가 처음으로 우리 측 지역(판문점)을 방문하여 남북정상회담을 개최하였고, 남북은 '한반도의 완전한 비핵화'라는 공동의 목표를 확인함으로써 향후 한반도 평화프로세스의 진전을 위한 중요한 전기를 마련하였다는 것이 문재인 정부의 자평이다.

판문점 선언에는 "당면하여 문재인 대통령은 …" 같은 북한식 표현이 여러 군데 나온다. 내용도 '확성기 방송과 전단 금지'처럼 북한이 줄기차게 요구했던 것들로 채워졌다.

한반도의 평화와 번영, 통일을 위한 판문점 선언 주요 내용
(2018. 4. 27)

한반도에 전쟁 없는 새로운 평화시대 개막 천명,
화해와 평화번영의 남북관계 선언

1. 남북관계의 전면적 획기적 개선과 발전을 이룩할 것임.
① 민족자주 원칙 확인, 이미 채택된 남북선언과 합의 철저 이행
② 고위급회담을 비롯한 각 분야 대화 협상을 빠른 시일 안 개최
③ 쌍방 당국자가 상주하는 남북공동연락사무소 개성지역 설치
④ 각계각층의 다방면적인 협력과 교류 왕래와 접촉을 활성화.
⑤ 8.15를 계기로 이산가족·친척 상봉을 진행.
⑥ 10.4선언에서 합의된 사업들을 적극 추진, 동해선 및 경의선 철도와 도로 연결 및 현대화

2. 남과 북은 군사적 긴장상태를 완화하고 전쟁 위험 해소 위해 공동 노력
① 상대방에 대한 일체의 적대행위를 전면 중지. 비무장지대를 실질적인 평화지대화
② 서해 평화수역 조성으로 우발적 군사적 충돌을 방지하고 안전한 어로 활동을 보장
③ 국방부장관회담을 비롯한 군사당국자회담 수시 개최

3. 항구적이며 공고한 평화체제 구축을 위하여 적극 협력
① 어떤 형태의 무력도 서로 사용하지 않는 불가침 합의를 재확인하고 엄격히 준수
② 상호 군사적 신뢰 구축되는 데 따라 단계적으로 군축을 실현
③ 올해에 종전을 선언하고 항구적 평화체제 구축을 위한 남·북·미 3자 또는 남·북·미·중 4자회담 개최.
④ 완전한 비핵화를 통해 핵 없는 한반도를 실현한다는 공동의 목표를 확인

정상회담 정례화 및 직통전화 실시, 올해 가을 평양에서 정상회담 개최

판문점 선언은 특히 제2항에서 '군사적 긴장과 충돌의 근원이 되는 상대방에 대한 일체의 적대적 행위를 전면 중지하기로' 하는 문구를 담고 있다. 북한이 겨냥한 것은 바로 군사분계선 일대에서의 확성기 방송과 전단 살포, 그리고 한미연합훈련의 중단이었다. 판문점 선언이 한미연합훈련을 반대할 근거를 북한에 제공했다는 점에서 북한의 핵위협을 막아낼 군사적 대비태세를 약화시킨 합의로 볼 수 있다.(천영우, 2022)

2018년 4월 판문점에서 열린 1차 남북정상회담에서 무엇보다 미스터리로 남아 있는 것은 '도보 다리' 대화이다. 판문점 도보 다리에서 문재인 대통령과 김정은 북한 국무위원장은 배석자 없이 44분간 대화했다. 아무리 정상회담이라고 하지만 정상끼리만 만나는 경우는 없다. 해서는 안 될 말과 약속을 하거나 상대 기만술에 넘어가는 위험 부담을 제거하기 위해서다. 2000년 남북정상회담 때 김대중 당시 대통령이 평양 공항에서 김정일 차를 타고 20여 분 둘만 이동한 적이 있었지만 '돌발상황'에 가까웠다.

아무 배석자도 기록도 남기지 않은 도보 다리에서의 대화 영상을 보면 문 전 대통령 입 모양에서 김 위원장에게 "발전소 문제…"라고 말하는 듯한 모습이 나온다. 청와대는 "신新경제 구상을 USB에 담아 직접 김정은에게 건네줬다"고 해명했다.

그런데 판문점 회담 직후 산업통상자원부는 북한에 원전을 지어주는 방안을 검토하는 문건을 다수 만들었다. 이 문건은 산자부 공무원들이 감사원의 월성 원전 1호기 감사 직전 불법 삭제했다는

9월 평양공동선언 주요 내용(2018. 9. 19)

판문점 선언 이행 평가, 남북관계를 새로운 높은 단계로 진전시키기 위한 선언

1. 남과 북은 대치지역에서의 군사적 적대관계 종식을 한반도 전 지역에서의
   실질적인 전쟁위험 제거와 근본적인 적대관계 해소로 이어나갈 것
   ① '9·19 군사합의서' 부속합의서로 채택
   ② 남북군사공동위원회 조속 가동

2. 상호호혜와 공리공영의 바탕 위에서 교류협력 증대, 민족경제를 균형적으로
   발전시키기 위한 실질적 대책 강구

5. 한반도를 핵무기와 핵위협이 없는 평화의 터전으로 만들기 위한 실질적 진전
   ① 북(北) 동창리 엔진시험장, 미사일 발사대 우선 영구 폐기
   ② 북측은 미국이 6·12 북미공동성명에 따라 상응조치시 영변 핵시설 영구
      폐기 같은 추가 조치 용의
   ③ 한반도의 완전한 비핵화 추진 과정 협력

파일 530건 가운데 들어 있었다. 문 전 대통령은 퇴임 후 회고록
《변방에서 중심으로》에서 도보다리 대화 내용을 자세히 소개하면서
도 당시 전달한 USB에 무엇이 들어 있었는지 언급하지 않았다.

　2018년 5월 26일에는 두 번째 남북정상회담을 판문점 북측 지
역 통일각에서 개최하여 북미정상회담의 성공적 개최 및 '판문점
선언'의 조속한 이행을 재확인하였다.

　같은 해 9월 18일부터 20일까지는 2박 3일간 평양에서 세 번째
정상회담을 개최하였다. 양 정상은 판문점 선언의 이행성과를 평

가하고 남북관계를 지속 발전시켜나가기 위해 '9월 평양공동선언'
에 합의하였다. 동창리 엔진시험장과 미사일 발사대 폐기, 영변 핵
시설 영구 폐기 등 비핵화를 위한 실질적 조치에 합의했다는 것이
문재인 정부의 자체 평가이다. 또한 부속합의서로 '역사적인 판문
점 선언 이행을 위한 군사분야 합의서'를 채택하였다.

특히 문재인 대통령이 2018년 9월 19일 평양 5·1 경기장에서
'남측 대통령'으로는 사상 처음으로 평양 시민을 향해 비핵화, 한
반도 평화, 남북관계 발전의 비전을 밝힌 연설은 국내외의 큰 주목
을 받았다. 문 대통령은 이 자리에서 '한반도에서 더 이상 전쟁은
없고 평화 시대가 열렸음을 엄숙히 선언한다'는 연설을 했다. 또
"한반도에서 전쟁의 공포와 무력충돌의 위험을 완전히 제거하는
합의를 했다"면서 "민족의 새로운 미래를 위해 뚜벅뚜벅 걸어가고
있는 김정은 국무위원장께 찬사와 박수를 보낸다"고 했다.

10분이 안 되는 짧은 연설이었지만 객석을 가득 메운 15만 평양
시민들은 큰 박수로 화답했다. 문 전 대통령은 이 순간을 재임 중 가
장 감격스러운 장면으로 꼽기도 했다.

문재인 대통령은《변방에서 중심으로》에서 당시 연설 중 북한의
발전상을 높이 평가하는 대목을 자신이 직접 넣었다고 자랑했다. 가
난과 인권 유린의 지옥에 살고 있는 북한 주민들과 그 기억이 생생한
탈북민들 앞에서도 그렇게 말할 수 있을지 모르겠다. 해당 연설 내용
을 그대로 옮겨본다.

김정은 위원장과 북녘 동포들이 어떤 나라를 만들어 나가고자 하는지 가슴 뜨겁게 보았다. 어려운 시절에도 민족의 자존심을 지키며 끝끝내 스스로 일어서고자 하는 불굴의 용기를 보았다.

문 대통령은 김정은 위원장의 비핵화 약속을 철썩같이 믿고 마치 북핵문제가 해결의 전기를 맞은 것처럼 흥분했다. 하지만 북한은 2022년 9월 12일 국회격인 최고인민회의를 열어 '공화국 핵무력 정책에 대하여'란 법을 채택하면서 '핵 선제타격'을 법에 명문화했다. 그동안의 비핵화쇼가 모두 위장전술이었음이 드러난 것이다. 김정은은 그해 추석연휴 첫날 공개된 육성 시정연설에서 "백날, 천날, 십년, 백년 제재를 가해 보라. 절대로 핵을 포기할 수 없다. 비핵화를 위한 그 어떤 협상도, 맞바꿀 흥정물도 없다"는 '비핵화 불가' 선언을 했다. 그는 2023년 말 노동당 중앙위에서 "유사시 핵무력을 포함한 모든 물리적 수단과 역량을 동원해 남조선 전 영토를 평정하기 위한 대사변 준비에 계속 박차를 가해 나가야 한다"고 지시했다.

문정부가 '김정은의 비핵화 의지'를 언급하기 시작한 것은 2018년 3월 특사단 방북 이후부터다. 김정은이 "비핵화는 선대先代(김일성)의 유훈"이라고 말했다는 거였다. 그 시절 북의 핵 개발은 초보단계였다. 당연히 비핵화는 북핵이 아닌 미국의 핵우산·전술핵을 겨냥한 것이다. 이것을 1970년대엔 '조선반도(북한이 아닌) 비핵화'로 바꿨고, 김일성 사후 '유훈'으로 포장을 했다. 이를 알고도 속은 것인지, 모르고 속은 것인지는 문 대통령이 가장 잘 알 것이다.

북미정상회담과 중재자 문 대통령

남북정상회담으로 조성된 대화 무드와 궤를 같이 하여 북미 간에도 2018년 6월 싱가포르에서 최초의 북미정상회담이 열렸다. 새로운 북미관계 수립 및 한반도 평화체제 구축, 완전한 비핵화 노력 등에 합의하였다. 이어 2019년 베트남 하노이에서 2차 북미정상회담이 열렸지만, 결과는 기대에 미치지 못했다. 북미 정상은 빈손으로 각자 귀국길에 올랐다. 그럼에도 한반도 운전자 역할을 자처한 문재인 대통령의 중재에 힘입어 2019년 6월 30일에는 정전협정 66년 만에 최초로 남북미 정상의 판문점 회동이 성사되었다. 트럼프 대통령은 미국 대통령으로는 처음으로 군사분계선을 넘는 이벤트의 주인공이라는 기록을 남겼다.

북미정상회담을 전후해 트럼프 대통령과 김정은 위원장 사이에 2018년 4월 1일부터 2019년 8월 5일까지 교환된 친서 27통이 나중에 한미클럽에 입수돼 〈한미저널〉 2022년 9월호에 공개됐다. 흥미로운 점은 김정은의 서한에 나타난 문재인 대통령에 관한 인식이다. 김정은은 2018년 9월 21일 자 친서에서 트럼프와의 2차 회담을 촉구하는 가운데 "향후 문재인 대통령이 아니라, 각하와 직접 한반도 비핵화 문제를 논의하길 희망한다. 지금 문 대통령이 우리의 문제에 대해 표출하고 있는 과도한 관심은 불필요하다고 생각한다"라고 적고 있다. 친서를 보낸 시점은 김정은이 평양을 방문한 문 대통령과 9·19 공동선언을 발표한지 이틀 뒤다. 당시 두 사람은 선언문에서

"남과 북은 한반도의 완전한 비핵화를 추진해 나가는 과정에서 함께 긴밀히 협력해 나가기로 하였다"고 했다. 문재인 대통령의 귀환 보고에 의하면 김정은과 비핵화에 대해 많은 대화를 나눴고, 김정은은 확고한 비핵화 의지를 확약했으며, 가능한 빠른 시기에 완전한 비핵화를 끝내고 경제발전에 집중하고 싶다는 희망을 밝혔다.

문 대통령이 그해 9월 19일 평양 5·1 경기장에서 동원된 15만 평양시민 앞에서 감격스러운 연설을 하고 백두산에 남북 정상이 함께 올라 손을 맞잡아 올리는 브로맨스를 과시한 직후였다. 정작 김정은은 "문 대통령 빼고 우리끼리 좀 얘기했으면 좋겠다"는 생각을 트럼프에게 전하고 있는 것이다.

2019년 2월 하노이 북미정상회담이 결렬된 이후 김정은은 문재인 대통령에 대한 불만을 노골적으로 드러냈다. 김정은은 문 대통령에 대해 "분주다사한 행각을 재촉하며 오지랖 넓은 중재자·촉진자 행세를 할 것이 아니라 민족의 일원으로서 제 정신을 가지고 제가 할 소리는 당당히 하면서 민족의 이익을 옹호하는 당사자가 되어야 한다"[7]고 하대하며 비난했다. 이후 북한은 김여정, 조평통, 외무성 등이 나서 문 대통령이 미북 관계에 끼어들지 말 것을 요구했고, '삶은 소대가리', '겁먹은 개', '가을 뻐꾸기', '바보 떼떼' 등 온갖 비속한 표현을 동원하여 문 대통령을 조롱했다.

문재인 정부에 대한 북한의 이중적 태도는 퇴임 후 트럼프 대통

---

7   최고인민회의 시정연설(2019. 4. 12).

령에 의해 2021년 4월에 알려졌다. 트럼프도 김정은의 문 대통령 배제에 동조하며 홀대하였고, 문 대통령의 의견을 존중하지 않았다는 것도 이 무렵 공개됐다. 문 대통령이 미 언론 인터뷰를 통해 "트럼프의 대북정책은 변죽만 울렸을 뿐 성공하지 못했다"고 비판한 데 대해 트럼프는 선언문을 내고 "김정은은 단 한 번도 문재인 대통령을 존중한 적이 없었다. ⋯ 문재인 대통령은 지도자로서, 협상가로서 약했다"고 혹평한 것이다.

도널드 트럼프 행정부의 외교 수장이었던 마이크 폼페이오 전 미국 국무장관도 2019년 6월 판문점에서 열린 남북미 정상회동 당시 김정은 북한 국무위원장을 비롯해 미국 측도 문재인 전 대통령의 참여를 원치 않았다고 밝혔다.

폼페이오 전 장관은 2023년 1월 24일 출간된 자서전《한 치도 물러서지 말라: 내가 사랑하는 미국을 위한 싸움Never Give an Inch: Fighting for the America I Love》에서 판문점 3자 회동과 북미정상회담을 거론하며 "(당시) 한국의 문재인 대통령이 역사적 사건의 일부가 되기를 요구했다"고 했다. 그는 이를 "우리가 직면해야 할 가장 큰 도전이었다"고 표현했다.

폼페이오 전 장관은 "문 대통령은 나에게 여러 차례 직접 전화를 했고, 그에 대한 대답은 잘 준비돼 있었다"면서 "김 위원장은 트럼프 대통령과 단둘이 만나는 것을 선호한다(고 했다)."고 적었다. 그러면서 "문 대통령은 달가워하지 않았지만 김 위원장은 문 대통령을 위한 시간도, 존경심도 없었기 때문에 우리는 올바른 판단을 했다"고 회고했다. 실제로 문 전 대통령은 트럼프 전 대통령과 함께 김 위원장을 만났지만 판문점 북미정상회담이 열리는 53분 동안 자유의 집 내에 마련된 별도 공간에 머물렀다.

트럼프와 김정은의 문재인 대통령 홀대와 무시는 2019년 6월 30일 판문점 회동에서도 나타났다. 문재인 대통령은 판문점 회담에 참여하기를 갈망했으나 김정은도 문 대통령을 거부하고 트럼프도 탐탁지 않게 생각하여 성사되지 못했다고 볼턴의 회고록에 나타나 있다.

볼턴 전 백악관 국가안보보좌관은 2020년 6월 공개된 회고록 《그 일이 일어난 방 The Room Where It Happened》에서 "하노이 회담 결렬에 뚜렷한 우려를 여전히 가진 채 문 대통령이 4월 11일 워싱턴에 왔다"며 "우리(마이크 폼페이오 국무장관과 존 볼턴)는 하노이 회담 이후 남한이 북한과 실질적인 접촉을 갖지 못했다는 것을 알게 됐다"고 전했다.

볼턴은 같은 책에서 문 전 대통령을 조현병 환자에 비유하기도 했다. 김정은의 메신저를 자처하며 협상 지속에 집착하는 문 전 대통령의 모습이 그렇게 비쳤던 모양이다.

반면 문 전 대통령은 회고록에서 자신이 김정은에게 인정받았다는 것을 자랑스러워하는 듯한 대목이 곳곳에 나온다. 싱가포르 회담이 우여곡절 끝에 성사된 데 대해서는 김정은이 "죽은 싱가포르 회담을 내(문재인 전 대통령)가 되살려 주었다며 거듭 감사하다고 인사하더라"(문재인, 2024)고 나온다. 재임 중 김정은과 모두 38차

레 친서를 주고받은 문 전 대통령은 퇴임 전 마지막 친서에서 김정은이 "앞으로 대통령이 아니더라도 인간 문재인은 변함없이 존경할 것"이라고 썼다는 내용까지 소개하고 있다.

문 대통령에 대한 김정은의 배제 의사뿐만 아니라 문 대통령의 지나치게 대북 유화적 태도도 트럼프 대통령 측이 문 대통령을 배제하는 원인 중 하나였다는 시각도 있다. 트럼프 전 대통령의 측근들이 대거 집필에 참여한 책 《미국 안보를 위한 아메리카 퍼스트 접근법 An America First Approach to U.S. National Security》이 그런 사례다. 책에서 모건 오테이거스 전 국무부 대변인은 "미국은 문 대통령의 얘기를 듣기는 했지만, 그가 원했던 것보다 더 북한에 강경한 태도를 취했다"며 "문 대통령이 너무 북한에 양보하려는 의지가 강했기 때문에 고의로 그를 싱가포르 회담에서 배제시켰다"고 했다.

결과적으로 우리 문제와 관련된 대화 이벤트가 우리 땅에서 진행되고 있음에도 불구하고, 문 대통령은 자기 의사에 반하여 참가하지 못하고 옆방에서 뭐가 어떻게 돼가는지도 모른 채 바라만 봐야 하는 형편이었다는 것이다.(김천식, 2022)

도널드 트럼프 행정부의 두 번째 안보보좌관(2017년 2월~2018년 3월)을 지낸 3성 장군 출신의 허버트 R. 맥매스터는 2024년 8월 출간한 회고록 '우리 자신과의 전쟁: 트럼프 백악관에서의 나의 임무수행'에서 문 대통령이 김정은의 말만 믿고 미국에 왜곡된 정보를 전달했다는 취지의 주장을 폈다. 그는 책에서 트럼프 집권 5개월 뒤인 2017년 6월 첫 한미정상회담을 위해 방미한 문 대통령이

"(북한 김정은은) 방어를 위해 핵이 필요하다고 믿고 있을 뿐"이라고 해 마이크 펜스 당시 부통령과 언쟁을 벌였다고 폭로했다. 한미 안보당국이 북한의 도발 대응 및 비핵화 방향을 두고 지속적으로 이견을 보였다고도 했다. 맥매스터는 이와 관련, 〈조선일보〉 인터뷰(2024. 9. 7.)에서 이렇게 말했다.

"김정은이 (공격이 아닌) 방어를 위해 핵을 보유할 수밖에 없었다는 문재인 전 대통령 발언은 말이 안 된다. 6·25 전쟁 이후 한반도에서 일어난 모든 공격은 북한에서 시작됐다. 나는 문 대통령이 김정은의 주장을 믿어주기로 했고, 따라서 왜곡된 정보를 미국에 전달했다고 본다."

문재인 정부는 북한이 듣고 싶어 하는 말을 북한에 하고, 트럼프와 미 행정부가 듣고 원하는 말을 미국에 하면서 중매자matchmaker 역할을 하려 했지만, (김정은이 핵을 포기할 수 있다는) 그의 메시지는 지나친 낙관에 기반한 왜곡에 가까웠다는 게 맥매스터 전 안보보좌관의 결론이었다.

트럼프와 김정은의 회담에 중재역을 자임했던 문 대통령은 김정은의 선의善意를 철썩같이 믿고 어떻게 해서라도 김정은과 트럼프의 만남을 성사시키려 애썼다. 그 과정에서 '김정은 대변인'이라는 비판도 받았다. 2018년 9월 뉴욕에서 문 대통령은 미국외교협회CFR 행사에 참석하여 "김정은은 젊고, 매우 솔직하며, 공손하고, 웃어른을 공경한다"고 했다. 그는 그러면서 "나는 김정은이 진실되고 경제개발을 위해 핵무기를 포기할 것으로 믿는다"고 말했다.

〈블룸버그 통신〉은 이에 "문 대통령이 김정은의 수석대변인top spokesman이 됐다"고 비판했다.

9·19 군사합의서 … 돌아온 건 미사일과 방사포

남북 간에는 2018년 평양공동선언의 부속합의서로 '역사적인 판문점 선언 이행을 위한 군사분야 합의서'가 채택되었다. 일명 '9·19 군사합의서'다. 2018년 9월 19일 평양에서 열린 남북정상회담에서 문재인 대통령과 김정은 국무위원장이 임석한 가운데 송영무 국방부장관과 노광철 인민무력상이 서명했다. 문 대통령은 이날 "남과 북은 오늘 전쟁을 일으킬 수 있는 모든 위협을 없애기로 합의했다"고 천명했다. 김 위원장은 "조선반도를 핵무기도, 핵위협도 없는 평화의 땅으로 만들기 위해 적극 노력해 나가기로 확약하였다"고 공표했다. 9·19 군사합의서를 계기로 적대행위 전면 중지, 비무장지대 평화지대화, 남북군사공동위원회 조속 구성 등을 포함하여 남북 간 군사적 긴장완화와 신뢰구축에 관한 논의를 지속할 수 있는 제도적 기반을 마련하였다는 게 문재인 정부의 자평이다.(국무조정실, 2021)

남과 북은 실제 2018년 11월 1일 0시부로 지상·해상·공중에서 상대방에 대한 일체 적대행위를 전면 중지했다. 지상에서는 군사분계선MDL을 기준으로, 남북으로 각각 10km 폭의 완충지대를 형성해 각각 5km 안에 포병사격 훈련 및 연대급 이상 야외 기동훈련을 멈췄다. 해상에서는 동·서해상 NLL 일대(덕적도~초도, 속초~통천) 일정 구역을 완충 구역으로 설정해 포사격 및 해상 기동훈련을 중지했다. 공중에서는 군사분계선을 중심으로 기종별 비행금지 구역을 설정해 우발적 충돌가능성을 차단했다. 군사분계선으로부터 1km 이내에 각각 11개 GP를 시범적으로 철수·철거하고 남북 각 11개조 154명으로 구성된 현장검증반이 GP가 실제 제대로 철거됐는지 상호 검증하는 작업도 이뤄졌다.

당시 청와대 평화군비통제비서관으로 군사합의 실무를 담당했던 최종건 전 외교부 1차관은 "당시 대통령님 집무실에 들어갔다 나오면 늘 자신감을 얻었다. 왜냐하면 가장 든든하게 이 협상을 지원하는 분이 대통령님이고, 대통령의 최고 관심사안이었다는 생각이 들었다"고 당시 분위기를 회고했다.(문재인 대통령 비서실, 2022)

문재인 정부는 실제 '쌍방은 군사분계선 일대에서 일체의 적대 행위를 전면 중지한다'는 군사합의서 내용을 성실하게 지켰다. 접경지 사격 훈련도 중단하고 북한 핵·미사일 동태를 감시할 정찰기 비행도 제한했다. 일례로 9·19 남북군사합의 이후 유·무인 항공기에 대비한 육군의 대공 사격훈련이 큰 폭으로 축소됐다. 9·19 합의에 따라 군 최대 규모의 대공 사격장인 강원도 고성의 마차진사격장이 폐쇄되면서 벌어진 일이다. 신원식 국민의힘 의원이 육군으로부터 제출받은 자료에 따르면 2017년 151,680발, 2018년 150,128발의 대공사격훈련이 이뤄진 마차진사격장에선 군사합의 이후인 2018년 11월부터 2022년 8월까지 약 4년간 단 한 차례도 훈련이 이뤄지지 못했다.

그러는 5년 동안 군의 대비태세는 약화되고 훈련부족 사태로 만신창이가 됐다. 당시 군은 '군사력이 아닌 대화로 평화를 지킨다'는 황당한 선언까지 했다. 9·19 합의에 따른 비행금지구역 설정으로 군사분계선 인근 공중정찰은 아예 못 하게 됐다. 확대된 비행금지구역 때문에 최전방 군단에 배치된 우리 무인기의 대북표적 식별 능력은 44% 떨어졌다. 북한은 해안포를 마구 쏴도 백령도와 연평도에 배치된 우리 K-9 자주포 부대는 포를 배에 싣고 육지로 나와 원정 사격훈련을 했다. 여기에 들어간 비용만도 100억 원이다. 한미가 매년 실시하던 연합공중훈련 '비질런트 에이스'도 중단됐다. 대대급 이하 소규모 훈련으로 대신하려다 북한이 반발하자 이마저도 없던 일로 했다.

그러나 돌아온 것은 북의 잇따른 무력도발이었다. 북은 여러 차례 군사합의를 위반하고, '남북 이벤트'에 목을 맨 문재인 정부를 조롱하다시피 했다. 북한은 정상회담이 열린 2018년에만 도발을 멈췄을 뿐 2019년부터 각종 미사일과 포격 도발을 지속했다. 2019년 북·미 정상회담이 '하노이 노딜'로 불발되자 그해 11월 김 위원장은 연평도 포격 도발 9주기를 맞아 완충구역인 서해 창린도 해안포부대를 방문, "한번 사격해 보라"며 포병사격을 직접 지휘했다. 군사합의를 맨 먼저 위반한 것이다. 창린도는 서해 NLL에서 북쪽으로 불과 18km 떨어진 곳이다. 이어 2020년 5월에는 북한군이 우리 군 감시초소[GP]를 향해 총격을 가했다. 한 달 뒤에는 우리 세금 180억 원을 들여 개성공단 내에 지은 남북연락사무소를 폭파시켰다. 남북사무소는 2018년 4월 27일 문재인 대통령과 김정은이 남북정상회담을 하고 발표한 '판문점 선언'에 따라 지은 건물이다.

주요 도발 횟수만도 2019년 13차례, 2020년 10차례, 2021년 7차례에 달하고 2022년 들어선 도발 규모와 횟수가 급증해, 대륙간 탄도미사일 화성 17형 발사 등 40여 회가 넘었다. 이렇게 군사합의서를 사실상 무력화하는 일을 서슴지 않더니 마침내 2022년 9월에는 '핵무력 사용'의 법제화까지 선언하고 나섰다. 그러고는 10월 13일 밤부터 14일 새벽까지 군용기, 방사포, 탄도미사일을 동원해 고강도 대남 무력시위를 벌였다. 특히 10월 14일에는 서해와 동해의 NLL 북방 해상완충 구역으로 560발을, 18~19일에는 350발을 퍼붓는 등 910발의 포격을 감행했다. 같은 해 11월 2일에도 25발의 미사일을 동·서해로 쏘고 100여 발의 포사격을 동해상 NLL 북방 해상완충구역에 퍼부었다. 특히 이날 탄도미사일 1발은 실질적 해상분계선인 NLL을 넘어 속초 코앞(57km) 공해상에 떨어졌다. 북한이 동해 NLL 이남 한국 영해 인근 공해상으로 미사일을 쏜 것은 처음이다.

또한 2022년 10월 13일 북한 군용기 10여 대가 9·19 합의에 따른 비행금지구역 5~7km까지 근접하는 등 위협을 가했다. 12월 26일엔 북한 무인기가 아예 서울 한복판까지 들어와 3시간 동안 남한 상공을 휘젓고 다녔다. 9·19 합의는 지상과 해상, 공중을 비롯한 모든 공간에서 적대행위를 금지한다는 내용을 담고 있다. 군사분계선[MDL] 일대에서 모든 기종의 비행금지, 포병 사격훈련 중지, 동·서해 해상

완충구역에서의 포사격 및 해상 기동훈련 중지가 명시돼 있다. NLL 해상 완충구역 안으로의 포격은 9·19 군사합의를 정면으로 위반한 것이다. 휴전선 비행금지구역 코앞까지 군용기를 보내 위협 비행한 것도 '군사적 우발충돌 방지를 위해 군사분계선 일대에서 일체 적대 행위를 전면 중지한다'는 군사합의를 저버린 것이다.

이 같은 도발 가운데 북한이 명백하게 9·19 합의를 위반한 것은 2022년 1월5일 기준으로만 하더라도 17건에 이른다. 우리 군 GP 조준사격, 남북연락사무소 폭파, NLL을 넘은 미사일 도발, 잇단 해상 완충수역 포사격, 무인기 침투 등이 그런 사례다.

북한은 특히 서해 NLL을 수시로 무시하는 무력화 기도를 해왔다. 유엔사가 1953년 설정한 NLL에 대해 문재인 대통령은 2018년 남북 정상회담 다음 달인 10월 "북한이 판문점(4월 정상회담)부터 이번(평양 정상회담)까지 정상회담에서 일관되게 NLL을 인정했다"고 말했다. 정상회담 합의문에 'NLL 일대에 평화수역을 만든다'는 문구가 들어간 걸 근거로 들었다. NLL 자체를 부정하던 북한이 합의문에 썼으니 인정한 것 아니냐는 것이다. 문 대통령은 2019년 10월 박한기 당시 신임 합참의장의 보직신고를 받으면서 "9·19 합의는 분쟁의 수역이었던 NLL을 명실상부하게 평화의 수역으로 만들 수 있다는 점에서 굉장한 대전환"이라고 평가했다. 그러면서 "서해 NLL을 북한으로 하여금 인정하게 하겠다는 데 큰 의미가 있다"고 했다. 북한이 9·19 합의를 통해 NLL을 인정하게 됐다는 의미였다.

하지만 이후로도 북한은 NLL을 부정하는 입장을 바꾼 적이 없다. 국민의힘 신원식 의원실이 입수한 합참 정보본부 자료에 따르면 북한은 9·19 합의를 한 이후에도 4년간 매년 2,000~5,000여 차례씩 NLL을 부인하는 통신(부당 통신)을 우리 측에 보냈던 것으로 나타났다. 우리 함정이 정당하게 NLL 인근을 항해해도 "북측 수역에서 나가라"는 경고를 되풀이해 왔다는 것이다. 북한의 이런 통신은 주로 우리 함정이 NLL 남쪽이지만 북한이 주장하는 '경비계선'으로 접근할 때 경고하는 내용이다. '경비계선'은 북한이 NLL을 무력화하기 위해 2007년 무렵 NLL 남쪽에 일방적으로 그은 것이다. 실제 북한은 2022년 10월24일 새벽 상선을 통해 백령도 부근 NLL을 침범한 뒤 우리 해군 함정이 출동해 경고사격을 하자 "남측이 우리 해상 군사분계선을 침범했다"며 적반하장식으로 방사포 10발을 발사했다.

문 전 대통령의 '북이 NLL 인정했다'는 발언은 국민에게 사실을 왜곡해서 알린 것이거나 최소한 심각한 착각이었던 셈이다. "김정은의 비핵화 의지가 분명하다"는 발언과 마찬가지로 남북 대화의 성과를 강조하려고 욕심을 내다가 존재하지도 않는 북한의 선의를 대신 선전해준 격이 됐다.

당시 청와대는 "매우 강력한 이행 의지를 담았다"(최종건 평화군비통제비서관)고 했다. 문 대통령은 평양 '5월 1일 경기장'에서 "북한이 얼마나 평화를 갈망하는지 절실하게 확인했다. 두 정상은 더 이상 전쟁은 없을 것이며 평화의 시대가 열렸음을 전 세계에 엄숙히 선언했다"고 외쳤다. 네빌 체임벌린 영국 총리는 1938년 9월

히틀러와 뮌헨회담을 통해 체코가 주데텐란트를 독일에 양도토록 하는 협정을 체결했다. 그러고는 런던으로 돌아와 합의문을 흔들며 "우리 시대에 평화가 찾아왔다"고 외쳤다. 히틀러는 이듬해 3월 체코의 나머지 영토를 병합하고 9월엔 폴란드를 침공해 제2차 세계대전을 일으켰다. 체임벌린의 착각이 드러나고 뮌헨 회담을 "협상이 아니라, 노상강도를 당한 것"이라고 비판했던 윈스턴 처칠이 맞았음이 확인되는 데는 그리 오랜 시간이 걸리지 않았다.

"김정은 비핵화 의지 있다"… '북한=주적'론 폐기

9·19 평양공동선언의 핵심은 "한반도를 핵무기와 핵위협이 없는 평화의 터전으로 만들어 나가야 하며 이를 위해 필요한 실질적 진전을 조속히 이뤄나간다"는 대목이다. 하지만 북한은 핵위협을 공세적으로 전개했다. '하노이 노딜' 이후 대륙간 탄도미사일ICBM을 발사했고, 신형 전술핵무기를 개발했다.

북한은 2022년 9월 8일 '핵무력 정책 법제화'를 통해 김정은이 마음만 먹으면 언제 어떤 상황에서도 핵무기 선제공격이 가능하다며 공격적인 핵무기 사용지침을 전 세계에 선포했다. 이어 10월 초엔 김정은이 참관한 가운데 '전술핵 운용부대 훈련'이라며 한국 내 주요 군사시설을 겨냥한 7차례 핵·미사일 공격훈련을 실시했다. 2023년 9월엔 헌법에 '핵무기 고도화'를 명시했다.

문재인 정부는 2018년 1, 2차 남북 판문점 정상회담과 6월 싱가포르에서 북미정상회담이 개최되어 새로운 북미관계 수립 및 한반도 평화체제 구축, 완전한 비핵화 노력 등에 합의하였다고 밝혔다. 2018년 9월 개최된 남북정상회담에서 양 정상이 동창리 엔진시험장과 미사일 발사대 폐기, 영변 핵시설 영구 폐기 등 비핵화를 위한 실천적 조치에 합의했다는 점을 강조했다. 북핵문제의 평화적 해결과 한반도의 항구적 평화정착을 위해 한미 간, 남북 간 긴밀히 협의하고 노력했다는 것이다. 하지만 이후 북한의 비핵화와 정반대되는 행보는 문 대통령과 핵심 참모들이 김정은의 비핵화의지를 너무 순진하게 믿었던 것 아니냐는 의문이 들게 만들었다.

김정은 위원장은 2018년 4월 당시 미국 중앙정보국CIA 국장이었던 마이크 폼페이오 미 국무장관이 1차 방북했을 때도 자신의 자녀들이 평생 핵을 지니고 살기를 원하지 않는다고 했다고 앤드루 김 전 CIA 코리아미션센터장이 훗날 밝힌 바 있다. 김 전 센터장이 폼페이오 장관을 수행해 평양에 갔을 당시 폼페이오 장관이 "비핵화할 의향이 있는가"라고 질문하자 김 위원장은 "나는 아버지이자 남편이다. 내게는 아이들이 있다. 나는 내 아이들이 핵을 지닌 채 평생 살기를 원하지 않는다"고 답했다는 것이다. 실제 그해 4월 풍계리 핵실험장 폐기와 함께 핵실험·ICBM 시험발사를 중단한다는 모라토리엄 선언이 나왔다. 이어 6월 트럼프 대통령과 김 위원장은 완전한 한반도 비핵화 등을 담은 싱가포르 공동선언에 합의했다. 그러나 비핵화 이행보다는 한반도 평화쇼와 제재 해제에 각각 더 관심이 많았던 트럼프-김정은의 브로맨스 쇼는 이듬해 하노이 정상회담 결렬로 일단락됐다. 결국 김정은의 마음에 없는 거짓말에 문재인 대통령이 쉽게 넘어간 꼴이 되고 말았다.

문재인 정부는 제재에 허덕이던 북이 돌연 핵폭주를 멈추는 척 하며 핵개발을 포기할 듯 평화공세를 펴자 "김정은의 비핵화 의지가 분명하다"며 트럼프에게 보증까지 섰다. 문 대통령은 핵과 미사일에 집착하는 김정은에 대해 "솔직하고 열정적이며 결단력이 있다"고 추켜세우기도 했다. 2018년 3월 문재인 대통령의 대북 특사로 북한을 방문하고 돌아온 정의용 당시 청와대 국가안보실장은 "북측이 비핵화 의지를 분명히 했다"고 강조했다. 문 대통령이 2020년 9월 유엔총회 기조연설을 통해 '종전선언'에 대한 국제사회의 지지를 요청한 것도 같은 맥락에서 볼 수 있다.

2021년 북한 김정은이 8차 당대회에서 전술핵무기로 남한 선제 공격 가능성을 공식화한 지 닷새가 지난 그해 1월 18일에도 문 대통령은 여전히 "김정은 위원장의 비핵화에 대한 의지는 분명히 있다고 생각한다"고 기존 입장을 되풀이했다. 퇴임 전 '문재인의 5년 대담'에서 문 대통령은 "김정은에 대한 평가는 여전히 긍정적이냐"는 질문에 "대륙간 탄도미사일ICBM이 발사됐고, 이것은 분명히 레드라인을 넘는 것"이라면서도 "지금은 평가하기에 적절한 국면이 아닌 것 같다"고 답변을 회피했다.

문재인 정부가 남북대화에만 매달리다시피 하면서 대북감시·정보·방첩의 최일선에 서야 할 국가정보원의 조직 역량과 기능도 남북 비밀접촉 등 대북 협상 쪽으로 과도하게 편중됐다.

문재인 정부는 국정원을 간첩수사나 대북 정보활동보다는 남북 대화를 위한 창구 정도로 만들었다는 비판을 받았다. 당시 원장은 후보자로 내정되자마자 "평양에 갈 수 있다"고 하는가 하면 판문점 남북정상회담 현장에 배석해서는 감격에 겨운 듯 눈물까지 흘렸다. 북한이 핵개발을 계속하는 상황에서도 국회에 나와 "비핵화 의지가 있다"고 하는가 하면, 북이 싫어한다는 이유로 한미 연합훈련 중단을 주장하기도 했다. 일부 북한 연계 간첩단 사건은 문재인 정부 시절 속도를 내지 못했다고 한다. 2011~2017년 26건이던 간첩 적발 건수가 문 정부 때는 3건으로 급감했다. 간첩이 없었다기보다는 잡을 생각이 없었다고 봐야 할 것이다.

그러는 사이 국정원의 대북 정보역량은 추락했다. 2018년 3월 북한 특별열차가 중국에 들어간 뒤에도 김정은 방중을 확인하지 못했다. 국정원이 남북회담 당사자로 나서다 보니 조직 전체가 그 방향으로 변질되고 대북 정보 능력은 더 떨어질 수밖에 없었다.

문재인 정부는 국정원의 대공수사권을 아예 폐지키로 하고 2020년 민주당 단독으로 국정원법 개정안을 통과시켰다. 이 법에 따라 2024년 1월부터는 대공수사권이 경찰로 넘어가고 경찰이 대공수사권을 독점하도록 만들었다. 그에 상응하는 경찰의 대공수사 역량 강화 조치는 없었다. 오히려 인력을 줄였고 활동비를 삭감했다. 다수 전문가들이 대공 분야를 떠났다.

국정리더십 대담 4: 정세균(전 국무총리)
"팬데믹, 남북관계 평화적 관리 … 부동산 공급 확대했어야"

ⓒ서울신문

정세균 전 국무총리는 민주당 계열 정당에서 국회의원 6선을 하면서 당 정책위의
장, 원내대표, 당의장, 국회의장, 산업자원부 장관 등 당정 요직을 지냈다. 특히 문
재인 정부 때인 2020년 1월부터 2021년 4월까지 국무총리를 지냈다. 정 전 총리
는 "문 정부가 팬데믹이나 남북관계의 평화적 관리는 잘 했으나, 최저임금의 급속
한 인상, 부동산 공급 미흡 등에서는 아쉬움이 크다"고 말했다.

문재인 정부 때는 세계 7번째로 3050클럽(1인당 국민총소득 3만 달러 이상, 인구 5,000만 명 이상) 가입 등 수치상 괜찮은 것도 꽤 있는데, 대표적 성과 내지 업적이라면 잘 떠오르지 않는다.

팬데믹 관리는 인색하게 평가해서 그렇지, 국제적으로 상당히 좋은 평판을 받은 게 사실이다. 집권 당시 남북문제가 심각했는데, 잘되다가 하노이(미북 정상 간) 노딜로 깨진 게 아쉬움이 크다.

문 정부 5년은 소득주도성장, 탈원전, 부동산 규제 등 '우리 이니 맘대로' 다해본 5년이었는데.

부동산은 선제적 대응을 못 하고 성공하지 못했다는 점에서 가장 아쉽다. K컬처를 비롯한 K시리즈, 남북문제를 평화적으로 관리한 것도 당시 좋은 평가를 받았다. 특히 권력형 비리가 없었잖나.

문 정부는 촛불혁명으로 집권했다고 하지만, 막상 한 일은 기대에 못 미쳤다는 평가가 많은데.

국민이 기대하는 성과를 내지 못한 측면도 있다. 대통령의 국정수행 지지도나 다른 여러 지표들을 보면 꼭 그렇게 비판을 받지 않아도 될텐데, 정권재창출을 못 한 것도 박한 평가 요인 중 하나다.

최저임금 급속 인상, 비정규직 정규직화 등은 의도와는 무관하게 실제 자영업자 몰락, 저소득 근로자의 일자리 감소 등 소득 양극화를 심화시켰다. 선심성 지원 위주의 '확장적 재정정책'을 펴는 바람에 국가 채무가

5년간 450조 원이나 급증해 1,000조 원을 돌파했다는 지적에 대해.
최저임금 인상은, 철학은 좋은데 속도가 너무 빨라서 부작용을 낳은
측면이 있다. 정책이 잘못됐다기보다 운용을 잘못한 측면이 있다. 재
정은 코로나 때 돈을 많이 풀었지만, 상대적으로 다른 나라들보다는
적게 푼 편이다. 재정 확장은 불가피한 것이었다.

투기억제를 위한 규제와 종부세 등 중과세 위주의 수요억제형 부동산
정책을 밀어붙인 결과 오히려 집값 상승을 촉발했는데.
그래서 제가 주장했던 게 공급을 확대해야 한다는 거였다. 급하니까
세제나 금융 (정책을) 쓸 수밖에 없지만, 장기적으로는 공급을 확대해
서 시장기능을 통해 부동산 정책을 폈어야 한다.

적폐청산이라는 이름 아래 한풀이, 정치보복으로 신적폐를 쌓고, 국민
통합이 아닌 분열이 심화돼 결국 5년 만에 정권을 잃었다는 평가에 대해.
적폐가 있으면 청산하긴 해야 한다. 신속하고 조용하게 해야 하는데
너무 길고 요란하게 한 측면이 (있어서) 국민들로부터 좋은 평가를 받
을 수 없었다.

건보 보장성 강화, 이른바 '문재인 케어'로 건보 적용항목을 확대함으
로써 포용적 복지국가에 한걸음 다가섰다는 평가도 있지만, 건보재정
의 악화로 지속가능성이 위협을 받게 됐다는 지적도 있는데. 또 연금
개혁을 하나도 손대지 않았다는 비판에 대해.

건보개혁은 방향이 옳은 것이다. 국제적으로도 우리나라의 메디 케 어는 부러움을 사고 있는 것 아닌가. 연금개혁을 못 한 건 코로나 팬 데믹 때문에 중소자영업자들이 너무 어려워서 엄두를 못낸 것 같다.

소결

문재인 전 대통령은 박근혜 전 대통령 탄핵으로 치러진 2017년 대선에서 2위 홍준표 후보와 557만 1천표라는, 역대 최대 득표수 차이로 당선됐다. 갈등의 정치구조를 청산하고 근본적 정치개혁을 통해 국민통합을 이룰 수 있는 호조건 속에 출발한 것이다. 문 전 대통령도 그해 5월 10일 취임사를 통해 "제 가슴은 한 번도 경험하지 못한 나라를 만들겠다는 열정으로 뜨겁다"면서 "제 머리는 통합과 공존의 새로운 세상을 열어갈 청사진으로 가득 차 있다"고 했다. 적극적 재정정책으로 일부 경제지표를 호전시키기도 했다. 복지 확대의 효과에 선한 이미지까지 받쳐주면서 지지율도 오랜 기간 고공행진을 했다. 임기 말인 2022년 1~3월 평균 직무 긍정평가율이 42%(한국갤럽 기준)로 역대 최고 수준이었다.

하지만 집권과 동시에 시작해 1년 넘도록 '적폐청산'이라는 이름의 과거정권 인사들에 대한 대대적 수사와 재판이 계속되면서 정치보복 논란이 빚어졌다. 진영갈등과 편가르기 정치가 심화됐다. 문 대통령이 어떤 일을 해도 무조건 지지하는, 이른바 '대깨문'과 '이니 맘대로'로 대표되는 친문세력의 무조건적 지지가 있었다. 이는 정권 내부 견제와 균형 기능이 사실상 사라지는 토양을 제공했다. 소득주도성장과 규제 위주의 부동산 정책 등 포퓰리즘 정책이 효과는 없고 경제·사회 양극화 등 부작용만 빚어내는 데도 자체 검증과 궤도 수정은 이뤄지지 못했다. 여기에 2019년 조국 법무부 장관 수사를 둘러싸고 제기된 정권의 도덕성 논란과 2020년 총선 전후 국회에서 보여준 집권세력의 법치 무시, 폭주 논란은 소리 없는 민심 이반을 초래했다.

결국 진영의 정치, 팬덤의 정치는 정치·경제·사회 전반의 양극화를 확대시켰고, 광범위한 비토층의 결집을 불러와 정권교체로 이어졌다. 양극화와 대결의 정치를 극복하지 못하고 이를 이용하거나 거기에 갇혀버리는 국정리더십은 국민통합도, '아무도 흔들 수 없는 나라'도 이루기 어렵다는 사실을 새삼 확인하게 된다.

과거 대통령들이 추진했던 국정운영의 성공과 실패 사례들을 보면 '대통령의 성공조건'에는 공통점이 있는 것 같다.

　노무현 대통령은 참여민주주의와 지역주의 타파, 그리고 지역균형발전 정책을 적극 추진했다. 이에 대해서는 명분과 공감대 형성에 일정 정도 성공했지만, 추진력을 충분히 확보하지 못한 까닭에 절반의 성공에 그친 감이 있다. 한미 FTA는 경제·안보라는 명분 아래 결단력과 추진력을 발휘해 성과를 남겼다면, 언론개혁은 언론과의 소통 및 공감 획득에 실패한 채 일방적으로 밀어붙이다 끝난 사례다.

　이명박 대통령의 한미동맹 복원이나 글로벌 금융위기 극복은 추진력과 소통능력을 적시에 발휘해 성공한 리더십 사례이다. 반면 광우병 사태는 대국민 공감과, 소통 노력이 부족하여 혼란을 초래한 실패한 리더십 사례라 할 것이다. 4대강 살리기와 녹색성장, 자원외교는 이해관계자와 정치적 반대 세력에 부딪혀 순탄치는 않았지만, 의제설정과 추진력 면에서 성공적 리더십 사례로 볼 수 있다.

박근혜 대통령은 공무원연금 개혁과 경제민주화에서 대국민 소통과 이해당사자 설득을 바탕으로 의미 있는 성과를 남겼다. 반면 세월호 참사와 최순실 국정농단 사건에서는 공감능력과 소통능력 부족으로 국민의 신뢰를 상실하는 실패한 리더십의 전형을 보여줬다. 여당은 물론 내각, 청와대 참모진과도 소통이 원활치 못했던 불통의 리더십은 결국 여당 분열과 총선 참패, 그리고 탄핵·파면으로 귀착되었다.

문재인 대통령의 건강보험 보장성 강화, 포용적 복지국가, 신재생에너지 확대를 비롯한 탄소중립 정책은 재정 부담의 증가에도 불구하고 시대적 흐름을 반영한 정책 리더십이 발휘된 사례라 할 수 있다. 하지만 소득주도성장론, 수요억제 위주의 부동산 정책, 탈원전, 적폐청산 작업은 이념과 편 가르기에 매몰돼 부작용만 초래하고 갈등과 분열을 심화시킨, 실패한 리더십의 사례로 비판받을 만하다고 본다.

역사적으로 위기를 기회로 바꿔 부강해진 나라들에는 늘 지도자와 국민의 결단과 변화가 있었다. 마거릿 대처 전 영국 총리와 게르하르트 슈뢰더 전 독일 총리가 '저성장병病'을 수술해 나라를 성장 궤도로 복귀시킬 수 있었던 것도 용기에 바탕한 개혁이 있었기에 가능했다. 산업화, 민주화를 이루고 선진국으로 접어든 탈권위주의 시대 우리 대통령들도 저마다의 시대적 과제를 안고 씨름했다. 하지만 여전히 미해결로 남아 있는 국정과제들이 적지 않다.

필자는 이 가운데 국가리더십이 반드시 해결해야 할 시급한 과제를 다음의 다섯 가지로 요약할 수 있다고 생각한다.

1. 법과 상식이 지배하는 정치문화 정착

지금 대한민국은 신냉전, 블록화, 4차 산업혁명을 넘어 2차 세계대전 이후의 자유무역주의 질서 자체가 근저에서 흔들리는 경제·안보의 다층적이고 복합적인 위기를 맞고 있다. 그런데도 국가발전 전략을 마련하고 뒷받침해야 할 정치는 실종됐다. 극한의 대결정치를 접고 대화와 타협을 중시하는 의회민주주의 정치를 복원해야 한다. '제왕적 대통령제'와 '불능의 정치'를 구조화하는 '87년 체제' 헌법을 개정해야 한다. 이를 계기로 법과 상식이 지배하는 정치문화를 정착시키고 '부강한 매력 국가'를 건설해야 한다.

2. 기업이 끌고 정부가 미는 역동적 경제 확립

잠재성장률의 지속적 하락세를 멈출 전방위적이고 신속한 대응책이 필요하다. 혁신기술 개발과 수도권 집중 완화를 통해 생산성을 끌어올려야 한다. 연구개발R&D 투자 확대와 창업 지원으로 혁신의 질을 높여 새로운 성장동력을 창출해야 한다.

3. 건전재정 확립으로 미래 경쟁력 축적

국가 경쟁력을 높일 수 있는 '실탄'을 축적하고, 지속가능한 성장과 복지의 물적 기반을 갖추기 위해 건전재정 기조를 조속히 다잡아야 한다.

4. 미래세대에 떠넘기지 않는 연금 · 노동 · 교육 개혁

신산업 육성과 초격차 기술 개발을 뒷받침할 수 있도록 교육·노동·연금 개혁을 통해 학력 중심의 사회를 능력과 성과 중심의 사회로 바꾸어야 한다.

5. '소멸하는 한국'에서 아이 낳고 키울 만한 사회로의 전환

저출생으로 인한 인구소멸 위기를 극복하기 위해 일·가정 양립을 위한 제도를 확립하고 출생 친화적 관점에서 국가정책을 재설계해야 한다.

이 같은 과제들은 우리나라의 대통령뿐만 아니라 다양한 분야의 리더들이 지혜와 리더십을 발휘하여 함께 힘을 보태야 할 국가적 어젠다라고 생각한다. 지난 시기 국정운영의 성공과 실패 사례들이 이 같은 난제를 해결해 나가는 데 의미 있는 경험적 자료를 제공해줄 것이다.

참고문헌

KBS(2005. 8. 26), 〈참여정부 2년 6개월, 대통령에게 듣는다〉.

강찬호(2024. 10. 30), "유영하 '8년 전 탄핵 때와 다르지만…여사 문제 풀어야 파국 막아' [강찬호의 뉴스메이커]", 〈중앙일보〉.

고건(2017), 《고건 회고록》, 나남.

____(2013), 《국정은 소통이더라》, 동방의 빛.

국무조정실(2021), 〈문재인 정부 4년 100대 국정과제 추진실적〉, 대한민국 정책브리핑.

김병준(2012), 《99%를 위한 대통령은 없다》, 개마고원.

김윤덕(2024. 12. 2), "'박정희 동상' 세우는 김형기 교수", 〈조선일보〉.

김진표(2024), 《대한민국은 무엇을 축적해 왔는가》, 사이드웨이.

김천식(2022). "심층분석: 트럼프와 김정은 사이에 오간 친서를 통해서 본 북한의 전략". 〈한미저널〉, 10호.

김학준(2024), 《대한민국의 북방정책》, 박영사.

노무현(2019), 《성공과 좌절》, 돌베개.

노무현재단(2019), 《운명이다》, 돌베개.

문재인 대통령 비서실(2022), 《위대한 국민의 나라》, 한스미디어.

문재인(2024), 《변방에서 중심으로》, 김영사.

미래창조과학부(2016. 8. 26). 〈2016 창조경제혁신센터 페스티벌 관련 보도자료〉.

박근혜(2021), 《그리움은 아무에게나 생기지 않습니다》, 가로세로연구소.

박근혜(2024), 《회고록 2: 어둠을 지나 미래로》, 중앙북스.

박성원(2015. 11. 27), "[박성원의 정치해부학] '박근혜 국회심판론'의 치명적 함정", 〈동아일보〉.

박종현(2024. 05. 06), "'코리안 미러클' 원래 북한경제 가리켰던 말인 것 아세요?[월요 초대석]", 〈동아일보〉.

변양균(2022. 12. 1), "남기고 싶은 이야기", 〈중앙일보〉.

새누리당(2012), 〈[19대 총선 공약집] 2012 총선 새누리당의 진심을 품은 약속〉. 새누리당 정책위원회.

안종범(2022), 《수첩속의 정책》, 렛츠북.

연세대 국가관리연구원(2014), 《한국대통령 통치구술사료집 5: 노무현 대통령》, 선인.

우상호(2024), 《민주당 1999~2024》, 메디치미디어.

이동관(2015), 《도전의 날들》, 나남.

이명박(2015), 《대통령의 시간》, 알에이치코리아.

이승헌(2013. 2. 15), "李대통령 '통일후 미군 北주둔 안할거란 것, 中과 얘기중'", 〈동아일보〉.

_____(2013. 2. 15), "[이명박 대통령 인터뷰] '경제위기 두차례 극복… 못 넘겼다면 형편없는 사람 됐을 것'", 〈동아일보〉.

_____(2013. 2. 15), "[이명박 대통령 인터뷰] '물일은 3, 4년 뒤 결과 나와… 도로공사와 달라'", 〈동아일보〉.

_____(2013. 2. 15), "[이명박 대통령 인터뷰] '韓中정상, 한반도 통일논의 이미 시작… 中 우려 풀어줘야'", 〈동아일보〉.

천영우(2022), 《대통령의 외교안보 어젠다》, 박영사.

신의 개입

도널드 트럼프 깊이 읽기

송의달(서울시립대)

트럼프 2기, 한국이 나아갈 길을 찾다
허상과 편견 너머 진짜 트럼프 깊이 읽기

명칼럼니스트이자 미국 전문가인 송의달 교수가 트럼프와 미국 사회의 실상을 분석하고 트럼프 2기, 한국의 전략을 제시한 책이다. 저자는 트럼프의 언행부터 세계관과 성공 비결, 정책 특성까지 해부하며 '트럼프 깊이 읽기'를 시도한다. 또한 트럼프와 트럼피즘의 인기를 낳는 미국 사회의 구조 변화를 날카롭게 분석하고, 트럼프 2기에 한국은 어떤 길을 선택해야 하는지 명확한 실천적 방법론을 제시한다. 트럼프와 미국 사회에 대한 심층 분석은 물론 트럼프 2기를 맞은 한국의 정치·경제 전략까지 담았다.

초판 10쇄 | 신국판 | 348면 | 24,000원

적대 정치 앤솔러지

한국 민주주의 왜 무너졌나

송호근(한림대 도헌학술원 원장)

파국으로 치달은 적대 정치에 '해고'를 통보한다!
무너진 한국 민주주의는 생환할 수 있는가

한국 사회에 대한 예리한 분석과 심도 있는 통찰로 정평이 난 송호근 교수의 신간이다. 2024년 12월 3일 계엄의 밤 이후, 저자는 절체절명의 질문 속으로 파고들었다. 권력의 진공상태에서 대한민국은 어떻게 파국을 벗어날 수 있을까?

노무현 정권부터 윤석열 정권까지 다섯 차례 진보·보수 정권의 정치 양식을 분석한 후 저자는 깊이 뿌리박힌 '적대 정치'를 당장 그만두지 않으면 민주주의는 되살아날 수 없다고 경고한다. 나아가 권력욕에 눈먼 정치인이 아니라 '시민들'에게 좋은 정치를 실현할 길을 찾자고 제안한다.

신국판 변형 | 356면 | 18,000원